Verdi

Alfred Marquart

Flieg, Gedanke...

Giuseppe Verdi

sein Leben, sein Schaffen, seine Zeit

Parthas

Bildnachweis:
Titel unter Verwendung einer Verdi-Karikatur vom Melchiorre Delfico
(aus G. Verdi, Ausstellungskatalog, Colorno 1985),
Archiv Autor (11), Bildarchiv Preußischer Kulturbesitz (1);
weitere Abbildungen aus William Weaver »Verdi – A Documentary Study« –
Compiled & Edited by William Weaver, Thames & Hudson, London (o.J.)
In eingen Fällen war es nicht möglich, die Rechteinhaber der Abbildungen zu ermitteln.
Sie mögen sich zur Abgeltung Ihrer Rechte an den Verlag wenden.

Die Deutsche Bibliothek – CIP-Einheitsaufnahme
Marquart, Alfred: Flieg, Gedanke ... : Giuseppe Verdi –
sein Leben, sein Schaffen, seine Zeit / Alfred Marquart.
– Berlin: Parthas-Verl., 2000
ISBN 3-932522-84-7
2. Auflage 2001
© 2000 by Parthas Verlag GmbH, Berlin
Umschlaggestaltung: Patrizia Di Stefano, Berlin
Satz und Reproduktion: AS Satz & Grafik, Berlin
Druck und Binden: Druckhaus Dresden
ISBN 3-932522-84-7

Inhalt

Vorwort

Verdi ist auch außerhalb Italiens der beliebteste Opernkomponist. Das war nicht immer so. Lange Zeit galt er als Leierkastenmann mit primitiv-brutalen Rhythmen; seine Popularität wurde gern gegen ihn ins Feld geführt. »Rigoletto« im Stadttheater ist für viele immer noch der Inbegriff des Albernen an der Oper.

Aber: Junge Regisseure haben sich mit ihm im selben Maße beschäftigt wie mit Wagner; was da hin und wieder fast zum Kampf mit oder gar gegen den Komponisten auf der Bühne wird, zeigt eben doch seine Lebendigkeit. Man mag »Nabucco« in der Maske Saddam Husseins ebenso lächerlich finden wie eine »Aida« im Internet, aber dahinter ist doch die Einsicht zu vermuten, daß diese scheinbar alten Geschichten uns heute noch viel zu sagen haben. Populär zu sein, Melodien zu schreiben, die jedermann kennen und verstehen lernen kann, war auch immer sein Ziel. Deshalb wird er in Italien auch nach wie vor fast wie ein Heiliger verehrt; selbst die Neutöner haben sich stets für ihn eingesetzt. Dabei spielt natürlich mit Sicherheit die Tatsache eine große Rolle, daß Verdi nicht nur als Komponist, sondern auch als Politiker tätig war und sich für die Einigung Italiens und die Linderung sozialer Ungerechtigkeiten eingesetzt hat.

Diese Rolle soll auf den folgenden Seiten genauer dargestellt werden. Das Buch ist keine musikwissenschaftliche Untersuchung über Verdis Opern. Dieses Buch will versuchen, Verdi in seine Zeit und seine Umgebung zu stellen. Es ist ja kein Zufall, daß Musik wie die seine just in jenen Jahrzehnten entstand. Und es ist kein Zufall, daß Verdi sich stets als Mensch der Bassa gefühlt hat, der seine Heimat im weiteren Umkreis um den kleinen Ort Busseto bei Parma nur ungern und nie für wirklich längere Zeit verlassen hat. »Ich bin Zeit meines Lebens der Bauer aus Roncole geblieben«, hat er einmal von sich behauptet. Damit stilisiert er sich zwar, aber es ist viel dran an der Feststellung. Wieviel, soll im Folgenden nachgeprüft werden.

Die kleine Welt des Giuseppe Verdi

Marktplatz und Rocca von Busseto

»*D*er Po ist ein Fluß der Romantik!« verkündet Signor Baratta, und Signor Baratta muß es wissen, denn er führt seit undenklichen Zeiten einen Delikatessenladen in Busseto. In diesem Geschäft, sagt er, wenn er Fremde zwischen den vollen Regalen herumführt, in diesem Geschäft hat schon die Signora eingekauft, Giuseppina Verdi, geborene Strepponi. Und die Verwandtschaft des Meisters auch. Aber damit nicht genug: Giovannino Guareschi hat seine Einkäufe sogar persönlich bei ihm erledigt, manchmal auch nach Ladenschluß, denn der Autor aus Fontanelle, der im nahen Roncole wohnte, war ein Mann, der nicht unbedingt auf die Zeit schaute. »Busseto ist die Verdi-Hauptstadt der Welt!« hat Signor Baratta eigenhändig in sein Schaufenster geschrieben, und folglich hat er das wichtigste Verdi-Geschäft dieser Welt. Eigentlich verkauft er – übrigens vorzüglichen – Schinken und Wurst, aber er redet lieber mit seinen Kunden über Busseto, über Verdi und die Bassa. Und zeigt seine Sammelstücke in seinem alten Haus vor. Das Haus, sagt er, war früher mal sowas wie die Kantine der lombardischen Besatzung, die in Busseto lag, Kaiserliche. Davon ist noch etwas übrig, und den Rest hat er vollgestopft, mit einem alten Klavier und mit ägyptischen Statuen, weil Verdi ja die »Aida« geschrieben hat, mit Photos, Reklamezetteln, Plakaten, Versteinerungen – was man halt so sammelt, wenn einen die Leidenschaft packt. Mit Verdi hat das alles irgendwie zu tun. Das Fernsehen war auch schon da und hat sich von ihm fachkundig die Herstellung von Culatello erläutern lassen, einer Schinkenspezialität der Gegend. Und im Rundfunk hat er sogar schon ein paar Mal von Verdi erzählen dürfen.

Neben ihm hat ein Photograph seinen Laden. Er verkauft »historische Verdi-Photos«, alte Postkarten etc.; höchstselbst hat er alle Verdi-Gedenkstätten abgelichtet und war bei den Dreharbeiten einer italienischen Fernsehserie über Verdi dabei. Seine Preise sind nicht hoch, und manchmal, wenn er eine verwandte Seele zu spüren meint, führt er den Besucher in sein Allerheiligstes. Dieses Zimmer ist mit Bildern geradezu tapeziert, vom Boden bis zur Decke – alle Sänger, die jemals in Busseto waren, haben ihm ihr Photo nebst Autogramm verehrt: Gigli und die Tebaldi, Ruggero Raimondi, Pavarotti, die Freni, Katia Ricciarelli und natürlich Carlo Bergonzi, dessen Hotel gleich um die Ecke zu finden ist. Der weltberühmte Tenor grinst etwas unbeholfen von einem Photo herunter – »La Traviata«, die Oper, in der er blutjung als Vater Germont auftrat; damals, zu Beginn seiner Karriere, war er noch Bariton.

Als Tenor ist er im Ort allgegenwärtig: Er prangt z.B. im Kostüm des Alvaro aus »La forza del destino« im Schaufenster eines Farbengeschäftes, in dem es neben Lacken, Pinseln und Staffeleien auch eine Allegorie auf Verdi zu sehen gibt. Der weißhaarige Alte sitzt auf Wolken, in endloser Reihe pilgern seine Operngestalten von Rigoletto bis Falstaff im Musikerolymp an ihm vorbei. Das Bild sei unverkäuflich, versichert der Besitzer. Aber man dürfe es gern ausführlich studieren. Ja, er hat auch noch andere Verdi-Schätze. Und er holt sie hervor. Nein, Farben müsse man deswegen keine kaufen. Das sei Geschäft, ja, aber Verdi – Verdi sei doch etwas völlig anderes.

In der Hauptstraße von Busseto, deren Trottoirs durch große Arkaden angenehm überdacht sind – weswegen sich in ihr alles abspielt, was in dem kleinen Ort passiert -, wird derweil ein Straßenfest vorbereitet. Die anliegenden Geschäfte räumen Tische, Stühle und Bänke heraus, es wird gekocht und gebrutzelt, Weinfässer werden herangerollt und aufgestellt. Die ersten Rentner, die sonst um diese Zeit immer im Schatten sitzen und in ein Schafskopf-ähnliches Kartenspiel vertieft sind, haben bereits Platz genommen, sehen aufgeregt zu und süffeln schon zur Probe das eine oder andere Glas. Aus den Lautsprechern dröhnt Musik: Pop und – Verdi.

Höhepunkte jedes Besuchs in Busseto sind die Verdi-Gedenkstätten. Zum Beispiel das Teatro Verdi in der Rocca, der mittelalterlichen Stadtfestung, in der heute das Rathaus untergebracht ist. Es gammelte still vor sich hin, aber das kleine Juwel wurde jetzt nach und nach restauriert – vor allem die Deckenbilder des Bussetaner Malers Gioacchino Levi. Schließlich ist das Theater auch der Ort des jährlichen Wettbewerbs um die besten »Voci Verdiani«, der immer im Juni abgehalten wird und Beachtenswertes zutage zu fördern pflegt. Dann haben die »Amici di Verdi«, eine private Vereinigung, die Sala Barezzi am Marktplatz wiederherrichten lassen, den alten Empfangssaal von Verdis Schwiegervater und erstem Mäzen Antonio

Barezzi. Dieser Salon ist ein Musterbild an bürgerlichem Wohlstand und Kunstliebe; er symbolisiert den Stolz, den die Bussetaner darob empfinden, daß es einer der ihren war, der das Genie zuerst erkannt und gefördert hat. Am Ortsrand gibt es ein weiteres kleines Museum, das der Grafen Pallavicini, die ebenfalls einiges für den Komponisten getan haben. Wie der Landadel lebte, kann man an dem Schlößchen, dessen Verfall aufgehalten zu werden verdiente, leicht nachempfinden. Auch Verdis Stadthaus in Busseto, der Palazzi Orlandi, kann besichtigt werden.

Aber das Heiligste der Heiligtümer ist in Le Roncole zu sehen, in einem Vorort von Busseto, sechs Kilometer in Richtung Parma gelegen – und heute Roncole Verdi geheißen, schließlich ist es der Geburtsort des Meisters. Eine Steinhütte, die ärmlicher aussieht, als sie ist (und vor allem im Jahre 1813 war), der alte Laden des Kolonialwarenhändlers Carlo Verdi, die »Casa Natale«, das ist das Hauptziel aller Verdi-Pilger. Aber in Roncole machte ihm ein anderer doch ein wenig an Platz und Ruhm streitig. Zwar kann man in der Kirche gegenüber des Geburtshauses die Orgel sehen, auf der der kleine Giuseppe angeblich gespielt hat, eine Tafel zum Ruhme von Verdis Mutter, die ihn vor den anrückenden Franzosen auf dem Glockenturm versteckt haben soll, weist ferner auf ihn hin – aber der Pfarrer dieser Kirche soll kein Geringerer gewesen sein als Don Camillo, der streitbare Priester, der dem französischen Schauspieler Fernandel so verteufelt ähnlich gesehen hat.

Der Autor ist auf dem kleinen Friedhof hinter der Kirche begraben. Der Platz zwischen Verdi-Haus und Don Camillo-Kirche heißt Piazza Guareschi.

Am ungestörtesten kann man dem Komponisten in Sant'Agata nachspüren; sein Landgut, ein Musterbetrieb, ist für Besucher geöffnet und zeigt einiges von der gehobenen, aber immer bäuerlichen Bürgerlichkeit Verdis. Der ausgestopfte Papagei ist genauso zu besichtigen wie das Grab seines Hundes. Auf dem Weg dorthin kommt man an einem Krankenhaus vorbei, in der Gemeinde Villanova, die ansonsten für ihre Kirschen berühmt ist. Es heißt »Ospedale Verdi«, und nur die wenigsten wissen, daß Verdi es gestiftet hat.

In Busseto und Umgebung scheint die Zeit manchmal stillzustehen. Erst nach und nach rücken die ersten Deutschen und Schweizer in diese Beschaulichkeit ein und beginnen, sie zu ruinieren. Die Arbeitslosigkeit hält sich in Grenzen, am Abend sitzen alle vor ihren Häusern und plaudern miteinander, wie sie es vor hundertfünfzig Jahren auch schon getan haben. Dienstag

12

ist Markttag, da versammeln sich die Bauern der ganzen Umgebung und kaufen in bunten Buden unterhalb des gewaltigen und nicht gerade geschmackssicheren Verdi-Denkmals ein: Stockfisch und Schinken, Unterhosen und Raub-CDs. Eigentliche Zentren der Region sind Parma und Cremona, aber da fährt man nur hin, wenn man etwas wirklich Wichtiges einzukaufen hat.

»Ich sage euch, das ist das Wunder der Bassa. Das ist die Welt der ›Kleinen Welt‹: lange und gerade Straßen, kleine, rot und gelb und ultramarinblau gestrichene Häuser, verloren mitten in den Weinstockreihen. An den Abenden im August erhebt sich langsam hinter dem Damm ein roter und riesenhafter Mond, der wie ein Ding aus einem anderen Jahrhundert ausschaut. Einer sitzt auf einem Kieshaufen, am Grabenrand, mit einem an die Telegraphenstange angelehnten Fahrrad. Er dreht eine Zigarette aus selbstgeschnittenem Tabak. Du gehst vorbei, und er bittet dich um Feuer. Ihr redet.«

So beschrieb Guareschi diese kleine Welt, in der seine Figuren leben, der Pfarrer und der Bürgermeister, die Lehrerin, der Smilzo, die Deutsche und der Partisan, der den Mann der Deutschen seinerzeit niedergeschossen hat und dennoch mit ihr zusammenlebt.

Der Mond übrigens geht über dem Po nicht anders auf als über dem Nil, jedenfalls über dem Nil unserer Opernträume, und natürlich liegen Theben und Memphis nicht in Ägypten, sondern in der Bassa, und der Mond über dem Nil sieht deshalb so aus wie der Mond über dem Po, weil er der Mond über dem Po ist und kein anderer. Auch, versteht sich, der Mond über dem Euphrat, an dem die gefangenen Juden sitzen, trauern und ihren Gedanken goldene Flügel verleihen. Und die Berge, die in der Ferne leuchten, sind nicht die Berge des Zweistromlandes, sondern der Apennin.

Jener Teil der Bassa, um den es hier geht, liegt zwischen den drei Städten Piacenza, Parma und Cremona. Er wird bestimmt durch den Po, der im Sommer halb austrocknet und sich durch ein scheinbar viel zu breites, geröllhaltiges Flußbett wälzt. Angler stehen in den Tümpeln, und der Reisende fragt sich, wieso die Italiener, die doch kein Geld haben, so breite und lange Brücken über dieses Rinnsal gebaut haben. Im Winter, wenn der Po ein reißendes Untier wird, Brücken zum Einsturz bringt, Bäume, Geröll, Sträucher mit sich führt, unberechenbar, gefährlich, kommt kein Tourist vorbei. Dann braucht es diese Brücken … Neben dem Po prägt die geographische Lage die Bassa: eine weite Ebene, begrenzt von den Hügeln des Apennin und der großen Nord-Süd-Verbindung, der via Emilia, die immer noch parallel zur Autobahn verläuft und der Landschaft den Namen gab. Aber – hier bleibt man nicht, hier fährt man durch.

Was sieht man, wenn man durchrast? Vereinzelte Häuser, kleine Gehöfte mit ganz typisch abfallenden Dächern, fruchtbare Felder, ein paar Türme von Parma und Fidenza, vielleicht noch die Zinnen der Festung Fontanellato, in der es sich Marie Luise, die Gemahlin Napoleons und spätere Großherzogin von Parma, mit ihrem Geliebten Neipperg wohlsein ließ.

Die Emilia gilt als die Kornkammer Italiens. Piacenza, das heißt Industrie; Cremona, das auf der falschen und folglich lombardischen, nicht mehr emilianischen Seite des Po liegt, heißt Geigen. Stradivari ist dort gestorben, Amilcare Ponchielli, der Komponist von »La Gioconda«, ist dort geboren. Und dann Parma …

Parma, das eigentliche urbane Zentrum der Bassa, ist ganz anders, als man erwartet, eine elegante Stadt, geprägt von ihrer Kunst und der Universität, insgesamt fast ein wenig französisch. Benedetto Antelami, der Bildhauer aus der Gegend um Como, der in Südfrankreich an den Kirchen von Saint-Gilles und in Arles an Saint-Trophime mitgebaut hat, hat der Stadt ihr mittelalterliches Gepräge gegeben. Das Baptisterium, neben dem prachtvollen Dom gelegen, mit seinen Lunetten und Statuetten birgt sein Meisterwerk, die Standbilder der Monate und Jahreszeiten. Der Dom beherbergt seine Kreuzabnahme, die allerdings bei Reisenden ein wenig unbeachtet bleibt neben dem Hauptwerk des zweiten Künstlers, der Parma beherrscht hat. Wer die in ihrer perspektivischen Verkürzung geniale Kuppelausmalung des Antonio da Correggio sieht, mag gar nicht glauben, daß der Maler zu Beginn des 16. und nicht des 17.Jahrhunderts gelebt hat. Giorgio Vasari dürfte mit seiner Behauptung nicht unrecht haben, daß mancher in Rom das Fürchten gelernt hätte, wäre Correggio seiner Heimat untreu geworden und in die ewige Stadt gezogen.

Parma hat, was die Spezialitäten der Region betrifft, ein einnehmendes Wesen. Der Prosciutto di Parma kommt aus Langhirano, der Parmiggiano, der Parmesan-Käse, aus Reggio nell'Emilia! Aber was heißt das im Vergleich zu den Spezialitäten jedes einzelnen Ortes! Parmaschinken ist nur die Spitze eines kulinarischen Eisberges. Da gibt es Spalla (gekocht und geräuchert) und Fiochetto, Coppa und Culatello (bei dem streiten sich die Gemeinden Zibello und Busseto, welche von beiden das bessere »Ärschchen« herstellt), es gibt das alles gesalzen und süß, gekocht und geräuchert, luftgetrocknet und gewürzt. Da die Schinkenherstellung langwierig und umständlich ist – sie geht in großen Schuppen vor sich, deren Fenster in einem bestimmten Rhythmus und in bestimmten Winkeln geöffnet und geschlossen werden müssen, um einen ständigen Luftzug zu bewirken – und die Preise für diese Köstlichkeiten entsprechend hoch sind, betrachtet man sich als gastronomische Hauptregion Italiens. Was daran stimmt, ist die Tatsache, daß die Forderung der großen Küche, die Produkte nicht zu verfälschen, sondern ihnen Charakter und Originalgeschmack zu lassen, seit langem in der Emilia befolgt wird. Fleisch und Wild (Fisch wird wenig gegessen), Obst und Gemüse (vor allem die frischen Steinpilze aus dem Apennin) werden auf das einfachste und wohlschmeckendste zubereitet. Die unerläßliche Pasta, das Nudelgericht als erster Gang, wird gern mit einheimischem Käse hergestellt: Annolini oder Tortelloni, Canneloni und Ravioli werden mit Parmesankäse und Kräutern gefüllt, jedes Restaurant hat dafür seine eigene Spezialität. Jeder Koch – pardon: jede Köchin, denn in der Bassa schwingen, was selten geworden ist, oft die Damen den Kochlöffel – bereitet diese Füllung auf seine unverwechselbare Art und Weise zu. Dazu trinkt man den schäumend-frischen, leicht gekühlten Lambrusco, der in seiner Heimat nicht klebrig-süß, sondern trocken ist, oder einen moussierenden Weißwein. Etwas Käse oder Obst beenden, neben einer vier- bis fünffachen Grappa, die ausführlichen Mahlzeiten, die nach wie vor Mittelpunkte des Tagesablaufs sind. Ab elf Uhr früh und ab sechs Uhr nachmittags redet man über nichts anderes mehr als über das Essen. Einkaufen und Kochen sind wichtige Vorgänge und waren das schon für Giuseppe Verdi, in anderem Sinn als für den begeisterten Koch Rossini; aber auch Verdi jammerte, ob in Genua oder Petersburg, seinen geliebten und gewohnten Nudeln nach – er ließ sich die Pasta seiner Heimat auch, wo es ging, nachschicken, wechselte deshalb hin und wieder aufgeregte Telegramme mit seinen Lieferanten, wenn das Gewünschte zu lange ausblieb; und das nicht nur im Ausland, selbst wenn er nur in einen anderen italienischen Ort fuhr, seine Pasta mußte aus der Bassa sein.

Im Dreieck dieser Bassa geht das Leben seinen bäuerlichen Gang wie eh und je. Im Herbst und im Winter, wenn sich die Nebel über das Potal senken, spazieren die Menschen in ihren dicken Stiefeln und charakteristischen Mänteln, den Schal um den Kopf geschlungen, wie vor hundertfünfzig Jahren durch die breiige Suppe, die sie kaum die Hand vor Augen sehen läßt. Lange aber werden sie sie nicht mehr aufhalten können, die Gegenwart, bei aller Tapferkeit. Aber noch kann man einiges von dem erkennen, was die

Menschen der Bassa prägt, was Guareschi in seinen von uns mißverstandenen, weil leicht mißzuverstehenden Geschichten niedergeschrieben, was Verdi in Musik gesetzt hat. Es ist eine Welt der einfachen Gefühle. Liebe, Haß, Angst, Freude, Zuneigung, das interessiert einen Bauern wie das Wetter – ob seine Äcker gedeihen oder nicht. Weltentwürfe, Kämpfe zwischen den Göttern des Lichts und der Nacht, Supermänner und Nachtalben, zerrissene Charaktere und schuldig gewordene Götter, Schlagetots und durch Mitleid Wissende, darunter kann sich ein solcher Bassa-Mensch nichts vorstellen. Die Einwohner sind wortkarg und nicht geschwätzig, realistisch und keine Phantasten. Sie sind weniger an gelb-seidenen Morgenmänteln interessiert als daran, daß das Geld zum täglichen Leben reicht, für Öl und Mehl, Milch und hin und wieder etwas Wein und Fleisch.

Diese Bassa hat Giuseppe Verdi und seine Musik in jeder Hinsicht tief beeinflußt und geprägt. Er konnte nur dort geboren worden sein, und nur ein Mann wie er aus dieser Gegend konnte solche Musik machen.

Italien, terra amara

Napoleon Bonaparte

Am Ende jener Zeit, die wir Renaissance nennen, verfiel Italien in Agonie. Gleichsam als habe es alle Kraft in dieser Geburtsstunde der Moderne verbraucht, brachen Wirtschaft, politische Strukturen, Kultur und Geist zusammen. Italien ist plötzlich nicht mehr das Zentrum, die wichtigen Entscheidungsprozesse verlagern sich anderswohin. Die Stadtstaaten verfallen und werden von fremden Herrscherhäusern kassiert, die Kaufmannsrepubliken träumen nur noch von der ruhmreichen Vergangenheit. Die Medici in Florenz werden zwar Großherzöge, noch einmal flammt der Glanz der Stadt auf und beschert der europäischen Kunstgeschichte den Manierismus, aber dann legen sich die Großherzöge lieber zu Bett und warten, bis die Österreicher kommen. Gian Gastone, der letzte, steht nicht mehr auf und döst vor sich hin, während in der Stadt österreichische Truppen postiert sind, um die Toscana zu kassieren, wenn man den letzten Medici mit den Füßen voran aus dem Palazzo Pitti trägt. Kaum ist er unter der Erde, wechselt Florenz Herrschaft und Flagge.

Im Süden sitzen die Spanier, aber Neapel, Sizilien und Sardinien interessieren sie nicht weiter. Sie benutzen diese Provinzen nur, um sie auszusaugen, bestenfalls noch als Bollwerk gegen die Türken zu benutzen, die man so leichter vom westlichen Mittelmeer festhalten kann. Die spanische Herrschaft in Süditalien hat das Land bis heute geprägt. Dort und auf den Inseln, Armenhäuser des modernen Staates, entsteht eine nutzlose Herrschaftsschicht, eine Oligarchie, die das Land nur ausbeutet, sich aber nicht um es kümmert, oft nicht einmal in ihm wohnt, nur seine Verwalter vor Ort hat und in Rom oder gar Madrid residiert. Recht und Gerechtigkeit gibt es nur für den, der zahlen kann. Epidemien, gegen die nichts getan wird, dezimieren die Bevölkerung; der Raubbau an Bodenschätzen und vor allem an den Wäldern ruiniert den Süden Italiens für alle Zeiten. Die Entrechteten schließen sich zu Banden zusammen, das Banditenunwesen macht das Land zu einem der unsichersten Europas. Die Mächtigen versuchen, sich dagegen

18

selbst zu helfen. Sie organisieren eine Art Vigilantentruppe, aus der sich vermutlich die Mafia entwickelt hat – im Solde der Herrschenden vermochte sie den Entrechteten einzureden, sie beschäftige sich mit ihren Problemen und sei auf ihrer Seite.

Eine besondere Art von Ruhe herrscht in Rom. Die Stadt war verhältnismäßig klein – um 1600 hatte sie etwa 110 000 Einwohner, hundert Jahre später 140 000. Aber sie war die Stadt der Antike und der Päpste. Rom lebte bereits damals vom Tourismus – das Wort selbst stammt aus der Pilgersprache und bezeichnet das »Touren«, das Absolvieren der vorgeschriebenen Pilgerwege innerhalb der Heiligen Stadt. Wer Seelenheil oder künstlerische Ausbildung suchte, mußte nach Rom. Die Stadt wurde deshalb bereits damals das, was sie heute noch ist, eine Zentrale des Dienstleistungsgewerbes. Ordenshäuser, Gesandtschaften, Hotels, Pilgerunterkünfte schossen nur so aus dem Boden. Die stolze stadtrömische Mentalität änderte sich. Die Landschaft um Rom herum verfiel, weil man nichts für sie tat – aber so erhielt sie ihren monumentalen Charakter, der vor allem Kunstreisende bis heute begeistert. Zuwendungen aus der gesamten katholischen Welt versandeten im Getriebe des Vatikans. Die Stadt selbst hatte nichts davon. Von den unbeschreiblich schmutzigen Elendsquartieren, von den Seuchen und Gefahren durch das Banditenunwesen, das bis in die Stadt hinein reichte, berichten alle damaligen Reiseschilderungen.

Nur der Norden fiel frühzeitig aus diesem allgemeinen italienischen Niedergang heraus. Die Gegenden um den Po entwickelten sich bereits kurz nach der Renaissance zu modernen Agrargebieten. Was im gesamten übrigen Land verhängnisvoll war, der Verfall der Städte und des Bürgertums, wirkte sich hier positiv aus. Der Gegensatz zwischen dem reichen Norden und dem armen Süden wurde in den Jahrhunderten zwischen 1500 und 1800 begründet – hier sind die Fundamente für den inzwischen unlösbar scheinenden Grundwiderspruch des modernen Italien gelegt worden.

Anders als in Deutschland oder England spielte das Bürgertum keine große Rolle in Italien. Wer es zu etwas brachte, trachtete danach, Grundbesitz zu erwerben, sich auf dem Land niederzulassen und geadelt zu werden. Man hatte zwar in der Stadt ein Haus, war dort aber nur sporadisch zu Besuch. Das Land beutete man aus, verpachtete es, kümmerte sich nicht darum, achtete nur darauf, möglichst viel Geld damit zu erwirtschaften. Auf welche Weise dies geschah, war dem Landbesitzer unwichtig. Lediglich die Seestädte Genua und Venedig machten da eine Ausnahme. Die reichen Vene-

tianer, die sich ihre Villen im Veneto bauten und von ersten Künstlern ausstatten ließen (›man‹ ließ sich das Haus von Palladio entwerfen und mindestens von Paolo Veronese ausstatten), waren zugleich auch Landwirte, die
nach dem rechten zu sehen wußten. Den Seefahrerstädten bedeutete es noch
etwas, Bürgerstädte zu sein; den Adel kannte man dort lange nicht, und
wenn, dann höchstens in Form einer Gewohnheitsaristokratie, die aber stets
auch politische Aufgaben wahrnehmen mußte. Venedigs Theater waren deshalb auch Bürgertheater, für alle geöffnet, die sich die Eintrittspreise leisten
konnten, keine höfischen Häuser, an denen Komponisten wie Monteverdi
das regierende Haus in Göttermasken anzuhimmeln hatten. Venedigs Kunst,
und nicht nur in der Malerei, war eine Bürgerkunst.

Der fehlende Bürgersinn ist ja auch die Ursache der »italienischen Krankheit«. Man steht dem Staat gleichgültig gegenüber, man haßt ihn nicht einmal, man sieht lächelnd zu, wie die Herren wechseln, interessiert sich aber
nicht weiter dafür. Man kann nichts ändern, weil sich nicht ändert, auch
wenn sich etwas ändert – viele sehen das, nicht ganz zu unrecht, heute noch
so. Deshalb ziehen sich viele zurück auf das kleine private Umfeld, sei es
beruflich, sei es familiär.

So also bot sich Italien am Ende des 18. Jahrhunderts dar: ein zersplitter-
tes, von fremden Herrschern oder deren Satrapen regiertes Land, wirtschaftlich am Ende, aber kulturell immer noch wichtig, wenn auch nicht
mehr auf den klassischen Gebieten der Architektur und Malerei. Inzwischen
war die Musik die höchste der Künste des Landes; wer musikalisch etwas
bedeuten wollte, mußte in Italien reussieren. Das galt vor allem für die Oper,
die man schließlich, wenn auch aus einem Mißverständnis heraus, hierzu-
lande erfunden hatte. Den Erfindern war es zwar nicht klar gewesen, daß
man nicht die griechische Tragödienform wiederentdeckt, sondern eine neue
Kunstform kreiert hatte, aber diesen Ruhm konnte den Italienern keiner
streitig machen. Im Wesentlichen aber lebte Italien von der Vergangenheit.
Die ökonomischen und politischen Entwicklungen der Nachbarstaaten
waren an dem Land vorbeigegangen. Es war bereit für die größte Erschütterung seiner bisherigen Geschichte, für Napoleon Bonaparte.

Wäre der Korse ein Jahr früher geboren worden als 1769, wäre er Italiener gewesen, denn erst 1768 hatte Genua Korsika an Frankreich abgetre-
ten. Es mag schon etwas daran sein, daß Napoleon, wie André Maurois
meint, eher Italiener als Franzose war, daß sein Handeln und Auftreten italienisch geprägt waren. Auf jeden Fall hat er sich Italien stets verbunden

gefühlt; das Land südlich der Alpen war für ihn allerdings auch zunächst nur das, was Gallien für Cäsar war: Dort bewährte er sich erstmals, dort verbrachte er nach eigenem Bekunden seine glücklichste Zeit – und dort stürzte er mit einem Schlag alles um.

Die große bürgerliche Revolution von 1789 war ja nicht urplötzlich wie ein Vulkan ausgebrochen. Anzeichen hatten sich in allen Ländern gezeigt. Das Zeitalter des Absolutismus schien abgelaufen. In Frankreich am stärksten – deshalb brach sie dort los. In Italien so gut wie überhaupt nicht – deshalb bedurfte es erst des Alpenübertritts der französischen Volksheere, um in die Herzen eines Teils der Italiener den Wunsch nach einer Änderung der Zustände zu pflanzen. Das Risorgimento, die endliche Einigung Italiens, wäre ohne Napoleon nicht möglich gewesen. Nicht zu Unrecht hegt und pflegt man im Mailänder »Museo del Risorgimento« Napoleons Hut wie eine Reliquie.

Viktor Amadeus III. von Savoyen-Piemont, jener Macht, die dann die Einigung als Fürstengnade von oben in die Wege leiten sollte, war der einzige, der sich ernsthaft von Jakobinern bedrängt fühlte, war doch ein nicht geringer Anteil seiner Landeskinder Franzosen. Doch auch diese – kleine – Gruppe fand nicht genügend Rückhalt in der Bevölkerung und endete auf dem Schafott. Versprengten Republikanern in Florenz, Neapel, Bologna und Palermo ging es nicht anders. Die Angst vor dem Übergreifen der »französischen Seuche« bewog den König aber dazu, sich mit den Österreichern gegen die Franzosen zu verbünden. Das kostete ihn gleich Nizza und Savoyen, das die Franzosen besetzten und annektierten. Neapel schloß sich dieser Koalition an, die übrigen italienischen Staaten blieben abwartend. Aber dann ging alles anders als erwartet. Viktor Amadeus III. hatte bei der Vertragsunterzeichnung mit den Österreichern noch gehofft, sich ein Scheibchen französischen Gebietes einzuverleiben, denn mit den Sansculotten wollte man ja schnell Schluß machen. Aber im Mai 1796 mußte er einen schmachvollen Friedensvertrag mit Napoleon hinnehmen. Der Korse erzwang den ungehinderten Durchzug durch das Land.

Norditalien fällt in ein paar Monaten in die Hände der Franzosen. Napoleon kassiert dabei nicht nur die österreichische Lombardei, sondern auch Modena, die Romagna und das westliche Venetien. Die Bourbonen in Neapel tun das gleiche wie die königlichen Vettern in Piemont, sie unterzeichnen einen Separatfrieden. Ende 1796 schließen sich zudem Modena, Reggio nell'Emilia, Bologna und Ferrara zur »Cispadanischen Republik«

zusammen. Der Freiheitsgedanke, vermischt mit einer gehörigen Prise Republikanismus, gibt hier zum ersten Mal Laut. Und es ist kein Zufall, daß sich dieses Gebiet zum Großteil mit der heutigen Emilia deckt. Im Frieden von Campoformio gesteht Österreich zu, daß daraus die »Cisalpinische Republik« wird – nun bestehend aus Mailand, Mantua, Modena, dem westlichen Venetien, Bologna, Ferrara und der Romagna. Allerdings nimmt Napoleon nicht nur, er gibt auch – nämlich das östliche, also eigentliche Venetien an Österreich. Die Legende berichtet, daß, als er San Marco betritt, die Erde bebt und der Boden der Kirche seine heutige Unebenheit erhalten hat. Der Löwe von San Marco hat ausgebrüllt.

Natürlich bleiben französische Truppen in Italien, auch in der »Cisalpinischen Republik«, denn Frankreich hat dies alles nicht aus Liebe zu einem denkbaren italienischen Nationalstaat getan. Italien war ein Steinchen im Weltgebäude, an das der kleine korsische General wohl damals schon dachte, und zunächst vor allem ein Faustpfand gegen die Briten und Österreicher. 1798 wird der Papst aus Rom verjagt, die ewige Stadt wird kurzzeitig eine »Römische Republik«. Karl Emanuel IV., der neue König von Piemont, wird vertrieben und muß im von den Briten geschützten Sardinien Zuflucht nehmen, auch er wird durch eine von Paris aus gesteuerte republikanische Regierung abgelöst. Genua und Lucca werden zu Republiken, der Großherzog der Toscana geht in die Verbannung. In Neapel plant die energische Königin Maria Karolina, eine Schwester der hingerichteten Marie Antoinette, mit der Gattin des britischen Botschafters, Lady Hamilton, und deren Geliebten, dem britischen Admiral Lord Nelson, einen Gegenschlag. Napoletanische Truppen marschieren in Rom ein. Das fordert französische Offensive: 1799 wird von den in Neapel siegreichen Franzosen die »Parthenopäische Republik« ausgerufen. Das Königspaar hat sich in Sizilien in Sicherheit gebracht. Damit ist das gesamte Festland in mehrere Republiken aufgeteilt. Allerdings existieren sie nur von Frankreichs Gnaden, lediglich eine dünne Schicht von Intellektuellen bejaht die neue Staatsform. Aber die Republiken schaffen neue, liberale Gesetze, die dem Land Hoffnung geben: Privilegien werden abgeschafft, Judenemanzipation, Pressefreiheit, Glaubensfreiheit, Volksbewaffnung, das sind alles Dinge, an denen der Italiener damals zum ersten Mal schnuppern darf.

Aber auch die Franzosen gelten als Eroberer und Fremdherrscher, besonders als die Regierung in Paris beginnt, den schlechten Brauch der bisherigen Herrscherhäuser zu übernehmen und das Land als bloße Milchkuh zu betrachten, die man melken kann, wenn man etwas braucht. Vor allem die Kunstschätze ziehen gen Norden, nach Paris – Napoleon war der erste Diktator, der in größerem Maße Kunst zu rauben begann. Er machte selbst vor dem Viergespann von San Marco nicht halt (das die Venezianer allerdings selbst gestohlen hatten). Manches, was man heute im Louvre bestaunt, war vor 1800 noch in Italien.

Wer Augen hatte zu sehen, konnte erkennen, daß eine Neuordnung in Italien nur unter bestimmten machtpolitischen Voraussetzungen möglich war. Als die Konstellationen sich zuungunsten Frankreichs veränderten, verschwanden die Republiken wieder sehr schnell. Kurzzeitig kehrten die alten Herrscherhäusern wieder zurück, teilweise nach blutigen Volksaufständen, in denen das Volk aber auch lernte, was es kann, wenn es nur will. Im Juni 1800 aber machte Napoleon nach dem Sieg von Marengo kurzen Prozeß mit Italien. Das Land wurde wieder aufgeteilt: Im Norden entstand eine »Italienische Republik« mit Napoleon als Präsidenten, Piemont wurde vollständig kassiert, aus der Toscana wurde ein »Königreich Etrurien«, das von Parma aus bourbonisch regiert wurde. Der Papst durfte den größten Teil des Kirchenstaates behalten, an Neapel kam man im Moment nicht heran. Aber auch das alles dauert nur kurze Zeit. Kaum ist Napoleon Kaiser der Franzosen, wird er (Mai 1805) auch König von Italien, der sich in Mailand mit der eisernen Krone der Lombarden selbst krönt. Sein Stiefsohn Eugène Beauharnais wird Vizekönig. Nach der Schlacht von Austerlitz müssen die Österreicher Venetien an das Königreich Italien abtreten, die Bourbonen werden aus Neapel vertrieben, Napoleons älterer Bruder Joseph und nach dessen Abreise gen Spanien Marschall Murat besetzen den Thron in Neapel. Die Toscana und Parma-Piacenza werden direkt an Frankreich angegliedert. Lucca bekommt Napoleons Schwester Elisa, der Papst wird letztendlich nach Frankreich verschleppt, das Patrimonium kommt zu Frankreich, das Trentino später zum Königreich Italien. Die Grenzziehung zwischen diesen Teilen ist willkürlich, die Hand Napoleons liegt zum Teil schwer auf den Gebieten. Dennoch: Es gibt so gut wie keinen Widerstand aus der Bevölkerung, keine Partisanen, keine Freiheitsbewegung wie in Deutschland, das ja nicht weniger zersplittert ist.

Aber: Napoleon hat den Italienern das Nationalbewußtsein gebracht, hat sie eine Identität gelehrt, die sie vorher nicht besaßen. Es gab – zum ersten Mal – in ganz Italien ein einheitliches Rechtssystem, das sich auf den Code Napoléon stützte. Es gab eine straff organisierte Verwaltung mit einem praktisch neugeschaffenen Berufsbeamtentum. Eine Infrastruktur wurde geschaffen, die die wirtschaftlichen Schranken zwischen den einzelnen Landesteilen abbaute, Straßen, Handelswege wurden verbessert, die Macht der Kirche beschnitten – kurz, es gab die ersten Ansätze dazu, Italien zu einem modernen Staat zu machen. All das zusammen, Modernisierung des Staates, Bürokratisierung, Schaffung eines eigenständigen Militärs ließ praktisch eine neue Klasse entstehen: politisch bewußte Bürger, die sich engagierten und die Gleichgültigkeit der letzten Jahrhunderte wenigstens zum Teil abstreiften. Diese Schicht war zunächst klein, aber sie wuchs. Sie wuchs noch weiter, nachdem Napoleon schon lang von der Halbinsel verschwunden war.

»Er brachte es ganz allein fertig, die Italiener zu beleben, sie mit selbständigen Meinungen, Gesetzen, Waffen, mit dem Sinn für Unabhängigkeit, mit der Sehnsucht nach einem freien Vaterland und besonders mit einer so raschen fortschrittlichen Beweglichkeit auszustatten, daß sie in wenigen Jahren in ihren inneren Verhältnissen Veränderungen aufweisen konnten, zu denen unter anderen Umständen eine Arbeit von drei oder vier Generationen nötig gewesen wäre.« Das schrieb der Schriftsteller Ugo Foscolo über Napoleon. Die »Cispadanische Republik« (deren Name heute in veränderter Form wieder bei den Sezessionisten der »Lega Nord« auftaucht) hatte sich als Fahne die Tricolore auserwählt – rot-weiß-grün. Napoleon war der erste, der das Wort »Italien« wieder verwendete. Die Rufe nach Freiheit und Gleichheit, in anderen Ländern im wesentlichen sozial verstanden (frei wollte der Einzelne sein, gleich mit seinen Mitbürgern), leitete man in Italien auf die Nationen um: Frei wollte Italien sein, gleich mit anderen Nationen. Dieses Gefühl bestimmte in den folgenden Jahren ganz Italien – und große Teile von Verdis Leben.

Der Junge aus Le Roncole

Verdis Geburtshaus (Gemälde von Achille Formis)

Als Giuseppe Verdi am 1o.Oktober 1813, im selben Jahr wie Richard Wagner, das Licht der Welt erblickte, gehörte der kleine Ort Le Roncole zum französischen Departement Taro (am Taro liegt Parma; die Franzosen hatten den heimischen Brauch, die Departements nach Flüssen zu nenne, selbstverständlich auch auf Italien übertragen). Der Geburtsschein für Verdi wurde in französischer Sprache verfaßt: »Joseph Fortunin François« waren als Vornamen des Kindes angegeben. Der Pfarrer der Kirche San Michele in Le Roncole trug die Geburt in lateinischer Sprache ins Taufregister ein. Deswegen also taucht der Name des bedeutendsten italienischen Komponisten bei seiner Geburt nirgendwo in italienischer Sprache auf!

Mit Verdis Geburt hatte es für ihn noch eine besondere Bewandtnis. Die Dokumente darüber hat er sicher oft in der Hand gehabt, scheint sie aber nie gründlich gelesen zu haben. Vielleicht ist ihm aufgefallen, daß der Pfarrer den Namen seiner Mutter Aloysia Uttini falsch geschrieben hatte (Utini), aber auf das Datum hat er wohl nicht geachtet. Das kann man jedenfalls einem Brief entnehmen, den er im Oktober 1876 an seine Mailänder Freundin, die Gräfin Clara Maffei, schrieb, die ihm zum Geburtstag gratuliert hatte: »Meine Mutter hat mir immer gesagt, ich wäre 1814 geboren. Das habe ich natürlich geglaubt und alle genasführt, die mich nach meinem Alter fragten. Vor ein paar Monaten ließ ich mir aber meine Geburtseintragung im Kirchenbuch kommen, aus der ich, obwohl sie lateinisch ist, ersehen konnte, daß ich heuer am 9. Oktober das Dreiundsechzigste vollendet habe!!!«

Der Brief ist typisch für Verdi. Er nahm zwar die falsche Jahreszahl zur Kenntnis, nicht aber das falsche Datum. Auch nachdem er es besser wußte, feierte er, wenn es ging, seinen Geburtstag weiterhin am 9. Oktober und nicht am 1o.. Bussetanische Sturheit!

Von Verdis Familie weiß man nicht allzuviel. Die Familientradition will wissen, daß die Verdis seit mehreren Generationen bereits in der Gegend ansässig waren und aus der Viehhändlerschicht kamen. Belegen läßt sich nur, daß schon der Großvater Giuseppe hieß, vier Söhne und drei Töchter hatte und im Jahr 1798 starb. Carlo Verdi, der Vater, heiratete 1812 Aloysia oder Luisa Uttini. Die beiden hatten außer Giuseppe nur noch eine Tochter, die schwer geistig behindert war und bereits als Siebenjährige starb. Carlo Verdi war Schankwirt, wie man das damals nannte. Er führte eine Art Gemischtwarenladen mit Ausschank. Sicherlich hatten die Verdis keine reiche Kundschaft, reiche Leute gab es in der Gegend nicht, aber die Berichte von der übergroßen Armut der Familie, gehören in den Bereich der Legende. Vor allem Michele Lessona in »Volere è potere« (»Wollen heißt Können«) hat daran fleißig mitgewebt. Das Buch läßt nichts aus: Wie Verdi barfuß von Le Roncole nach Busseto lief, um seine Schuhe zu schonen; wie er in jeder freien Minute den armen, aber ehrlichen Eltern zur Hand ging; wie er Dorfmusikanten lauschte und ihre Melodien nachspielte; wie seine Kindheit trist, das Leben ärmlich und trostlos gewesen waren. Verdi als »Selfmademan«, dieses von Lessona entworfene Bild paßte gut in die Zeit um die Jahrhundertwende, und Verdi selbst fand Gefallen daran. Er liebte es, sich zu stilisieren, wenn er überhaupt über sich redete, und dies mit Vorliebe in der großen Gesellschaft. Er wies dann auch gern auf die »elende Osteria mit ihren engen, schlecht gelüfteten halbdunklen Räumen«, auf »das düstere Gebäude« hin, in dem sein Vater Landwirtschaft betrieb.

Verdi mochte im übertragenen Sinn recht haben, wenn er sich als »Bauer« bezeichnete, weil sein Lebensstil immer relativ ländlich war, aber weder die Verdis noch die Uttinis waren Bauern. Beide Familien kamen aus der Händler- und Gastwirtsbranche. Mitglieder der Familie Verdi waren nachweisbar ab 1780 bis 1962 (!) Gastwirte in Le Roncole, also fast zweihundert Jahre lang. Das spricht eher dafür, daß die Familie aus dem Dorfeinerlei herausstach, nicht in ihm versank. Verdis Geburtshaus ist außerdem, gemessen an den Bauernkaten der damaligen Zeit, alles andere als eng und klein, eher komfortabel. Es kann sich heute noch sehen lassen, wird auch heute noch bewohnt, obwohl der obere Stock um das Geburtszimmer herum ein kleines Museum und eine Erinnerungsstätte beherbergt. Die Lage dieser Osteria, genau gegenüber der Kirche, war ideal – vor und nach dem Kirchgang nahm man dort sicher gern das eine oder andere Glas Wein, aß vielleicht auch eine Winzigkeit dazu, redete, spielte Karten oder kaufte ein: Mehl, Schmalz, Kaffee, Zucker, Gewürze, Wein, Spirituosen, Salz, Tabak –

was man eben so brauchte im Dorf und was man in ein und demselben Geschäft haben möchte. Landwirtschaft betrieben die Verdis nicht, das betonte schon der napoletanische Musikkritiker Melchiorre Delfico, ein enger Freund Verdis. Er nannte die Familie »nicht reich, aber auch nicht unbemittelt«, und das dürfte den sozialen Stand ziemlich genau treffen.

Die Legenden aber lassen sich nicht ausrotten – sicherlich auch deshalb nicht, weil Verdis Verhältnis zu seinem Vater nicht das beste war, und es deshalb wohl besser ins Heiligenbild paßt, wenn man aus den Eltern arme Analphabeten macht. Und auch deshalb, weil der Komponist selbst nur ungern, und wenn, dann wenig Auskunft vor allem über seine Jugend gab. Auskunftsfreudig über sich war er wirklich nicht. Als die Deutsche Verlagsanstalt ihn 1875 aufforderte, seine Erinnerungen zu Papier zu bringen, reagierte er äußerst kratzbürstig. »Niemals, niemals werde ich meine Memoiren schreiben! Genug, daß die musikalische Welt so lange meine Noten hat ertragen müssen! Ich werde sie nie dazu verdammen, meine Prosa zu lesen!« schrieb er kurz und bündig, und auch den Gedanken, seine Briefe zu veröffentlichen, wies er weit von sich: »Wozu ist es nötig, daß man hingeht und die Briefe eines Komponisten herausholt? Briefe, die er nicht wichtig nimmt, auf die er nicht achtet, weil der Musiker weiß, daß er keinen literarischen Ruf wahren muß. Genügt es nicht, daß man seine Noten auspfeift? Nein, mein Herr! Jetzt auch noch die Briefe!« Diese Grundeinstellung hat das Stochern in Verdis Jugend jedenfalls nicht einfacher gemacht.

Von den großen Erschütterungen in den ersten Lebensjahren Verdis bekam man in Le Roncole nicht viel mit, bis auf einen Fall. 1814 jagten österreichische und russische Truppen durch die Emilia, hinter den fliehenden Franzosen her. Luisa Verdi brachte ihren kleinen Sohn vor der Soldateska auf dem Glockenturm der Kirche in Sicherheit.

In Italien wurde wieder alles so, wie es gewesen war, und doch war alles verändert. Man wollte, so das Ziel, jenen Zustand wiederherstellen, der seit dem Frieden von Aachen 1748 geherrscht hatte. Doch zwei bezeichnende Ausnahmen decouvrierten diese schöne Absicht als Geschwätz. Die beiden Stadtrepubliken Genua und Venedig blieben zerschlagen; Genua kam zu Piemont, Venedig zum habsburgischen Königreich Lombardo-Venetien.

Die Verdis wurden Untertanen von Marie Luise, der Tochter des Kaisers in Wien und Gemahlin Napoleon Bonapartes. Bis zu ihrem Tod sollte sie, so wurde auf dem Wiener Kongreß beschlossen, das Herzogtum Parma-Piacenza innehaben. Danach sollte es an die Bourbonen zurückfallen. Man vergaß nicht beim Tanzen in Wien, daß da ein Kind existierte, »l'aiglon«, der Herzog von Reichstadt, Sohn der Habsburgerin und Napoleons, gleich nach seiner Geburt vom gestürzten Kaiser der Franzosen zum König von Rom ausgerufen. Man wollte den Ehrgeiz des möglichen Erben nicht wecken, beließ das Kind auch in Wien unter strenger Aufsicht, während die Mutter nach Parma geschickt wurde. Marie Luise, nun Maria Luigia, wurde dort herzlichst empfangen. Die Einwohner jubelten ihr zu, aber nicht als Befreierin vom Joch des korsischen Tyrannen, sondern als dessen Gemahlin! Und die junge Frau, die in Wien und Paris träge und dümmlich gewirkt hatte, zeigte sich diesen Erwartungen gewachsen. Gemeinsam mit dem Grafen Neipperg, der erst ihr Aufpasser und dann ihr Liebhaber war, regierte sie das Herzogtum auf eine Art, die ihr heute noch den Beinamen »la buona duchessa«, »die gute Herzogin«, eingebracht hat. Der Wohlstand des Landes geht großenteils auf sie und ihre geschickte Politik zurück. Und für die Musik hat sie auch einiges getan: Sie ließ das herrliche Teatro Regio in Parma erbauen, und sie unterstützte junge aufstrebende Komponisten ihres Landes auf das kräftigste. Darunter sollte auch der Bub aus Le Roncole fallen.

Maria Luigia versuchte auch so lange wie möglich, das französische Rechtssystem am Leben zu erhalten; der österreichische Druck allerdings bewirkte, daß es 1820 durch ein neues, aber fast ebenso liberales ersetzt wurde.

Ansonsten verfiel Italien wieder in den vornapoleonischen Zustand. Das Recht trieb die buntesten Blüten, Gesetze widersprachen einander, Korruption kehrte wieder ein, die Kleinstaaterei und Fremdherrschaft waren wieder da – aber die Italiener hatten sich geändert. Was ihnen vor Napoleon mehrheitlich gleichgültig gewesen war, erregte sie nun auf das heftigste. Revolution lag in der Luft. Der Lächerlichkeiten der neuen Herren waren denn auch zu viele. Der Turiner botanische Garten wurde durchforstet – alle Pflanzen, die ihre Existenz den Franzosen verdankten, wurden vernichtet. Man überlegte sogar lange, ob man die einzige Brücke über den Po, die die Franzosen hatten bauen lassen, nicht wieder einreißen lassen sollte. In Neapel wurde von den Franzosen zu Ackerland gemachtes Weideland wieder Weideland. Die Ausgrabungen in Pompeji wurden eingestellt, weil sie französisch inspiriert waren. Und im Kirchenstaat, der sich zu einem der finstersten Staaten der Reaktion entwickelte, schaffte man die Pockenschutzimpfung und sogar die Straßenbeleuchtung wieder ab – man wolle, so die Verwaltung, die von Gott gegebenen Unterschiede zwischen Tag und Nacht nicht verwischen (die Beleuchtung diente allerdings vorwiegend dem Schutz vor Banditen, die, wie sich nun zeigte, mit Teilen des Klerus munter zusammenarbeiteten), und wen Gott krank werden ließ, nun, den solle er krank werden lassen …

Als 1823 Pius VII. starb, der noch ein relativ aufgeklärtes Regiment geführt hatte, gingen die Lichter in Rom endgültig aus. Antisemitismus, Zwangstaufen für Juden, Korruption, Inquisition, Todesurteile gegen angebliche Republikaner waren an der Tagesordnung. Für die italienischen Patrioten wurde der Kirchenstaat zum Gegner Nummer eins – vieles an Verdis zeit seines Lebens beibehaltener antikirchlicher Haltung mag sich aus diesen ihn prägenden Jahren erklären.

Im Todesjahr Pius VII. veränderte sich nämlich auch das Leben des jungen Beppino gewaltig. Giuseppe – der diesen Vornamen schon als Kind haßte, niemand durfte ihn so nennen, »Verdi« war ihm am liebsten, auch »Mago« (Zauberer) oder »Pasticcio« (Auflauf) hörte er nicht ungern – kam auf das Gymnasium in Busseto. In Le Roncole konnte er nichts mehr lernen. Die Liebe zur Musik soll, so berichtet die Legende, schon früh bei ihm ausgebrochen sein. Schon dem Kind im Mutterleib soll eine vorüberziehende »Banda«, eine Blaskapelle, die Vorliebe für gerade diese Art von Musik eingegeben haben. Nun ja. Wirklich musizieren lernte er beim Dorforganisten von Le Roncole, der ihm auch Lesen und Schreiben beibrachte. Der Vater kaufte ihm ein Spinett, was auch nicht gerade für die angebliche Armut und Dürftigkeit des Haushaltes spricht. Bald konnte der kleine Verdi besser Orgel spielen als sein Lehrmeister. Auch als er in Busseto die Schule besuchte, spielte er hin und wieder Orgel in der Kirche von Le Roncole. Das Geld dafür konnte er gut brauchen.

Busseto hatte damals etwa zweitausend Einwohner, achttausend, wenn man die Randgebiete mitzählte, war also keine kleine Stadt. Der Ort gehörte zum Gebiet der Fürsten Pallavicini. Er hatte ein reichhaltiges musikalisches Leben. Er besaß ein schäbiges kleines Theater, dafür aber eine herrliche neue Orgel im Dom. Es gab eine »Philharmonische Gesellschaft«, also ein Laienorchester, und eine Musikschule. Verantwortlich für die Musik als Leiter des Orchesters, Leiter der Musikschule und Organist war der Parmenser Komponist Ferdinando Provesi. Provesi war kein schlechter Musiker, einige in dem kleinen Theaterchen von ihm aufgeführten Opern können das beweisen. Aber er steckte mittendrin in den kleinstädtischen Auseinandersetzungen, wie sie in diesen Jahren überall stattfanden. Provesi war ein Fortschrittlicher, ein Republikaner, und haßte deshalb den Klerus, im besonderen den Domherren Pietro Seletti. Der Domherr Seletti wiederum haßte den Republikaner Provesi. Aber beide unterrichteten den jungen Verdi, beide erkannten seine Begabung, und beide wollten ihn auf ihre Seite ziehen – der eine wollte ihn zum Musiker, der andere zum Geistlichen machen. Verdi selbst fühlte sich zunächst wohl eher zu Seletti hingezogen, doch dieser sah schließlich ein, wo Verdi hingehörte. Der Altphilologe und Pfarrer ließ ihn zur Musik ziehen. Das paßt nicht so ganz zu dem schrecklichen Bild eines verknöcherten Pfaffen, das man in vielen Büchern von ihm zeichnet.

Wichtiger für Verdi wurde allerdings der Mann, der als Chef der Philharmonischen Gesellschaft eine bestimmende Rolle im musikalischen Leben von Busseto spielte, auch er ein Fortschrittlicher und Republikaner. Er war ein angesehener und wohlhabender Kaufmann; Verdi kannte ihn schon lange, sein Vater bezog alle Waren bei ihm. Er hieß Antonio Barezzi, wohnte am Marktplatz und hatte dort seinen Laden. Er erkannte sofort, daß sich aus dem Jungen mehr machen ließ als einen Dorforganisten, und nahm ihn bei sich auf. Pro forma mußte Giuseppe Verdi bei ihm als ein Mittelding zwischen Laufbursche, Schreiber und Ladengehilfe arbeiten, aber in Wirklichkeit behandelte Barezzi ihn von Anfang an wie einen Sohn. Im Hause Barezzi stand ein Pianoforte der Wiener Firma Fritz. Dort spielte Verdi viel und gern – oft gemeinsam mit Margherita, der jungen Tochter Barezzis. Der Vater mochte wohl nicht ungern sehen, daß sich da etwas anspann …

Vor allem aber machte man Musik in diesem Hause. Barezzi gehörte zu jenen liberalen Großbürgern, denen zu Napoleons Zeit auch der Weg zu politischem Einfluß offenstand, die jetzt aber nichts mehr zu sagen hatten. Eine Möglichkeit, sich wenigstens zu versammeln, war die irgendwelcher, auch musikalischer Gesellschaften. Das taten die Philharmoniker in Barezzis Haus. Im Salone gaben sie Konzerte. Barezzi selbst mischte kräftig mit. Er spielte Flöte, Klarinette, Horn und die komplizierte Ophikleide, ein Instrument der französischen Militärmusik, ein geschwungenes Horn mit einem leicht winselnden, schleifenden Ton. Verdi setzte dieses Instrument später an exponierter Stelle seines »Don Carlos« ein: Das Thema des Großinquisitors wird in der französischen Originalfassung von einer Ophikleide gespielt. Da in nichtfranzösischen Orchestern kaum jemand dieses Instrument beherrscht, wird es in der Regel durch ein Horn ersetzt. Das Ursprungsinstrument aber machen das Gefährliche des blinden Großinquisitors, seine Macht und Heimtücke, wesentlich deutlicher. Mit solchen Feinheiten beschäftigte man sich allerdings bei Barezzis Gesellschaften kaum. Man liebte eher ein kräftiges Blasorchester, eben eine »Banda«. Verdis Vorliebe für sie dürfte in dieser Zeit begründet sein.

Barezzi, 26 Jahre älter, hatte gemeinsam mit Provesi den jungen Verdi auf die Seite der Liberalen, im Falle Provesis gar Radikalen herübergezogen. In diesem Sinne war der Streit zwischen dem Domherren und den Musikern mehr als ein kleiner Provinzkrach, weil er Verdis künftigen Lebensweg politisch mitbestimmte. Für seine musikalische Entwicklung war Verdis Weg in das Haus des Grossisten und Likörfabrikanten Barezzi allerdings nicht von gleicher Bedeutung. Seit sein Entschluß gefaßt war, Musiker zu werden, konnte ihn nichts und niemand mehr davon abbringen.

Er merkte auch schnell, daß er von Provesi letzten Endes nur Begrenztes lernen konnte. Aber der Bussetaner Domorganist brachte ihm etwas sehr Wichtiges bei: selbst zu lernen. Nicht ganz zu Unrecht bezeichnete sich Verdi sein ganzes Leben lang als Autodidakt. Dieses Selbststudium konnte Barezzi ihm erleichtern. Es gab in Busseto zwei ausnehmend gut sortierte Bibliotheken, derer sich Verdi bedienen konnte. So lernte er Mozart und vor allem Beethoven schätzen. Man muß hier einmal einen Gedanken auf die Musikrezeption des letzten Jahrhunderts verschwenden: Der Zugang zu fremder, vor allem neuer Musik war sehr schwer. Noten waren teuer und selten, Konzerte zumal mit ausländischer Musik gab es nur in größeren Städten und auch dort nur selten; andere Zugangsmöglichkeiten existierten nur für jemand, der Zeit und Geld hatte, in der Weltgeschichte herumzureisen. Erst später, als sein Verleger Ricordi ihn bemusterte, lernte Verdi mehr an anderer Musik kennen. Aber auch da ließ er manches – bewußt – aus, obwohl seine musikalische Kenntnis weitaus besser war, als er zugeben wollte.

Das Klavierspiel hatte er sich weitgehend im Selbststudium beigebracht, seine bisherigen Lehrer aus Le Roncole und Busseto hatten da höchstens eine hilfreiche Hand gewährt. Sein Anschlag blieb auch stets unorthodox – als er ins Mailänder Konservatorium aufgenommen werden wollte, wurde ihm das mit zum Verhängnis.

Als Verdi das Gymnasium absolviert hatte, ging er Provesi zur Hand und unterrichtete. In Barezzis Haus gehörte er inzwischen fest zur Familie. So wie er für den Kaufmann der Sohn, wurde dieser für ihn der Vater. Das Verhältnis zu seinem leiblichen Vater Carlo Verdi kühlte damals vollständig ab und wurde nie mehr wirklich gut. Giuseppe unterrichtete Margherita Barezzi nun – und Barezzi mußte die italienische Oper der Zeit gut genug kennen, um zu wissen, was landläufig zwischen Klavierlehrern und ihren Schülerinnen passierte. Es passierte auch hier, aber er war kein Doktor Bartolo. Als die beiden sich ineinander verliebten, war es bald ausgemachte Sache, daß sie ein Paar werden würden.

Verdi begann zu komponieren. Im Nachhinein behauptete er, es seien hunderte von Märschen und Liedern gewesen. Diese Zahl mag übertrieben sein, aber wenig war es sicher nicht. Später wollte er von diesem frühen Versuchen nicht mehr wissen und verbrannte das meiste. Einiges mag immer noch als ungehobener Schatz in Busseto schlummern. Jüngst tauchten in der benachbarten Gemeinde Fidenza ein paar dieser Noten auf. Die Antiquare strahlten.

An manches allerdings wollte sich der Komponist später auch nicht mehr erinnern. Er sprach einmal von einer »Canzone«, die er für »irgendeinen Bekannten« geschrieben habe, 23 Jahre sei er damals alt gewesen. Diese Canzone wurde tatsächlich in Mailand aufgeführt, zum Geburtstag des Mannes, für den sie geschrieben hatte: Ferdinand I. von Österreich. Kein Wunder, daß Verdi später davon nichts mehr wissen wollte …

1828 komponierte Verdi zwei Werke, die die Gemeinde aufhorchen ließen. »I deliri di Saul«, acht Stücke für Bariton und Orchester nach einem Text von Vittorio Alfieri, und eine Neufassung der berühmten Ouverture von Rossinis »Il barbiere di Siviglia«. Barezzi war begeistert. Er attestierte seinem Schwiegersohn in spé »glühende Phantasie« und »sicheres Urteil in der Verteilung der Instrumentalstimmen«. Provesi gar bezeichnete ihn als »genial begabt«. Ganz unrecht haben beide ja nicht gehabt. In der Karwoche wurde ein weiteres biblisches Opus uraufgeführt, diesmal den Klagen des Jeremias und nicht dem Wahn Sauls gewidmet. Es hatte ebenfalls großen Erfolg. Man war sich in Busseto einig: Der junge Mann wird es weit bringen, deshalb muß er raus aus dem Ort, er muß nach Mailand. Dafür aber brauchte es Geld, mehr, als Barezzi zur Verfügung stellen konnte oder wollte.

Der »Monte di Pietà e d'Abbondanza« war nicht, wie der Name vermuten ließe, eine Bank, sondern eine Bussetaner Wohltätigkeitseinrichtung, die von den Bürgern der Stadt getragen wurde. Hier machte Carlo Verdi nun im Mai 1831 eine Eingabe, die nichts erbrachte, er bekam nicht einmal eine Antwort. Doch er ließ nicht locker. Nun wandte er sich direkt an die Großherzogin, und dieser Appell an Maria Luigia hatte Erfolg. Ein Vierjahresstipendium am Mailänder Konservatorium wurde von den wohltätigen Bussetanern bewilligt; die paar Scudi für den fehlenden Zeitraum bis zum Beginn des Stipendiums konnte Barezzi vorschießen. Er bedauerte zwar, daß Verdi Busseto verließ, eine schnelle Heirat zwischen den beiden jungen Leuten wäre ihm lieber gewesen, aber er mochte es auch mit einem lachenden Auge sehen. Giuseppe Verdi war schon als junger Mann persönlich sehr konservativ, eine Heirat kam für ihn erst in Frage, wenn er es zu etwas gebracht haben würde, und so mochte es doch besser sein, die schöne Tochter und den attraktiven jungen Mann zunächst einmal räumlich zu trennen.

Mailand liegt zwar nur ein paar Kilometer von Busseto entfernt, aber es gehörte zu einem anderen Staat, zum habsburgischen Lombardo-Venetien. Folglich mußte sich Verdi einen Paß ausstellen lassen. Und aus diesem entnehmen wir, daß er mit seinen 19 Jahren wirklich ein ansehnlicher junger Mann gewesen sein muß:

»Gestalt: groß; Haar: kastanienbraun; Stirn: hoch; Brauen: schwarz; Augen: grau; Nase: Adlernase; Mund: klein; Bart: dunkel; Kinn: oval; Gesicht: hager; Hautfarbe: blaß.«

Margherita Barezzi mag ihm mit gemischten Gefühlen nachgesehen haben, wie er da auszog, Mailand und damit die große Welt der Musik zu erobern. Er selbst war uneingeschränkt optimistisch und voller großer Hoffnungen, die allerdings bald einen gewaltigen Dämpfer bekommen sollten.

Erste Erfolge, erstes Leid

Margherita Barezzi, Verdis erste Gattin

»*G*iuseppe Verdi hat sich dem Studium der Musik verschrieben, findet jedoch in seiner Vaterstadt Busseto, Staat Parma, nicht die Vorbedingungen für die Vervollkommnung, die er anstrebt. … Er richtet deshalb an die k.k.-Regierung vorliegendes Gesuch im Vertrauen darauf, daß er bei den am Konservatorium abzulegenden Prüfungen den in der Satzung des Instituts verlangten Befähigungsnachweis erbringen wird, um die wegen Überschreitung des Normalalters erforderliche Sondergenehmigung zu erhalten, denn er steht im 18.Lebensjahr.«

Am 22.Juni 1832 richtete Giuseppe Verdi dieses Gesuch an das k.k. Konservatorium der Musik in Mailand, um dort als zahlender Pensionär unterzukommen. Ganz sicher war er sich wohl nicht, daß es angenommen werden würde, der Hinweis auf sein (falsches) Alter beweist das zur Genüge. Und es passierte auch das, was sonst nur in schlechten Romanen passiert. Verdi wurde abgelehnt. Natürlich, die dummen Professoren! Da kommt einer, der ist ein Genie, und was tun sie? Bekommen es mit der Angst zu tun, wollen ihn nicht haben, nur weg mit ihm! Typisch – und eine Blamage erster Ordnung für das Haus. Paragraphenreiter! Der Herr Cherubini in Paris, der hat doch diesen Kölner Juden, den Jakob Offenbach, auch aufgenommen, obwohl er nicht gedurft hätte, nachdem er seine Begabung erkannte! Schande über die Kollegen aus Mailand!

So sieht es aus, und Verdi selbst, der nie erfahren hatte, warum er abgelehnt wurde, sah es so. Über fünfzig Jahre später, am 9. August 1898, erregte er sich in einem Brief an Giulio Ricordi darüber, daß das Konservatorium nach ihm genannt werden sollte: »Herrgott noch mal, das fehlte gerade noch, um einen armen Teufel wie mich zur Verzweiflung zu bringen, der nichts verlangt, als seine Ruhe zu haben und in Ruhe zu sterben … Ich weiß nicht, wo Gallignani (der Direktor des Konservatoriums) steckt, der wahrscheinlich daran schuld ist. Tun Sie mir den Gefallen und machen Sie ihn ausfindig, werfen Sie ihm in meinem Namen alle erdenklichen Schimpfwörter an den Kopf. Und wenn nicht ihm, dann schreiben Sie, wem Sie wollen, nur schaffen Sie mir diese Benennung vom Hals, die ich nicht ausstehen kann!« Fünfzig Jahre nach der Ablehnung war sein Zorn also immer noch nicht verraucht. »Ein Mißklang« sei es, »Konservatorium Giuseppe Verdi« lesen zu müssen, denn ein Konservatorium, und noch dazu dieses, habe seinerzeit ein »Attentat auf seine Existenz« verübt, und er möchte jede Erinnerung daran aus seinem Gedächtnis tilgen. »Wenn mein Schwiegervater, Gott habe ihn selig, das prophetische Wort des Konservatoriums gehört und gesagt hätte: ›Ich höre, die Musik ist nichts für dich; unnütz, Zeit und Geld dafür zu verschwenden, geh zurück in das Dorf, wo du geboren bist, bebaue deinen Acker und fahre hin in Frieden‹ – es wäre nur natürlich gewesen!«

Barezzi hat aber all das, was er sagen und tun hätte können, nicht gesagt und getan. Er ahnte außerdem, was passieren würde. Verdi wohnte bei Giuseppe Seletti, dem Neffen des Bussetaner Domherren. Und dieser Seletti hielt Barezzi über alles, was seinen Untermieter betraf, auf dem Laufenden. Verdi könne nicht Klavier spielen und werde es auch nie lernen, hatte ihm ein Bekannter aus dem Konservatorium erzählt, außerdem, sei er zu alt und das Konservatorium platze aus allen Nähten. Das, in der Tat, waren die Gründe für die Ablehnung.

Die Prüfer am Konservatorium hatten die herausragende Begabung des jungen Mannes sehr wohl erkannt, denn sie hatten ihn zur Prüfung zugelassen, obwohl er zu alt war. Beim Klavierspiel enttäuschte er – was er sich selbst beigebracht respektive bei einem Dorforganisten gelernt hatte, war zu wenig. Er habe nicht die rechte Handhaltung, befand man, ein Urteil, das Laien übertrieben erscheinen mag, aber ins Zentrum trifft. Die Handhaltung ist für das Spiel ausschlaggebend. Verdis Prüfer war zudem ein Mann, der wußte, wovon er sprach: Professore Angeleri war der Reformator des Klavierunterrichts in Mailand, Begründer einer Pianistenschule und Verfasser eines wichtigen Buches über das Klavierspiel. Seine Worte fielen um so mehr ins Gewicht, als Verdi in seinem Aufnahmeantrag nicht klar gemacht hatte, daß er Komposition und nicht das Klavierspiel auf dem Konservatorium lernen wollte. Der Kompositionslehrer auf der anderen Seite äußerte sich durchaus lobend über Verdis vorgelegte Versuche. Wenn er aufmerksam und ausdauernd die Regeln des Kontrapunktes studiere, so das Urteil, seine »unverkennbare Erfindungsgabe in geordnete Bahnen lenken lerne«, könne er durchaus in der Komposition »Ersprießliches leisten«.

Konservatoriumsdirektor Rolla reicht diese beiden Beurteilungen an seine politisch vorgesetzte Behörde weiter, und die entscheidet. Verdi ist Ausländer (Diese Bemerkung fügt k.k.Regierungssekretär Corbari handschriftlich der Akte bei!), er ist zu alt, das Konservatorium ist überfüllt. Und da soll man einen zu alten Ausländer aufnehmen, der nicht einmal richtig Klavier spielen kann, zwar begabt ist, aber doch sicher nicht so genial wie meinetwegen der junge Rossini? Verdi ist ja eindeutig ein Spätentwickler, seine ersten Versuche werden mit Sicherheit nicht mehr als brav gewesen sein, eklektisch, ganz der Tradition verhaftet. Die Ablehnung also ist kein Wunder – sie wird aber nicht von den Herren des Konservatoriums, sondern von der politischen Instanz gefällt. Im Gegenteil: Die Professoren raten ihm sogar, auf jeden Fall bei den musikalischen Leisten zu bleiben. Er solle sich doch einen Lehrer in der Stadt suchen. Direktor Rolla vermittelt ihn an Vincenzo Lavignia, einen Apulier und Schüler Giovanni Paisiellos. Lavignia arbeitet für das Teatro alla Scala, ist Organist und vorzüglicher Cembalospieler. Seine Eigenkompositionen sind eher mäßig und auf seinen Meister Paisiello abgestimmt, aber er ist ein harter Lehrer, der dem jungen Verdi vieles beizubringen weiß. Palestrina bringt er ihm nahe und die Deutschen, die Verdi zeit seines Lebens sehr verehrt: Bach, Beethoven, Händel, Haydn und Mozart. Modernismen in der Instrumentierung und Stimmführung lehnt Lavignia ab. Da ist Verdi auf Selbststudium angewiesen. Aber das ist das Einzige, worüber er sich zu beklagen hatte. Lavignia war ein guter Lehrer, das hat Verdi später stets dankbar bekannt. Zingarelli und Cimarosa haben bei ihm ihr Handwerk gelernt, auch das ist wohl eine Empfehlung.

Giuseppe Verdi bleibt also trotz Ablehnung in Mailand, und Barezzi zahlt. Dieser großartige Bürger ermöglicht ihm sogar ein einigermaßen angenehmes Leben. Verdi arbeitet viel, lebt billig bei Seletti, sitzt in den Theatercafés herum, wo er die Größen der musikalischen Welt anstaunt, und abends geht er in die Scala. Er sperrt die Ohren aber nicht nur im Theater auf. Langsam beginnt es rund zu gehen in Italien, und in den österreichischen Provinzen ganz besonders.

Dabei betrugen sich die Österreicher im Vergleich zu anderen ganz manierlich. Sie entwickelten ihre Provinzen geradezu zu Musterländern. Im benachbarten Piemont war die Unterdrückung wesentlich stärker. Während man in Lombardo-Venetien »nur« acht Jahre Militärdienst ableisten mußte, waren es in Piemont ganze vierzehn. Aber die Italiener empfanden das inzwischen anders. Der König in Turin war gewissermaßen ein hauseigener Tyrann, die Österreicher waren Landfremde, Usurpatoren, Besatzer. Und da

Revolutionen bekanntlich von Stimmungen wesentlich abhängiger sind als von Fakten, stand den kleinen und größeren Herrschern mit ausländischem Paß allerlei Unbill ins Haus.

Erste Warnzeichen hatte es bereits in den zwanziger Jahren gegeben, beim ersten großen Aufstand der »Carbonari« in Neapel. Diese »Köhler« waren wohl der bekannteste der damals sehr populären Geheimbünde. Sie holten sich ihre Riten aus dem Köhlerleben, ihr Programm von überall zusammen, eine Mischung aus Räuber-und-Gendarm-Spiel und sozialrevolutionären Absichten. Der Aufstand weitete sich aus, die Österreicher wurden zu Hilfe gerufen und schlugen ihn schließlich nieder, als er sich im Norden ausweiten wollte. 1821-1824 kam es in Lombardo-Venetien zu einer Prozeßwelle, 19 Todesurteile wurden gefällt, die Verurteilten dann aber nur zu langer Haft nach Spielberg bei Brünn gebracht. Der Schriftsteller Silvio Pellico, einer der Verurteilten, schrieb über diese Festungsjahre sein Buch »Le mie prigioni«, das ihn zum Märtyrer und Bestsellerautor machte.

Die Literatur war die erste Kunstgattung, die sich hinter die Forderung nach einer Revolution stellte. Kopf dieser Bewegung wurde schnell Alessandro Manzoni, der bedeutendste italienische Romancier. Er beschwor die Deutschen in einem Gedicht, Italien endlich freizugeben. Zwischen Deutschen und Österreichern machte man damals keine Unterschiede. Auch der bedeutendste italienische Roman des Jahrhunderts, »I promessi sposi« (»Die Verlobten«), war im Grunde eine politische Streitschrift. Manzonis Renaissance hat es so nie gegeben. Er wollte mit diesem Buch auch nur sagen: So groß war die italienische Vergangenheit, so elend ist die italienische Gegenwart. Damit wurde Manzoni ein Idol für das Italien seiner Zeit, und für Verdi blieb er stets eine Art Gott, der Mensch, den er am meisten verehrte. »O Fremde, brechet eure Zelte ab in einem Land, das nicht das eure ist!« hatte der Dichter geschrieben, Sätze, denen der junge Verdi bedenkenlos zustimmte.

1830 begann in Paris die Julirevolution. Die Dämme brachen für kurze Zeit in ganz Europa, auch in Italien. Die Carbonari und das liberale Bürgertum versuchten sich mit einer Revolution vor allem im Norden, und dort wieder ganz besonders in Verdis Heimat, der Emilia. Bologna, Modena, Parma waren die Zentren der Erhebung, die dann schnell auf den Kirchenstaat übergriff, wo sich ein Berufsrevolutionär, ein gewisser Louis Napoléon, der später zweiter Kaiser der Franzosen werden sollte, in seinem Metier erprobte. Alle diese Aufstände aber scheiterten, wieder marschierten die Österreicher, wieder kam es zu einem schnellen Ende und langen Prozessen. Besonders bedenklich wurden die Zustände im Kirchenstaat. Der neue Papst Gregor XVI. übertraf seinen konservativen Vorgänger Leo XII. noch um einiges. Gregor XVI. war seinem Friseur Moroni und Kardinalstaatssekretär Aloisio Lambruschini, einer Metternich-Kreatur, geradezu hündisch ergeben. Die drei sahen in allem, was irgendwie das Signum des Neuen trug, Blendwerke des Satans. Wer Eisenbahnen, Gasbeleuchtung, Hängebrücken oder gar wissenschaftliche Kongresse befürwortete, vorschlug oder durchführte, war ein Rebell. Der Justizterror nahm zu, die Gefängnisse füllten sich. Der Papst segnete die russischen Waffen, die der (orthodoxe) Zar gegen die (katholischen) Polen einsetzen wollte. Mit diesem Besuch des Herrschers aller Reusen schien sich das Papsttum aus der italienischen Einigungsbewegung zu verabschieden. Mit der Enzyklika »Mirari vos« gab es dies allen noch schriftlich. Gregor XVI. verurteilte jegliches Eintreten für soziale Belange und lehnte ausdrücklich den Freiheitsbegriff ab, sowohl für Einzelne wie für ganze Völker. Die katholische Kirche stellte sich damit gegen alles, was das 19. Jahrhundert ausmachte, dessen Schlüsselbegriffe schließlich Freiheit und Fortschritt gewesen sind.

Verdi las in Mailand mit Sicherheit die grundlegenden Schriften der italienischen Patrioten, die offen oder unter dem Ladentisch gehandelt wurden. Er, der vom Abenteuerroman bis zum philosophischen Buch damals alles las, was ihm in die Finger geriet, bekam so nicht nur im Caféhaus mit, worüber man stritt, was man erreichen wollte und vor allem: Wie man Italien zu befreien gedachte.

Da war einmal Giuseppe Mazzini. 1805 geboren, zunächst Mitglied der Carboneria, Revoluzzer, radikaler Demokrat. 1831 gründete er im Exil in Marseille »La Giovine Italia«, einen Geheimbund, und eine gleichnamige Zeitung, die seine Ideen verbreitete: Das junge Europa der Völker sollte dem alten der Monarchen ein Ende setzen. Das neue, geeinte Italien sollte eine »soziale Religion der Brüderlichkeit« vertreten und ein Vorbild werden für die vom Joche der monarchistischen Tyrannei befreiten Staaten von Europa. Nach dem in Trümmern liegenden Rom der Kaiser und dem korrupten Rom der Päpste sollte nun das dritte Rom des Volkes kommen. »L'Italia farà da se« – Italien wird unabhängig sein durch sich selbst und marschiert den anderen Völkern voran. Dieses Schlagwort beherrschte fortan die Debatte; auch Verdi benutzte es immer wieder, glaubte daran und setzte es in seinen frühen Opern in Musik.

Mazzini versuchte sich von Frankreich und der Schweiz aus immer wieder in Emeuten, protegierte unsinnige Aufstandversuche, die stets scheiterten, und erreichte so zwar, daß die Bewegung ständig weiterkochte, aber auch, daß man auf der anderen Seite schnell seines Aktionismus müde wurde. Seine Ideen wurden für viele Patrioten nach und nach ersetzt durch die Gedanken des Turiner katholischen Geistlichen Vincenzo Gioberti und dessen »neoguelfischen« Programms. Gioberti erkannte früh, daß Italien allein auf sich gestellt keine Chance hätte, er sah eine wichtige, aber keine Führungsrolle für das Land. Er erhoffte sich eine politische Führungsrolle für Piemont und eine moralisch-geistige für den Papst – wohlgemerkt: für einen neuen Papst, denn daß mit Gregor XVI. nichts zu hoffen war, wurde auch ihm schnell klar.

Auf jeden Fall wurde die Frage Revolution ja oder nein mehr oder minder auf offenem Markt diskutiert. Den Zensurbehörden entkam man durch eine Art Flucht in die Vergangenheit. Vor allem in Mailand erschienen Zeitschriften, die sich scheinbar überhaupt nicht mit der Gegenwart oder wenigstens nicht mit politischen Fragen befaßten. Zum Beispiel »Il Politecnico« war wirklich unverfänglich. Die Zeitschrift behandelte historische Probleme, diskutierte über Eisenbahnbau und Freihandelszonen, beschrieb einen denkbaren gemeinsamen Markt und Höhepunkt der italienischen Geschichte. Das war doch ganz und gar kein Blatt der liberalen Opposition oder gar der Demokraten. Oder etwa doch?

Das alles mußte einen aufgeweckten jungen Mann beschäftigen, der sich in Mailand aufhielt, sich in der demokratischen Szene bewegte und ständig mit Menschen aus dem Dunstkreis dieser Zeitschriften zusammentraf.

Zunächst einmal beendete er seine Studien bei Lavignia und erhielt ein Zeugnis, dessen Text bemerkenswert ist. »Signor Verdi betrieb seine Studien zwei-, drei- und vierstimmiger Fugen in lobenswerter Weise«, bemerkte Lavignia. Und fuhr fort: »Solange er bei mir war, war er stets höchst ruhig, respektvoll und sittsam gekleidet.« Verdis Garderobe also war genauso in Ordnung wie seine Kenntnis der Fugen. Wie gut er diese studiert hatte, bewies er in seiner letzten Oper.

Plötzlich wurde Verdi Hauptperson einer Provinzposse, aber einer, die ein bezeichnendes Schlaglicht auf die Zustände in Italien werfen kann. Im Juli 1833 starb sein alter Lehrer Provesi. Da Verdi nicht genügend Geld hatte, konnte er zu dessen Begräbnis ebensowenig nach Hause kommen wie zu dem seiner Schwester. In Busseto wurde derweil über ihn entschieden.

Barezzi und die progressive Fraktion hätten Verdi gern als Nachfolger des Verstorbenen gehabt, aber Lavignia sagte nein. Sein Schüler habe noch einiges zu lernen, trotz der Beherrschung der Fugen und der tadellosen Kleidung.

Die Konservativen, angeführt von Provesis altem Widersacher, dem Domherrn Seletti, suchten sich nun ihren eigenen Organisten, einen gewissen Giovanni Ferrari aus Guastalla. Aus der Frage, wer denn die Register ziehen und die Gläubigen mit Orgelmusik beglücken sollte, entwickelte sich eine heftige politische Fehde. Hie die Fortschrittlichen, die wie so oft im Leben hinter dem besseren Mann standen, da die klerikale Partei, die wie noch öfter im Leben die Macht hatte. Seletti verstand sich auch auf die Kunst der Nadelstiche. Just an dem Tag, an dem Verdi heimkehrte, um zu zeigen, was er in Mailand gelernt hatte, stellte der Domherr Ferrari fest an. Das führte zum Eklat. Während der eine (Ferrari) in der Kirche fromme Weisen intonierte, gab der andere (Verdi) weniger fromme unter freiem Himmel zum Besten. Überraschenderweise waren die weniger frommen Konzerte weitaus besser besucht. Der Ärger kam dem herzoglichen Gouverneur zu Ohren. Der hohe Herr wollte mäßigen und entschied, ein Wettspielen der beiden Konkurrenten habe stattzufinden. Doch die Situation entspannte sich nicht. Seletti verbot Verdi, an der schönen neuen Orgel im Dom zu spielen. Die Franziskaner, die eine Kirche vor der Stadt haben, luden ihn daraufhin zu sich ein und füllten damit Sonntag für Sonntag ihre Kirche – und leerten den Dom. Es kam sogar zu Prügeleien vor dem Dom – Verdi-Anhänger versuchten Seletti-Anhänger daran zu hindern, der Messe beizuwohnen. Ferrari gab daraufhin entnervt auf. Der Domherr aber nicht. Er fand einen älteren Herrn, ebenfalls aus Guastalla, der nun im Orgelwettstreit gegen den verhaßten Fortschrittler antreten sollte. Verdi spielte in Parma dem Hoforganisten Giuseppe Alinovi vor und entschied – natürlich – den Wettbewerb zu seinen Gunsten. Er bekam die Stelle und wurde »Maestro di Musica« von Busseto.

Verdi hatte sein erstes Ziel erreicht – er hatte einen Beruf; keinen großartigen zwar, aber viel mehr mochte er sich im Moment wohl noch nicht vorstellen. Jetzt jedenfalls konnte er heiraten. Die begeisterten Freunde bekränzten ihn mit Lorbeer, als er am 5. Mai 1836 Margherita Barezzi zum Traualtar führte. Es sollte, so hoffte er, eine lange und glückliche Ehe werden. Es wurden kurze, verzweifelte Jahre.

Zunächst einmal fing alles gut an. Schwiegerpapa war nicht kleinlich, die Verdis wohnten weiterhin bei ihm, der junge Ehemann arbeitete fleißig und komponierte Gelegenheitswerke, Messen, Märsche, vertonte auch Manzonis Ode auf Napoleons Tod als patriotische Tat und gründete einen Musikzirkel, worauf man in kleinen Städten ja besonders stolz ist. Und er komponierte an einer Oper herum, von der man nicht genau weiß, welche es denn gewesen sein könnte.

In Mailand hatte Verdi einen Dr. Antonio Piazza kennengelernt. Dieser Dr. Piazza war ein Journalist. Wie viele Musikkritiker fühlte auch er in seiner Brust das Herz eines Dichters schlagen und schrieb das Libretto zu einer Oper. Dieses Textbuch gab er Verdi, von dem er sich einiges erhoffte. Denn um die italienische Oper sah es zu jener Zeit nicht besonders gut aus. Rossini lebte in Paris und widmete sich nach dem »Guillaume Tell« nur noch dem Kochen, dem Essen und der Pflege seiner diversen schweren Krankheiten. Er komponierte zwar noch, aber nur für die Schublade. Bellini hatte sich aus Italien zurückgezogen, 1835 starb er. So blieben nur noch der heute fast vergessene Mercadante und Donizetti, der sich langsam die Spitzenstellung eroberte, aber bereits unter schweren Krisen litt und langsam in den Wahnsinn zu dämmern begann. Da konnte es nicht schlecht für jemanden sein, der ein schönes Libretto im Nachttisch hatte, eine Verbindung zu einem strebsamen jungen Komponisten einzugehen.

Was für eine Oper dies genau war, ist nicht mehr mit letzter Sicherheit auszumachen. Sie hat wohl »Rocester« geheißen und spielte in England. Verdi hat sie auch, das wissen wir sicher, vollendet. Aber dann verläßt uns das gesicherte Wissen. Entweder hat er die Noten zu dieser ersten Oper verbrannt wie fast alle seine anderen frühen Kompositionen, oder er hat das Ganze umtexten lassen und zu seiner ersten regulär aufgeführten Oper »Oberto« umgearbeitet. Beweisbar ist keine der beiden Versionen.

Verdi war inzwischen Vater geworden. Am 26. März 1837 kam ein Mädchen zur Welt, das nach den Großmüttern die Namen Virginia Maria Luigia erhielt, am 11. Juli des folgenden Jahres war es ein Junge. Auch seine Namen erinnern an die Großväter: Icilio Romano Carlo Antonio. Verdi hat jetzt eine kleine Familie, eine brauchbare Stellung, schreibt an seiner ersten Oper, die er mit Lavignias Hilfe in Mailand oder Parma unterzubringen hofft; er hat also allen Grund, glücklich zu sein. Aber da treffen ihn in rascher Folge Schicksalsschläge, an denen er fast zerbricht. Es dauert keine zwei Jahre, und die Familie, die er so abgöttisch liebt, existiert nicht mehr.

Zuerst starb im Alter von nur siebzehn Monaten die kleine Virginia. Die Eltern verzweifelten fast daran. Margherita verstummte ein erstes Mal.

Verdi wollte aus Busseto weg, diesen Ort des Unheils verlassen. Sein Schwiegervater verstand ihn. Er gab das benötigte Geld, die drei Verdis zogen Richtung Mailand. Sie mieteten eine kleine Wohnung ganz in der Nähe der Unterkunft, die Giuseppe Verdi seinerzeit bei dem jungen Seletti bezogen hatte. Er führt seine Frau in Mailand herum, besucht mit ihr die alten Cafés, seine Freunde, zeigt ihr auch den großen Donizetti und andere bedeutende Figuren der musikalischen Welt, alles scheint sich zum Guten zu wenden. Und zudem meldet sich die Scala di Milano.

Noch während seiner Studienzeit war Verdi mit den Mitgliedern einer Philharmonischen Gesellschaft in Mailand bekannt geworden. Diese Gesellschaft, gut spielende Dilettanten, probten »Die Schöpfung« von Haydn. Auf Lavignias Rat nahm Verdi an den Proben teil. Eines Tages, so erzählt Verdi in skizzenhaften Lebenserinnerungen, die er vierzig Jahre nach diesen Ereignissen zu Papier brachte, fielen alle drei vorgesehenen Dirigenten aus. Masini, der Leiter der Gesellschaft, bat daraufhin den »bescheidenen jungen Mann«, der in einer dunklen Ecke hockte, die Begleitung zu übernehmen.

»›Es genügt, wenn Sie nur einfach mit dem Baß begleiten‹, fügte er hinzu; er mochte zu der Geschicklichkeit des unbekannten jungen Künstlers wohl kein allzu großes Vertrauen haben. Ich hatte damals soeben meine Studien beendet, und eine Orchesterpartitur konnte mich daher keineswegs in Verlegenheit bringen. So setzte ich mich denn frischweg ans Piano und begann die Repetition. Ich erinnere mich noch sehr gut des ironischen Lächelns einiger Dilettanten. Mein jugendliches Aussehen, wie auch meine hagere Figur und meine ärmliche Kleidung mochten ihnen kein großes Vertrauen einflößen. Doch wie dem auch sei, die Proben nahmen ihren Fortgang, und ich wurde nach und nach warm bei der Sache. Ich beschränkte mich nicht mehr darauf, zu begleiten, sondern begann mit der rechten Hand zu dirigieren, während ich mit der linken spielte. Als die Proben beendet waren, machte man mir von allen Seiten die lebhaftesten Komplimente … Sei es nun, daß die drei Maestri … anderweitig zu viel beschäftigt waren, oder mochten sie aus anderen Gründen verhindert sein, kurz, es wurde mir in Folge jenes Zwischenfalls die vollständige Leitung des Konzerts anvertraut.« Das Konzert hatte großen Erfolg und wurde sogar wiederholt. Mit den erfreulichsten Folgen für den jungen Musiker: »Masini, welcher dem Anschein nach Vertrauen zu dem jungen Künstler gefaßt hatte, machte mir sodann den Vorschlag, eine Oper für das von ihm geleitete Philodramatische Theater zu komponieren, und übergab mir das Libretto dazu, welches später, von Solera verbessert, den Titel 'Oberto di San Bonifacio' erhielt.«

Aus dieser Formulierung ist leider auch nicht mit Sicherheit zu entnehmen, ob es nun das Werk des Dr.Piazza war, welches Masini Verdi überreichte, oder ein anderes, zweites – allerdings macht sie mehr als wahrscheinlich, daß »Oberto« wirklich die erste Oper Verdis und mit »Rocester« identisch ist.

Als die Verdis wieder in Mailand auftauchten, er mit dem fertigen Manuskript in der Tasche, hatten sich die Zeiten geändert. Masini war nicht mehr Leiter des Philodramatischen Theaters und konnte die Oper nicht mehr geben. Da er Verdi aber sehr schätzte, versuchte er, das Werk bei der Scala unterzubringen. Das gelang im Frühjahr 1839. Für die Hauptrollen wurden sogar vier der besten Kräfte des Theaters gewonnen: der Tenor Moriani, der Bariton Giorgio Ronconi, der Bassist Marini und eine Dame, deren Namen man sich wird merken müssen – Giuseppina Strepponi. Doch Verdi hat zunächst einmal Pech. Der Tenor erkrankt, Ronconi wird heiser, alles wird verschoben, die Strepponi kann nun, da anderweitig verpflichtet, nicht mehr teilnehmen. Verdi wird depressiv, er will wieder nach Busseto zurück, aber alles kommt anders. Er muß in der Zwischenzeit aber noch an der Oper gearbeitet haben – der fertige »Oberto« enthält nämlich keine Baßpartie mehr. Als die Verdis beinahe beim Packen sind, tritt als deus ex machina ein Beamter der Scala bei ihnen ein. Verdi schildert diesen Auftritt in der für ihn typischen, lebendigen und anschaulichen Sprache, die zu lesen auch heute noch ein Vergnügen ist.

»›Wenn Sie der Mann aus Parma sind, dessen Oper für das Pio Istituto gegeben werden sollte‹, sagte er barsch, ›dann kommen Sie nach dem Theater, der Impresario erwartet Sie!‹

Der Impresario der Scala war damals Bartolomeo Merelli. Er hatte eines Abends hinter den Kulissen eine Unterhaltung zwischen der Signora Strepponi und Giorgio Ronconi mit angehört, im Laufe derselben hatte die Strepponi sich äußerst günstig über meine Musik zu ›Oberto di San Bonifacio‹ ausgesprochen, die auch Ronconi sehr nach seinem Geschmack fand. Ich stellte mich Merelli vor, und dieser sagte mir ohne jede Einleitung, daß er in Anbetracht der günstigen Urteile, welche er über meine Oper gehört habe, gern bereit sei, dieselbe in der nächsten Saison aufzuführen, doch müsse ich einige Änderungen daran vornehmen, da die Künstler, welche dieselbe singen sollten, andere seien, wie die anfangs dafür bestimmten. Dieses Anerbieten konnte für meine Verhältnisse als ein geradezu glänzendes bezeichnet werden. Als junger, unbekannter Komponist hatte ich einen Impresario gefunden, der den Mut hatte, ohne jede Kaution meinerseits, die ich übrigens nicht zu stellen vermocht hätte, ein neues Werk von mir auf die Bühne zu bringen. Merelli nahm alle Kosten auf seine Rechnung und machte mit mir nur aus, daß die Hälfte des Gewinnes ihm zufallen sollte, wenn ich im Falle des Erfolges meine Partitur verkaufte.«

Ricordi kaufte nach der Premiere die Partitur für 1750 Franken, etwa 2000 Lire. (Zum Vergleich: Die Miete kostete die Familie Verdi 80 Lire pro Monat.) Merelli hatte also keinen schlechten Vertrag mit Verdi gemacht. Interessant ist an der ganzen Geschichte die Beteiligung der Strepponi – selbst wenn man davon ausgeht, daß Verdi bereits erkleckliche Zeit mit ihr verheiratet war, als er diese Erinnerungen niederschrieb, muß sie doch sehr schnell zumindest an der Musik des jungen Mannes etwas gefunden haben. Merelli, der mit ihr auch schon einmal liiert gewesen war, hielt jedenfalls große Stücke auf ihren Geschmack und ihren Geschäftssinn.

Alles hätte also gutgehen können. Antonio Barezzi wurde von Verdi nochmals um Geld angegangen, und angesichts der glänzenden Aussichten zahlt er mit Vergnügen. Doch da traf die kleine Familie am 22. Oktober 1839 der nächste Schicksalsschlag. Der kleine Icilio starb fast im gleichen Alter wie seine Schwester. Verdi stand mitten in den Proben für »Oberto«. Er wurde, wie seine Freunde berichteten, fast wahnsinnig vor Schmerz. Doch er mußte weiterarbeiten. Merelli zwang ihn dazu, auch von dem Wunsch getrieben, ihn abzulenken. Der Impresario hatte eine echte Zuneigung zu dem Komponisten gefaßt, die Verdi später noch einmal sehr nützlich sein sollte. Margherita hingegen konnte sich dem Leid ganz hingeben. Sie verstummte, geisterte wie eine Tote durch die kleine Wohnung, saß stundenlang im Zimmer ihres verstorbenen Sohnes und starrte vor sich hin. An dem zwar nicht glänzenden, aber guten Erfolg von »Oberto« nahm sie keinen Anteil.

Daß Kinder jung sterben, war für damalige Zeiten nicht außergewöhnlich. Die Eheleute waren noch im besten Alter, sie hätten noch viele Kinder haben können. Aber für Margherita war das alles zuviel – die junge Frau wurde von einer Hirnhautentzündung befallen. Während Verdi selbst sich mühsam von einer schweren Angina erholte, starb sie, völlig ohne Widerstandskraft, am 18. Juni 1840. Ihr Vater kam gerade noch rechtzeitig, um ihr die Augen zu schließen.

Verdi droht irrsinnig zu werden. Depressionen befallen ihn, werden auch von Wutanfällen abgelöst. Er will den ganzen Bettel hinwerfen, will weg aus Mailand. Niemand kann ihn trösten. Doch da ist Merelli. Und der hat ein Papier in der Hand, einen Vertrag, den er nach »Oberto« mit Verdi gemacht hat. Er zwingt ihn dazu, seinen Verpflichtungen nachzukommen und eine neue Oper zu schreiben. Er tut dies, das weiß er, zu Verdis Bestem. Sein und des Komponisten Pech ist nur, daß es sich ausgerechnet um eine komische Oper handelt. Während die Gräber seiner Kinder noch frisch sind, während seine junge Frau zu Grabe getragen wird, soll Verdi heitere Melodien schreiben, einen unbeschwerten Stoff vertonen. Der Sinn stünde ihm jetzt sicher nach etwas anderem. Wenn einem der Boden unter den Füßen weggezogen wird, mag man nicht lustig sein. Entsprechend fällt auch das Ergebnis aus – Verdis erste komische Oper wird ein Reinfall.

Die Beziehungen von Eltern, vorwiegend von Vätern, zu ihren Kindern sind in Verdis Opern überproportional oft vertreten, ja sie spielen meist die zentrale Rolle. Seine Väter sind seine erschütterndsten Figuren. Damit hat er ja auch dem Bariton so recht erst sein Fach zugewiesen. Mit Sicherheit hat ihn, der keine Kinder mehr haben sollte, dieses Thema immer besonders angezogen. Allerdings muß man sich hüten, zu plumpe Rückschlüsse zu ziehen. Konflikte zwischen Eltern und Kindern waren eines der klassischen Themen der Romantik, finden sich bei vielen Komponisten, auch bei Wagner; und viele der Schriftsteller, denen Verdi sich zuwandte, Shakespeare und Schiller allen voran, haben dieses Thema immer wieder aufgearbeitet. Dennoch hat seine besondere Affinität sicherlich mit seinen Erfahrungen zu tun.

Ein Vater-Kind-Konflikt ist schon das zentrale Thema von »Oberto«, jener Oper, die vor den traurigen Ereignissen geschrieben wurde. Aber eine kurze Übersicht über seine weiteren Werke verblüfft dennoch. In »Nabucco« hat sich der biblische König zwischen zwei Töchtern zu entscheiden. In »I Lombardi alla prima crociata« tötet Pagano aus Versehen seinen eigenen Vater und büßt sein Leben lang dafür. »I due Foscari« ist die Geschichte einer engen Vater-Sohn-Bindung. In »Giovanna d'Arco« reduziert Verdi die Geschichte der Jeanne d' Arc geradezu auf ihr gestörtes Verhältnis zu ihrem Vater, der versucht, sie von den vermeintlichen Teufeln, die ihr im Traum erscheinen, zu befreien und sie dadurch vernichtet. »Macbeth« und seine Frau leiden unter ihrer Kinderlosigkeit, Banquo singt in dieser Oper für seinen Sohn eine der schönsten Baßarien des frühen Verdi. Schillers »Räuber«, die er als »I Masnadieri« auf die Londoner Bühne bringt, ist für ihn ebenfalls eine reine Vater-Söhne-Geschichte. Mit dem alten Miller in

»Luisa Miller« (nach Schillers »Kabale und Liebe«) leitet Verdi dann über zu seinen größten Vatergestalten. Rigoletto versucht seine Tochter aus seinem schändlichen Leben herauszuhalten und treibt sie gerade dadurch ins Verderben. Giorgio Germont in »La Traviata« ist ein harter, bürgerlicher, selbstgerechter Mann, der letztendlich seinen Sohn ins Unglück stürzt, gerade weil er das Richtige für ihn tun will. In »Il Trovatore« geht es um eine Mutter-Sohn- und eine Mutter-Tochter-Beziehung. »Les vêpres Siciliennes« sind ein Stück über das Wiederfinden von Vater Montfort und Sohn Arrigo, das tödlich endet. »Simon Boccanegra« trifft, als er nicht mehr damit rechnet, seine Tochter wieder, verweigert sie seinem Günstling und kommt deshalb zu Tode. Zudem gibt es in der Oper in dem unversöhnlichen Patrizier Fiesco noch eine zweite Vater-Figur, die Verdi mit »Il lacerato spirito« mit einer seiner traurigsten Arien versieht.

Odabella tötet »Attila«, weil sie ihren Vater an dem Hunnenkönig rächen will. Gusmano läßt in »Alzira« den Mann, der ihn tödlich verwundet hat, sterbend frei, weil die Inkas seinen Vater gut behandelt haben. Die Einsamkeit des Königs, der seinen Sohn verachtet, ist das zentrale Motiv des »Don Carlos«. Aidas Vater Amonasro ist die vielleicht bedrückendste Vatergestalt Verdis. Seine Liebe zu seiner Tochter und seine Gier, sie für seine politisch-militärischen Ziele zu benutzen, widerstreiten in der großen Szene zwischen Vater und Tochter, die das beste, psychologisch durchgefeilteste Sopran-Bariton-Duett Verdis ist.

In »Otello« hat Verdi den Vater-Tochter-Konflikt merkwürdigerweise eliminiert. Bei Shakespeare täuscht Desdemona ihren Vater Brabantio über ihre Beziehung zu Otello; der geprellte Vater warnt den Mohren, vorsichtig zu sein – eine Frau, die ihren Vater betrüge, könne auch ihren Mann betrügen. Das ist eines der wichtigsten Motive für Otellos Eifersucht. Das fehlt bei Verdi/Boito vollständig. Vater Ford schließlich in »Falstaff« ist der fast übliche Trottel der komischen Oper – nur seine Verzweiflung ist echt. Die kann er erst über Bord werfen, als der dicke Sir John ihm klargemacht hat, daß man nicht zu verzweifeln braucht, wenn man genasführt wird, ist dies doch das gemeine Schicksal des Menschen, ein Tölpel zu sein.

Zu dieser Einsicht allerdings war der 27jährige Verdi noch nicht fähig – er war nichts weiter als ein einsamer, verzweifelter junger Mann, leidlich erfolgreich, den man weiter drängte, Opern zu schreiben.

Casino und Unterhaltungs-
maschinerie: die Oper

Die Scala di Milano

$\mathcal{D}$ie Opernwelt Italiens zu jener Zeit, als der junge Verdi die Szene betrat, können wir uns kaum vorstellen. Um zu ermessen, was durch ihn alles verändert wurde, muß man sie sich einmal ausführlich vergegenwärtigen. Verdi war auf seine Art ein gleich großer Reformer und Veränderer wie Richard Wagner in Deutschland.

Unsere zeitgenössischen Opernhäuser kommen in der Regel Museen gleich. In ihnen wird ein eng begrenztes Repertoire von wenigen, meist älteren Werken gespielt. Schnelle, kurzfristige Unterhaltung wird vom Kino und vom Fernsehen übernommen. Das war damals natürlich anders. Die Theater, auch die Opernhäuser, hatten diese Gebrauchskunst, diesen reinen Unterhaltungsartikel zumindest auch zu liefern. Und sie taten es gründlich, wie die unendlich große Zahl von Werken beweist, die selbst heute völlig vergessene Komponisten verfaßten. Auch Rossini, Donizetti und der junge Verdi sind solche Vielschreiber gewesen, die zunächst einmal kurzfristige Bedürfnisse zu stillen hatten – wenn sich bei ihnen auch bereits ein entscheidender Unterschied zum 18. Jahrhundert zeigte: Sie begannen, ihre Werke auf Dauer einzurichten. Das hinderte Rossini allerdings nicht, sich gelegentlich bei sich selbst zu bedienen und das eine oder andere Stückchen aus einer früheren Oper zu entnehmen, bestenfalls noch ein wenig zu verändern, wenn die knapp bemessene Zeit nicht für eine neue Komposition reichte. An der Ouverture des »Barbiere di Siviglia« kann man das ebenso feststellen wie an einem schönen Ensemble aus dem letzten Akt von »La Cenerentola«. Solche Beispiele gibt es genug; es handelt sich hierbei auch um einen anderen Vorgang als den, aus einem durchgefallenen oder vergessenen Werk eine schöne Melodie in ein anderes hinüberzuretten, wie es später Puccini mit einem zentralen Thema aus dem letzten Akt von »Edgar« tat, das er zum Motiv des Liebesduettes im dritten Akt von »Tosca« machte. Sein Verleger nahm ihm das dazu noch sehr übel. Zu Zeiten Rossinis hätte das ein Verleger (so es überhaupt einen gab) vermutlich nicht einmal bemerkt.

Italien war damals ein theaterreiches Land. Nur wenige dieser Theaterbauten stehen heute noch respektive werden noch als Theater oder gar Opernhäuser benutzt. Vom römischen »Teatro Apollo«, in dem immerhin »Il Trovatore« und »Un ballo in maschera« uraufgeführt wurden, steht kein Stein mehr, nur eine Gedenktafel erinnert daran, daß dieses berühmte Haus einer Straße Platz machen mußte. Das venezianische »Teatro Malibran« wurde erst kürzlich wieder seiner Funktion als Theater übergeben, andere sind zu Kinos umfunktioniert worden, zu Wohnhäusern oder Garagen umgebaut oder schlicht eingerissen worden. Nur in wenigen wird noch Theater gespielt: im »Teatro San Carlo« in Neapel, in der Scala di Milano, im »Teatro La Fenice« in Venedig oder im »Teatro Communale« in Bologna. Diese unzählig vielen Theater brauchten unzählig viele Opern, denn bis etwa zu Rossini wurde nur sehr selten etwas von einem anderen Theater nachgespielt – man wollte Neuheiten und bekam sie. Geschätzt sind im 18. Jahrhundert in Italien etwa hundert neue Opern jährlich einstudiert worden, jede wurde höchstens 25 bis 30 mal gespielt, dann verschwand sie für immer von der Bühne. Allein in Venedig sind für dieses 18. Jahrhundert 1200 verschiedene Inszenierungen nachgewiesen.

Das Verhalten des Publikums dem gegenüber, was da auf der Bühne geschah, war zudem ein anderes als das heutige. Damals saß man nicht andächtig schweigend im Zuschauerraum, lauschte ergriffen und gelangweilt dem Geschehen und ging dann müde nach Hause voller Wohlgefühl darüber, etwas für die Bildung getan zu haben. Oper war ein Divertimento, eine Unterhaltung und eine vorwiegend gesellschaftliche Veranstaltung. Die Opernbauten geben darüber Auskunft. Wenn man sich das »Teatro alla Scala« in Mailand (1778 erbaut) daraufhin anschaut, wird man sofort den typischen Grundriß eines solchen Theaters erkennen: ein kleines Parkett, dafür hochgezogene Logengallerien. Heute wird anders gebaut, vor allem ohne Logen, mit gutem Grund. Diese Logen nämlich waren früher im Besitz reicher Familien oder zumindest von ihnen angemietet worden. Dort traf man sich Abend für Abend, zeigte die neuesten Toiletten, unterhielt sich, tratschte und warf nur hin und wieder mal einen Blick auf die Bühne – so wie man sich heute beim Radiohören oder Fernsehen ja auch unterhält und nur nebenbei hinhört oder -schaut. Deshalb sieht man in vielen Logen der alten Theater so schlecht, wird aber von überall her gut gesehen. In einigen Häusern war es Sitte (Die Fama will, daß es im »Teatro Regio« im gefürchteten Parma heute noch so sein soll), in einem kleinen Nebenraum der Loge während der Aufführung ein ausführliches Menu zu sich zu nehmen und nur an exponierten Stellen, Koloraturen, hohen Tönen etc. mal schnell im eigentlichen Theater vorbeizuschauen – beispielsweise, wenn der Tenor zum hohen Stretta-C ansetzte. Danach ging man wieder zu Tisch, mehr oder weniger befriedigt – mehr, wenn er es nicht, weniger, wenn er es doch bekommen hatte.

Die Theater waren vor allem gesellschaftliche Treffpunkte. Kam jemand in eine neue Stadt, schaute er zunächst einmal nach, wo sich das Theater befand. Wurde jemand gesucht, war das Theater (oft auch gleichzeitig ein Spielcasino, wie bei Casanova nachzulesen) meist ein sicherer Ort für ein mögliches Zusammentreffen. Diese Bräuche aus den alten feudalen Häusern wurden anstandslos in die bürgerlichen Opernhäuser übernommen. Nur wenige Künstler wagten, dagegen aufzubegehren. An Fürstenhöfen spielte man Karten, während sich auf der Bühne ein bemitleidenswertes Ensemble abmühte, im bourgeoisen Venedig hechelte man die Liebschaften der betuchten Bürger durch. Nur wenigen Sängern, Sängerinnen und vor allem Tänzerinnen war es vergönnt, daß man ihre Darbietungen mit der gebührenden Aufmerksamkeit bedachte. Zusätzlich waren die Theater auch die Orte von allerlei gesellschaftlichen Veranstaltungen. Effie Ruskin, auf Italienfahrt in der Mitte des 19. Jahrhunderts, berichtete ihrer Verwandtschaft brieflich von den Toiletten der Damen, bemerkte auch, daß ihr Mann in Mailand während einer Opernvorstellung ein Kapitel seines Buches vollendet habe, wußte aber nicht zu erzählen, welche Werke sie denn nun gesehen hatte. Aus Venedig schilderte sie ausführlich einen Maskenball, die »Cavalchina«, der den Carneval beendete: »Das riesige Theater ist über und über geschmückt, die Logen sind voller Spiegel, die Masken kommen in die Logen & tun dort alles, was sie wollen. Wir werden auch ein- oder zweimal hineinschauen, aber für Damen gilt es nicht als schicklich, sich zu maskieren oder zu tanzen.«

In die Logen zu kommen und dort alles tun, was man will – etwas abgeschwächt hat sich dieser Brauch lange gehalten. In der Scala di Milano kann man heute noch einige Logen sehen, die ihre ehemaligen Besitzer sich nach eigenem Gusto zurechtgemacht hatten; sie sind quasi als Museumslogen beim Wiederaufbau des im Krieg zerstörten Hauses beibehalten worden. Das Treiben bei einer Scala-Apertura am 7. Dezember unterscheidet sich auch sicherlich nicht allzusehr von einer Vorstellung im 19. Jahrhundert. Und in Neapel gar fällt es auch an normalen Abenden schwer, zu verstehen, was da auf der Bühne passiert. Sobald der Vorhang aufgeht, beginnt nämlich der Napoletaner Opernfreund sich ohne Rücksicht auf Verluste mit seinem Nebensitzer über Wichtigeres als Musik zu unterhalten. Froh kann man nur darüber sein, daß das Werfen mit Unrat und das Spucken von der Galerie und aus den oberen Logen aufgehört hat – vor allem aus Venedig berichten Reisende, daß diese Vorgänge das Sitzen im Parkett zu einer unangenehmen Angelegenheit gemacht hatten.

Wie waren diese Häuser nun organisiert? In der Regel gab es kein festes Ensemble, wie wir es von unseren Theatern gewöhnt sind. Die Truppen wurden, ähnlich den modernen Tourneetheatern, für einzelne »stagioni« zusammengewürfelt, manchmal nur für eine einzige Produktion. Viele Opernhäuser in Italien halten es noch heute nicht anders, haben aber wenigstens einen festen Chor, ein festes Orchester und einen festen Stamm von »comprimarii«, Darstellern von Nebenrollen. Wie das zu Zeiten des jungen Verdi aussah, kann man aus einer ironischen Schilderung von Henri Beyle (i.e. »Stendhal«) entnehmen, wobei festzuhalten bleibt, daß die Adligen, von denen er spricht, auch durchaus reich gewordene Händler sein konnten. An großen Theatern waren die Abläufe übrigens oft nicht anders.

»Ein Unternehmer (oft ist es der reichste Patrizier einer kleinen Stadt; das Engagement fürs Theater verschafft ihm zwar Ansehen und Vergnügen, in der Regel aber ist es ruinös) ein reicher Patrizier übernimmt, wie gesagt, die Leitung des Theaters der Stadt, in der er glänzt; er bildet eine Truppe, die immer aus der ›prima donna‹, dem Tenor, dem ›basso cantante‹, dem ›basso buffo‹, einer zweiten Sängerin und einem weiteren Buffo zusammengesetzt ist. Der Impresario engagiert einen Maestro (Komponisten), der ihm eine neue Oper schreibt und dabei die Arien nach den Stimmen der Personen einrichtet, die sie singen sollen. Der Impresario kauft ferner das in Versen geschriebene Textbuch (Libretto), das kostet 60 Francs. Der Verfasser ist irgendein unglücklicher Abbé, der sich in einem reichen Hause in der Gegend aushalten läßt. Die komische Rolle des Parasiten, die Terenz so treffend beschrieben hat, ist noch heute in der Lombardei in großer Mode. … Der Impresario verliebt sich in die Primadonna: Das ganze Städtchen ist sehr neugierig, ob er sich mit ihr am Arm in der Öffentlichkeit zeigt. Die so organisierte Truppe gibt nun nach einem Monat burlesker Intrigen, die das Gesprächsthema der Gegend waren, endlich ihre erste Vorstellung. Diese ›prima recita‹ ist das größte öffentliche Ereignis des Städtchens. … Acht- bis zehntausend Menschen diskutieren drei Wochen lang die Schönheiten und

Fehler der Oper mit der gespannten Aufmerksamkeit, die ihnen der Himmel gegeben hat, und vor allem mit der ganzen Kraft ihrer Lungen. Auf diese erste Vorstellung folgen, wenn sie nicht durch einen Skandal unterbrochen wird, gewöhnlich zwanzig oder dreißig weitere, wonach sich die Truppe wieder zerstreut.«

Soweit Stendhal (in seiner eher merkwürdigen Rossini-Biographie) – in der Mailänder Scala, seinem Lieblingstheater, das ihn mit einer Büste im Foyer ehrt, dürften die Zustände nicht viel anders gewesen sein, vielleicht musikalisch auf höherem Niveau. Daß Sängerinnen oft nach gutem Aussehen und weichen oder gar fehlenden Moralvorstellungen und nicht nach ihrer Stimme ausgesucht wurden, war jedenfalls auch an größeren Häusern üblich. Auch da gibt es enge Beziehungen zum heutigen Film/Fernsehen … Ebenso war es üblich, daß der Komponist sich den stimmlichen Möglichkeiten des Ensembles anzupassen hatte. Da im Teatro San Carlo in Neapel damals drei hervorragende Tenöre, aber kein Bariton zur Verfügung standen, schrieb Rossini alle drei männlichen Hauptrollen seines »Otello« für Tenor. Auch Verdi sollte sich noch hin und wieder nach den sängerischen Gegebenheiten (und Launen) seiner Theater richten.

Wie die Verträge aussahen, kann man an einem Beispiel sehen, an dem Vertrag, der am 15. Dezember 1815 zwischen dem Herzog Francesco Sforza-Cesarini, dem Mitglied einer alten Adelsfamilie, und dem Komponisten Gioacchino Rossini abgeschlossen wurde – es ging um den »Barbiere di Siviglia«. Rossini verpflichtete sich in diesem Vertrag, »die zweite opera buffa zu komponieren und aufzuführen, … und zwar zu irgend einem Libretto, sei es neu oder alt, das ihm vom Impresario übergeben wird. Maestro Rossini verpflichtet sich, die Partitur bis Mitte Januar abzuliefern und sie den Stimmen der Sänger anzupassen; er verpflichtet sich ferner, alle Änderungen, die sowohl für den Erfolg der Musik als auch zum Vorteil und für die Wünsche der Sänger notwendig erscheinen, vorzunehmen.« Rossini mußte bis zu einem festgesetzten Termin seine Noten dem Kopisten abgeliefert haben – diese Termine waren meist sehr knapp, hier handelte es sich um einen Monat! Er mußte die Oper dirigieren und bei allen Proben, bei denen er angefordert würde, anwesend sein, er mußte das Cembalo für die Rezitative spielen (üblicherweise ging das mit dem Dirigieren Hand in Hand), ansonsten würde er mit einer beträchtlichen Schadensersatzklage überzogen.

Rossini bekam als Entlohnung für seine Arbeit freie Kost und Logis beim Herzog und 4oo Scudi, das sind, mit aller Vorsicht umgerechnet, nicht ganz

4000 Mark. Ein Knebelvertrag? Sicherlich, wenn man die gestellten Fristen betrachtet. Kein Wunder also, daß selbst einer, dem so viel einfiel wie Rossini, sich bei sich selber bedienen mußte. Ein Knebelvertrag auch, wenn man den Zwang betrachtete, jederzeit alles umzuschreiben. Es war zudem üblich, Lieder anderer Komponisten oder Volkslieder einzufügen, wenn es der prima donna oder dem primo uomo paßte oder er/sie die vorgeschriebenen Noten nicht genau traf. Der Komponist war das fünfte Rad am Wagen, er mußte jedes Libretto nehmen, sich den Launen der Stars und des Impresarios fügen. Aber jemand wie Rossini und der junge Verdi haben das anders empfunden. Für sie war das Professionalismus – vergleichbar etwa den Verfassern von Fernsehserien, die auch auf Stars hin und möglichst schnell billige Produktionen zu schreiben haben. Rücksicht zu nehmen auf die Kräfte des betreffenden Theaters, damit machten erst Wagner und der ältere Verdi Schluß. Erst da hatte sich das Theater nach den Vorstellungen des Komponisten zu richten. Und auch das gelang nicht immer.

Einen Dirigenten in unserem Sinne kannten die damaligen Opernhäuser noch nicht. Meist dirigierte der »Konzertmeister«, d.h. er gab die Einsätze. In den ersten Vorstellungen war dafür der Komponist zuständig, der vom Cembalo aus versuchte, Orchester, Chor und Sänger unter Kontrolle zu halten. Das Dirigententum entwickelte sich erst um die Mitte des Jahrhunderts, da allerdings gleich mit Macht. Mariani, Richter, Faccio – das waren Namen und Stars. die es durchaus mit Karajan, Levine, Muti aufnehmen konnten. Daß Dirigenten wichtiger werden als Orchester und Sänger, gar als der Komponist, daß man von Karajans und nicht mehr Bizets »Carmen« spricht, das hat sich erst zu Beginn unseres Jahrhunderts, seit Gustav Mahler, eingebürgert.

Regie führten der Komponist oder der Impresario. Sie bestand aus Auftrittsanweisungen, wer wann wo herkommen sollte, und aus der Bedienung und dem richtigen Einsatz der Bühnenmaschinerie, die übrigens schon zu sehr viel in der Lage war in jenen Tagen.

Dennoch, letzten Endes kamen die Komponisten mit derartigen Verträgen sehr schlecht weg; wurde ein Werk anderswo übernommen, konnten sie froh sein, wenn sie überhaupt ein paar Pfennig sahen. Das wurde durch die großen Musikverlage zwar etwas besser, aber statt der Impresarios trieb jetzt der Chef des Hauses Ricordi seine Vertragskomponisten zur Arbeit an und zwang sie, Textbücher zu vertonen, die sie nicht wollten.

Eine entscheidende Rolle hatten damals die Stars inne. Die Macht der berühmten Sänger und Sängerinnen war unermeßlich. Bei jeder Produktion kam es zu Streitigkeiten, und nicht jeder Komponist besaß die Körperkräfte eines Georg Friedrich Händel, der einmal eine widersetzliche prima donna so lange aus dem Fenster gehalten haben soll, bis die Dame seinen Anweisungen Folge zu leisten versprach. Vor allem die unbegabteren nutzten die Vertragspassagen, die den Komponisten zu Änderungen zwangen, unbedenklich aus. Anläßlich der Proben zu seiner Oper »Fernando« in Genua durfte Vincenzo Bellini dergleichen erfahren. Die prima donna war mit dem ersten Teil ihrer cavatina unzufrieden. Bellini schrieb eine andere für sie; die wurde mit dem Orchester geprobt, von der Dame aber »wie ein Hund« gesungen, und machte so keinerlei Effekt. Da wollte sie wieder eine andere. Bellini weiter: »Zur selben Zeit lehnte sie die stretta ab, weil sie, wie sie sagte, keine coloratura habe und weil das Musik für Kinder sei, und wenn ich das nicht ändere, sagte sie, würde sie eine ihrer Prunknummern von einem anderen Komponisten einfügen.« Die Zusammenarbeit mit solchen Sängerinnen muß eine Freude gewesen sein.

Klügere Kolleginnen der Dame umgingen solche Streitereien, indem sie sich einen Komponisten als Ehemann angelten. Das tat Isabella Colbran, die Rossini heiratete und ihn überredete, mit dem Plunder der komischen Opern aufzuhören, für die sie nicht geeignet war, und fürderhin nur noch ernste Werke zu schreiben – sagt die Fama. Der Komponist, fährt die Fama fort, folgte ihrem Rat, nicht unbedingt zu seinem Vorteil.

Natürlich gab es auch schon damals andere – die Großen der Opernwelt verstanden sich nicht nur als Skandalmacher, wenn uns auch manches bei ernsthaften Künstlern komisch vorkommt. Chopin berichtet von einer Vorstellung von Rossinis »Otello«, in der Maria Malibran den Otello sang. Das Théâtre Italien hatte diese Tenorpartie zu einer Hosenrolle gemacht, weil man eine echte Sensation zu bieten hatte: Neben dem Weltstar Malibran sang ein zweiter Weltstar die Desdemona, die Schröder-Devrient. Chopin war allerdings mit dem Ergebnis nicht sehr zufrieden: »Die Malibran klein und die Deutsche riesig! Es sah so aus, als ob die Deutsche Otello niederschlagen würde!« Das Publikum war dennoch begeistert und bezahlte die überhöhten Eintrittspreise, um die beiden Heroinen zu sehen. Das schlechte Ende übrigens, welches Shakespeare vorschreibt, ersparte Rossini auf Wunsch seinen Zuhörern. Er hatte eine Alternativfassung des Schlusses geschrieben, in der Desdemona endlich den Mund aufmacht und alles aufklärt. Iago wird entlarvt, und statt entseelt sinken sich Otello und Desdemona entzückt in die Arme.

Daß man aus Männer- Frauenpartien machte, durfte auch Verdi noch erleben. Den Don Carlos im »Ernani« sang in London, trotz seines Protestes, eine Sängerin – es war gerade kein vollwertiger Bariton vorhanden.

Der Starrummel um Garcia, Lablache, die Malibran, Jenny Lind, die Strepponi, um David, Rubini und die Sonntag, um die Schröder-Devrient und den Erfinder des hohen Brust-Cs, den Tenor Duprez, erinnert uns heute an den Rummel um Fernseh- oder Filmstars (oder um drei Tenöre). Diese Ähnlichkeit ist kein Zufall. Oper war damals eben keine Volkshochschulveranstaltung, bei der man Kultur tankte und sich über die Niederungen des Alltags erhob, sondern Vergnügen, Zerstreuung, jedenfalls für die, die es sich leisten konnten. Zu Verdis Lebzeiten demokratisierte sich die Oper gerade in dieser Hinsicht – die Schichten, die an ihr teilnahmen, wurden immer breiter. In dieser Hinsicht wäre es auch nicht uninteressant, Verträge wie den zitierten zwischen Rossini und dem Theater in Rom einmal mit heutigen Fernsehverträgen zu vergleichen. Sie sehen beide nicht unähnlich aus. Die Stellung eines Fernsehautors ist nicht besser als die eines Komponisten jener Jahre.

Trotz der Stars aber waren die wichtigsten Figuren am damaligen Theater die Impresarios. Italien kannte zwei von außergewöhnlicher Bedeutung; über beide ließen sich Romane schreiben. Der eine war Domenico Barbaja, 1778 in einer armen Mailänder Familie geboren. Er arbeitete zunächst in einer Weinhandlung und errang Ruhm durch eine kulinarische Erfindung, die man sogar heute noch hin und wieder auf Speisekarten findet: die »Barbajata«, eine Mischung aus Schlagsahne, Kaffee und Schokolade. 1808 erwarb er die Spielkonzession für die Scala di Milano, ein Jahr später wurde er mit der Leitung des königlichen Theaters in Neapel betraut. Barbaja war, wenn man dem Urteil seiner Zeitgenossen trauen darf, absolut ungebildet und darauf auch noch stolz. Er rühmte sich, Geld auf mehrere Kilometer Entfernung riechen zu können. Daran war etwas Wahres. Ehrlichkeit und Anstand waren für ihn Fremdworte, deshalb war er wohl auch so erfolgreich, auch als Konzessionär von Spielbanken, die damals oft genug die Theater mitfinanzieren halfen. Drei operngeschichtlich bedeutsame Namen sind mit dem seinen verknüpft, Leute, die er entdeckt oder gefördert hat: Bellini, Rossini und die Sängerin Giuditta Pasta.

Der zweite bedeutende Impresario war Bartolomeo Merelli. 1793 geboren, insgesamt von mindestens ebenso großer Unehrenhaftigkeit wie Barbaja, was in diesem Beruf aber zum bon ton gehörte, aber wesentlich neugieriger auf Neues, hatte Merelli 1836 die Scala übernommen. Außerdem verwaltete er das Théâtre Italien in Paris und die Wiener Oper am Kärntnertor. Merelli war mit Donizetti befreundet und auch für Bellini tätig gewesen. Nach dessen Tod und Rossinis Rückzug von der Bühne war er bereit, auf junge unbekannte Talente zu setzen. So hatte er eine junge Sängerin protegiert, Clelia Maria Josepha Strepponi, die Tochter des mittelmäßigen Komponisten Feliciano Strepponi. Und so protegierte er auch den jungen Verdi, dessen Möglichkeiten, wenn nicht dessen Genie er wohl als erster in der italienischen Theaterwelt erkannte.

Von zwei Opernberufen war noch nicht oder nur in Andeutungen die Rede – von Dirigenten und Librettisten. Dirigenten in unserem Sinne gab es, wie gesagt, noch keine – es dirigierte entweder der Komponist, der erste Geiger oder der Cembalist. Erst in der zweiten Hälfte des Jahrhunderts wurde der Dirigent wichtiger, weil die Partituren immer komplizierter wurden. Der Dirigentenstab setzte sich erst gegen Ende des Jahrhunderts durch. Früher leitete man mit dem Geigenbogen, mit einer Rolle Notenpapier oder, wie Lully, mit einem Stock, den man rhythmisch auf den Boden stampfte. Verdi dirigierte lange nur mit den Händen. Richtige Schlagtechniken gab es erst seit Mendelssohn, Spohr und Berlioz.

Der Librettist gar, einst eine berühmte Figur (denkt man nur an Metastasio oder den Abbé da Ponte), kam vollständig zum Angestellten des Impresarios oder der Opernhäuser herunter. Er produzierte irgend etwas, und irgendwer vertonte es. In Frankreich entstanden regelrechte Librettifabriken wie die des Monsieur Scribe, mit dem Verdi auch zu tun bekommen sollte; in Italien waren es entweder heruntergekommene Dichter wie Solera und Romani oder brave Handwerker wie Verdis Lieblingsdichter Piave. Die Komponisten hatten in der Regel, auch das zeigt der Vertrag mit Rossini, keinen Einfluß auf das Buch. Verdi war einer der ersten, die sich diesen Einfluß mit aller Macht erkämpften.

Flieg, Gedanke

Scala-Saison 1842: Plakat von »Nabucco«

$\mathcal{A}$m 17. November 1839 ging »Oberto, Conte di San Bonifacio« erstmals über die Bühne der Scala di Milano. Die weibliche Hauptrolle sang statt der Strepponi Antonietta Marini, die Titelrolle ihr Ehemann, der Bariton Ignazio Marini. Der Tenor war Lorenzo Salvi, die Britin Maria Shaw vervollständigte das Ensemble. Der Erfolg war nicht überwältigend, aber Merelli und Verdi konnten zufrieden sein. Das Erstlingswerk eines unbekannten Komponisten brachte es auf vierzehn Aufführungen, und daß das Verlagshaus Ricordi sich für den jungen Mann aus Busseto zu interessieren begann, das war schon etwas. Voller Stolz betrachtete Verdi im Schaufenster der Verlagsbuchhandlung, die im Gebäude der Scala untergebracht war (heute befindet sich das Museum der Scala in diesen Räumen), Partitur und Klavierauszug seiner ersten Oper.

Die Handlung von »Oberto«, eine Rachegeschichte voll falscher Eheschwüre, beleidigter Vaterehre, Verführung, Verbannung, tödlichem Zweikampf und Sühne aus der Zeit Ezzelinos da Romano (13. Jahrhundert) ist crude und steht »Il Trovatore« an Wahrscheinlichkeit und Logik nicht nach. Doch wie mäßig das Textbuch auch sein mag, es erfüllt trotz großer Schwächen bereits eine der Grundforderungen Verdis. Es schafft Raum für Leidenschaften und enthält gute dramatische Szenen, es verlangt Menschen und keine Kehlkopfakrobaten. Merelli hatte schon das richtige Gespür – die Pranke des Löwen ist bereits deutlich zu spüren. Manchmal schlägt sie auch schon recht kräftig zu – häufiger sogar als in manchem der folgenden Werke, denn in den kommenden Arbeitsjahren hatte Verdi nicht mehr so viel Zeit zum Feilen und Ausarbeiten.

Natürlich hat sich der Komponist zunächst einmal daran gehalten, was damals gängige Münze war. Die Oper besteht aus zwei Akten und ist konventionell aufgebaut. Mercadante, Bellini und auch der späte Rossini lassen grüßen. Zum anderen aber zeigt sich bereits eine deutliche Eigenständigkeit. Vergleicht man Verdis erste Oper mit den frühen Werken Wagners vor dem

»Fliegenden Holländer«, so zeigt sich, daß bei dem Leipziger die fremden Einflüsse ungleich stärker sind. Niemand käme auf die Idee, in den »Feen« oder im »Liebesverbot« den Komponisten von »Tristan und Isolde« zu vermuten. Verdi erkennt man im »Oberto« bereits nach ein paar Takten der langen Ouverture. Man vergißt ihn dann eine Zeitlang wieder, aber im zweiten Bild ist er plötzlich schon voll da, ganz er selbst. Er gibt ein Quartett durchaus voller »Rigoletto«-Vorahnungen und eine Sopranarie, bei der man mit Wohlgefallen daran denkt, daß die Figur, die sie singt, Leonora heißt. Außerdem weist die Oper eines der so typischen Sopran-Bariton-Duette auf, und die Besetzung ist bereits so, wie Verdi sie beibehalten wird. Da ist in der Titelpartie der Bariton, eine tiefe Stimme, die aber vorwiegend in der hohen Lage eingesetzt wird, was der britische Musikkritiker Corno di Bassetto (i.e. George Bernard Shaw) einmal als signifikant und unverwechselbar für Verdi bezeichnen und beklagen wird. Leonora ist ein »soprano spinto« mit leicht heldischen Spitzentönen, was ihre Namensvetterinnen auch sein werden. Die zweite Frauenrolle ist mit einem Mezzo besetzt, der hier aber ebenfalls eine dramatische und keine, wie in der Zeit noch üblich, Hosenrolle oder gar Koloratur-Partie zu singen hat. Eboli und Amneris künden sich schon unverkennbar an. Am konventionellsten ist der Tenor gehalten, aber das hat sich ja bei Verdi auch erst recht spät geändert – dann allerdings gründlich. Zunächst durchbrechen seine Tenorpartien ja nur sehr selten den herkömmlichen Rahmen. Sie bleiben bis auf wenige Ausnahmen hinter den dunklen Stimmen an Wirkung zurück. Im »Nabucco« gar ist der Tenor nicht mehr als eine comprimario-Partie, die nicht einmal die kleinste Arie zu singen hat. Alles in allem ist »Oberto« eine gelungene Probe des jungen Genies, das noch keines ist. Merelli war zufrieden.

»Geradezu erhaben« sei das Werk in manchen Passagen, hatte ein Kritiker geschrieben. Ein »glänzender Erfolg« stehe dem jungen Komponisten bevor. In der Tat wurde die Oper schnell in Neapel, Genua und Turin nachgespielt. Und Merelli winkte mit einem neuen Vertrag. Drei Opern sollte Verdi in den nächsten drei Jahren schreiben. Viertausend Lire pro Werk wollte der Impresario springen lassen und fünfzig Prozent vom Verkaufserlös der Partituren. Ein gutes Angebot.

Zunächst einmal sollte Verdi sich an eine neue tragische Oper machen. Merelli hatte ein Textbuch von Gaetano Rossi vorgesehen, »Il proscritto«. Doch er änderte schnell seine Pläne. Eine komische Oper paßte ihm besser in den Spielplan als eine melodramatische. Aber für ein neues Textbuch hatte er keine Zeit mehr. Also sandte er an Verdi eine Auswahl älterer, nicht ganz zu Unrecht vergessener Werke aus seiner Schublade. Alle stammten aus der Feder von Felice Romani. Verdi zögerte und wählte dann aus den schlechten Texten den schlechtesten aus: »Il finto Stanislao«, eine Geschichte aus der Zeit der polnischen Thronfolgekriege. Ein falscher Stanislaus Leczcynski soll dem echten zur erfolgreichen Reise nach und Krönung in Warschau verhelfen; übrigens eine historisch verbürgte Tatsache, die meisten Personen der Oper haben wirklich gelebt, auch der »Cavaliere Belfiore«, ein Chevalier Beaufleur. Zahlreiche Verwicklungen, Verliebtheiten, Betrugsmanöver, korrupte Höflinge, eine komische Buffo-Rolle für die Titelfigur, als Schluß eine Doppelhochzeit – also alles, was die italienische Buffo-Oper der Zeit zu bieten hatte und was ein Komponist wie Rossini so brillant in Musik zu setzen wußte. Ein gewisser Adalbert Gyrowetz aus Böhmen hatte das schon einmal vertont, aber ohne Erfolg. Maestro Gyrowetz war durchgefallen. Kein sehr gutes Zeichen für die erste komische Oper Verdis, die dann ja auch lange Zeit seine einzige bleiben sollte.

Ein schwaches Libretto (Romani hatte aus dem ursprünglich von Gyrowetz verwendeten Text auch noch den letzten Rest von Wahrscheinlichkeit herausgeschrieben), Verdi in persönlich unerfreulichen, deprimierenden Verhältnissen – das konnte nicht gutgehen, zumal eine komische Oper für jemand wie ihn schwerer zu schreiben war als eine ernste. Um die Erinnerung an den durchgefallenen falschen Stanislaus nicht aufkommen zu lassen, taufte man das Werk um: »Un giorno di regno«, »König für einen Tag« hieß die Oper nun, die am 5. September 1840 Premiere an der Scala hatte. Ihr Schicksal ist im Titel beschrieen worden: Sie wurde nur einmal gespielt. Die Presse und das Publikum jammern über den dünnen Rossini-Aufguß; Verdi hat enttäuscht. Zu recht?

Sicherlich steckt die Musik voller Rossini und Donizetti. Sie ist oft reichlich schwerfällig, der kalte schnelle Witz der Vorbilder fehlt, ein Witz, der Verdis Sache nie gewesen ist (auch nicht im »Falstaff«). Dennoch enthält auch »Un giorno di regno« mindestens genauso viel vom späteren Verdi wie »Oberto«. Manchmal sind die Melodien, zum Beispiel im rossinesken Finale, sehr frisch und temperamentvoll; die Arie »Se dee cader la vedova« der Marquise (einer Mezzopartie) hat Schwung, Feuer und die leichte höfische Eleganz, die einmal den Oscar in »Un ballo in maschera« auszeichnen wird; und wenn man das Duett zwischen Tenor und Bariton hört, wird man nicht nur durch die Textzeile »Infiammato da spirto guerriero« an den »Don

Carlos« und das Duett zwischen dem Infanten und seinem Freund Rodrigo erinnert. Und manche Nummern der Frauen sind wirkliche Nummern für »lustige Weiber« ... Aber wir haben bei der Beurteilung den Zeitgenossen von damals ja voraus, daß wir wissen, zu welcher Art von Komik Verdi im »Falstaff« noch fähig sein würde.

»Un giorno di regno« bedeutete allerdings nicht, wie man häufig liest, das vorläufige Ende von Verdis Karriere. Merelli glaubte weiter an ihn, was man auch daran sehen kann, daß er die abgesetzten Vorstellungen durch eine Wiederaufnahme von »Oberto« ersetzte. »Un giorno di regno« wurde übrigens später von anderen Theatern übernommen, von Rom, Neapel und Venedig. In der Lagunenstadt hatte die Oper sogar großen Erfolg.

Dennoch fiel Verdi nach der Absetzung in eine tiefe Depression. Dafür hat er, wie er glaubt, seine Familie geopfert? »Das Herz zerrissen von dem häuslichen Unglück, verbittert durch den Mißerfolg meiner Arbeit, war ich überzeugt, daß ich vergebens von der Kunst mir Trost erwartet hätte, und ich beschloß, nie mehr eine Note zu schreiben«, berichtete er. Doch er hatte die Rechnung ohne Merelli gemacht. Der Impresario rief ihn zu sich und redete ihm zu »wie einem launenhaften Kind«. Aber Verdi wollte sich nicht trösten lassen. Merelli hatte endlich ein Einsehen, gab ihm den Vertrag zurück, sagte jedoch: »Hör zu, Verdi, mit Gewalt kann ich dich zum Komponieren ja nicht zwingen. Mein Glaube an dich ist unverändert. Wer weiß, ob du dich nicht doch eines Tages entschließt, wieder zur Feder zu greifen. Dann brauchst du mir zwei Monate vor Spielzeitbeginn nur Bescheid zu geben, und ich verspreche dir, deine Oper wird aufgeführt.« Auch diese – von Verdi überlieferten – Worte vermochten ihn nicht umzustimmen. Er bedankte sich und ging. Die vertraute Wohnung war ihm, der sie nun allein zu bewohnen hatte, unerträglich geworden. Er zog um in ein Zimmer nahe der Corsia de'Servi und versuchte, möglichst nicht mehr an Musik zu denken. Einziger Trost war ihm damals Antonio Barezzi. Er blieb für ihn immer der Vater, jetzt noch mehr als vorher, denn auch der Bussetaner Kaufmann schloß sich nun noch fester an ihn an. Verdi selbst verließ seine Wohnung kaum noch. Er versank immer mehr in seine Depression. Es galt, ihn da wieder herauszuholen, einen Stimmungsumschwung zu bewirken. Schließlich gelang es Merelli, und die berühmte Szene, die wir mit Verdis eigenen Worten schildern wollen, hätte aus einer seiner Opern stammen können. Sie mag erfunden sein, aber sie ist schön erfunden.

An einem Winterabend traf Verdi im dick verschneiten Mailand auf

Merelli. Der packte ihn sofort am Arm und schleppte ihn in sein Büro. Unterwegs erzählte er, daß die neue Oper, die er geben wolle, ihm Kopfschmerzen bereite. Er hatte den Auftrag an Otto Nicolai gegeben, der damals italienische Opern schrieb und mit »Il Templario« gerade Furore gemacht hatte. Das Buch aber, das Merelli ihm vorgelegt hatte, »tauge nichts«, meinte der Komponist. »Ewiges Wüten, Blutvergießen, Schimpfen, Schlagen und Morden« sei kein Sujet für ihn. Merelli war anderer Meinung und von dem Libretto überzeugt.

››Denk dir‹, ruft Merelli, ›ein Buch von Solera – großartig! Herrlich! Außerordentlich! Wirkungsstarke, grandiose dramatische Situationen, schöne Verse! Aber dieser Querkopf von einem Komponisten will nichts davon wissen und erklärt das Buch für unmöglich! Ich weiß mir keinen Rat mehr, wo soll ich in der Eile ein anderes herbekommen?‹«

Verdi schlägt ihm, so berichtet er weiter, nun vor, er solle doch »Il proscritto« an Nicolai geben, das habe er schließlich für ihn, Verdi, schreiben lassen, und er brauche es nun nicht mehr. Merelli zeigt sich einverstanden, kramt aber doch noch das Solerasche Manuskript heraus. »›Sieh mal, das ist das Libretto von Solera. So ein schöner Vorwurf – und den zurückzuweisen! Nimm ihn und lies!‹

›Ach, was soll ich denn damit? Nein, nein, ich habe nicht die geringste Lust, Operntexte zu lesen!‹

›Der hier wird dir schon nicht schaden. Lies ihn, und dann bringst du ihn mir wieder.‹

Damit steckte er mir das Manuskript zu. Es war ein großes Heft, mit großer Schrift geschrieben, wie damals üblich. Ich rolle es zusammen, verabschiede mich und mache mich auf den Heimweg. Unterwegs verspüre ich ein undefinierbares Unlustgefühl, eine beklommene Traurigkeit, die mir das Herz schwer machte. Zu Hause angekommen, warf ich das Manuskript ziemlich heftig auf den Tisch, vor dem ich stehenblieb. Im Fallen hat es sich geöffnet, unwillkürlich haftet mein Blick auf der aufgeschlagenen Seite und dem Vers: ›Va pensiero sull'ali dorate …‹

Ich überlese hastig die folgenden Verse, sie machen mir starken Eindruck, um so mehr, als sie beinahe eine Paraphrase der Bibel sind, die ich immer zu meiner Erbauung las. Ich lese einen Abschnitt, ich lese zwei. Dann, fest in meinem Vorsatz, nicht zu komponieren, gebe ich mir einen Ruck, klappe das Heft zu und lege mich zu Bett. Aber – ›Nabucco‹ ging mir im Kopf herum. Der Schlaf wollte sich nicht einstellen. Ich stehe wieder auf und lese das

Libretto. Nicht einmal – zweimal, dreimal. So oft, daß ich am Morgen Soleras ganzes Libretto sozusagen auswendig konnte.«

Verdi will das Buch am nächsten Tag zu Merelli zurückgebracht haben. Der wirft ihn aber hinaus – und zwingt ihn, das Libretto mitzunehmen. Er stopft es ihm in die Manteltasche und befördert ihn unsanft aus dem Zimmer. »Den ›Nabucco‹ in der Tasche, trollte ich mich nach Hause. Heute ein Vers, morgen ein andrer, hier ein Motiv, dort eine Phrase … So ist nach und nach die ganze Oper zustandegekommen.«

Wem das zu unwahrscheinlich klingt (sicherlich, die Episode mit dem zufällig aufgeklappten Gefangenenchor, das scheint doch starker Tobak zu sein), der muß sich daran erinnern lassen, daß ähnliche Ränke und Komödien Verdis ganzes Leben lang notwendig waren, um ihn zum Komponieren zu bringen. Natürlich hatte er Merellis Spiel durchschaut, aber um einen Bassa-Kopf umzustimmen, dazu muß man schon hin und wieder zu allerlei Tricks greifen.

Auf der anderen Seite mußte ihm Soleras Buch einfach zusagen. Ein biblischer Stoff, dramatische Situationen, Gelegenheiten für große Chöre – genau das, was dem braven Otto Nicolai mißfiel, gefiel Verdi. Zum ersten Mal trafen die beiden Komponisten aufeinander. Verdis Erfolg zog ihm den unerbittlichen Haß Nicolais zu. Später kam es zwischen ihnen ja noch einmal zu einem allerdings aus der Ferne ausgetragenen Wettstreit: Beide vertonten Shakespeares »Lustige Weiber von Windsor«. Nicolais gleichnamige Oper wird außerhalb des deutschen Sprachraumes nicht gespielt, Verdis »Falstaff« gilt als weisestes Musikdrama der Operngeschichte.

Von allen Librettisten Verdis war Temistocle Solera, der Verfasser des Textbuches von »Nabucco«, sicherlich der merkwürdigste. Sein Leben übertrifft an Ereignisreichtum sogar noch das des Venezianers Lorenzo da Ponte, der via Wien schließlich in New York endete. Der Vater von Solera war in Spielberg eingekerkert worden; er selbst versuchte sich als Jurist, kam aber mit den Frauen besser zurecht als mit den Paragraphen. Er kam der Königin Isabella von Spanien menschlich, juristisch und politisch sehr nahe, gründete Theater in Madrid, Barcelona, Gibraltar und Saragossa, ging mit all diesen Unternehmen bankrott und schuf, was man in solchen Fällen damals gern tat, eine Zeitung, die dasselbe Schicksal erlitt, vielleicht auch deshalb, weil er in Personalunion als Besitzer und Chefredakteur fungierte. Nach seiner Zeit als Theaterautor versuchte er sich auf dem Feld der Spionage für diverse Herren, darunter den dritten Napoleon, den zweiten Vittorio Emanuele und

Camillo Graf Cavour. Solera wurde Polizeipräsident von Florenz, Venedig, Bologna und Palermo – und in Ägypten. Dort soll er dem Khediven 365 verschiedene Arten gezeigt haben, den Salat zuzubereiten.

Solera war eine typische Figur aus der Theaterwelt jener Tage, dabei kein schlechter Autor. Das Libretto schrieb er nur unter Protest um – aber er schrieb es um. Eines hatte Verdi aus dem unseligen »Finto Stanislao« gelernt: keine alten Libretti mehr zu verwenden, seine Texte für sich selbst schreiben oder umschreiben lassen. Seit »Nabucco« kümmerte er sich sehr intensiv um seine Bücher, und wenn die Autoren nicht zu Potte kamen, textete er selbst. Den Weg Wagners, seine Bücher selbst zu schreiben, wollte er aber nicht gehen. Er war Komponist. In seiner sehr konservativen Art glaubte er, daß Komponieren und Dichten zwei verschiedene Paar Stiefel seien, die er sich nicht beide überstülpen wollte – selbst dann nicht, wenn die Dichter sich als so problematisch erwiesen wie im speziellen Falle Solera. Der hatte für den dritten Akt ein kleines Liebesduett geschrieben, für das musikalisch ansonsten etwas unterbelichtete Liebespaar Mezzo-Tenor. Verdi wollte dieses Duett an dieser Stelle nicht haben, weil es »auf Kosten der biblischen Größe« ginge, die das Stück sonst auszeichne. Er äußerte diese Bedenken gegenüber Solera. »Er wollte sie nicht gelten lassen«, erinnerte er sich später daran, »vielleicht nicht so sehr, weil er sie für unbegründet hielt, als darum, weil es ihm sehr gegen den Strich ging, etwas einmal Geschriebenes wieder vornehmen zu sollen. Wir diskutierten mit Gründen und Gegengründen, ich blieb bei meiner Auffassung und er bei der seinen. Schließlich fragte er, was ich denn an die Stelle des Duetts gesetzt haben wollte, und ich legte ihm nahe, eine Prophezeiung für den Propheten Zacharias einzufügen. Er fand die Idee nicht schlecht, und nach manchem Wenn und Aber sagte er zu, darüber nachzudenken und dann die Szene zu schreiben. Das war nun nicht, was ich wollte ... Ich schloß die Tür zu, steckte den Schlüssel in die Tasche und erklärte Solera halb im Scherz, halb im Ernst: ›Du kommst hier nicht heraus, ehe die Prophezeiung geschrieben ist. Hier hast du die Bibel, da steht der Text schon fix und fertig drin!‹ Solera, jähzornig wie er war, nahm das ziemlich ungnädig auf, er blitzte mich böse an, und ich durchlebte ein paar ungemütliche Augenblicke, denn der Dichter war ein Riesenkerl, der mit dem halsstarrigen Musikus nicht viel Federlesens machen würde. Aber plötzlich setzte er sich an den Tisch, und eine Viertelstunde später war die Prophezeiung zu Papier gebracht.«

Diese Arie des Zacharias ist auch eine der Glanznummern der Oper geworden. Zunächst aber ging es mit der geplanten Aufführung nicht besonders gut voran. Im Herbst 1841 benachrichtigte Verdi, wie abgemacht, Merelli über die Fertigstellung. In der nächsten staggione lirica könne er den »Nabucco« machen. Merelli aber hat Einwände: In der nächsten Saison könne er keine vierte Oper herausbringen, noch dazu die eines relativ unbekannten Komponisten. Wenn er noch bis zum Frühjahr warte – dann habe er, Merelli, keine anderen Verpflichtungen mehr. Aber der Komponist beharrt: entweder jetzt oder gar nicht. Der Grund für dieses starrköpfige Verhalten ist weiblich und heißt Giuseppina Strepponi. Jetzt endlich könnte die berühmte Sängerin für ihn eine Hauptrolle kreieren, die Abigaille, die angenommene Tochter des Königs Nebukadnezar, eine anspruchsvolle, hochdramatische Rolle, für die die Stimme der Strepponi gar nicht einmal so geeignet schien. Die Frage darf gestellt werden: Will Verdi die Sängerin – oder will er schon die Frau? Sie kann nicht beantwortet werden, wenn es auch wahrscheinlich ist, daß es ihm zunächst nur die Künstlerin angetan hat.

Man debattiert hin und her. Das Plakat der staggione ist gedruckt. Verdi sieht die Namen, die darauf stehen, Donizetti, Pacini, Nini. Er sieht auch einen, der fehlt – seinen. Er schreibt einen groben Brief an Merelli. Der Impresario läßt ihn holen und begütigt ihn. Gut, er wird »Nabucco« machen. Aber er hat kein Geld mehr, kann keine Dekorationen und Kostüme dafür herstellen lassen. Man müsse, sagt er, im Magazin nachschauen, was noch da sei. Das ist nicht ungewöhnlich für die Zeit. Bühnenbilder werden selten für eine bestimmte Produktion gemacht oder ausschließlich für sie verwendet. Verdi hat sogar noch Glück – vor ein paar Jahren hat die Scala ein prunkvolles Ballett von Antonio Cortesi herausgebracht, betitelt, man höre und staune, »Nabuccodonosor«! Babylon ist also vorhanden, für Israel kann man leicht sorgen. So beginnen die aufregenden Proben – aufregend, weil technische Neuheiten eingesetzt werden. Die Bühnentechnik muß einen Blitzschlag bewältigen, der den König trifft und ihm die Krone vom Haupte reißt. Mit Hilfe eines mit Schießpulver eingeriebenen Fadens löst man das Problem. Die Strepponi und Ronconi, der Darsteller der Titelrolle, reißen alle mit. Man probt zwölf Tage lang, für damalige Zeiten sensationell viel.

Inzwischen ist auch in der Stadt herum, daß etwas in der Luft liegt, eine außergewöhnliche Oper eines außergewöhnlichen jungen Mannes. Tout Milan drängt sich zur Premiere. Verdi ist entsetzlich aufgeregt, fürchtet, die Erwartungen wieder zu enttäuschen. Er bekommt Halsbeschwerden, wie immer, wenn er sich erregt. Am 9. März des Jahres 1842 hebt sich der Vorhang des Teatro alla Scala über der prima von Verdis dritter Oper.

Alles findet Gefallen, die Chöre, die großen Arien des profunden Basses, der den Priester Zacharias singt, das große Bariton-Sopran-Duett zwischen Nabucco und Abigaille, das so vieles vorwegnimmt, was in »Aida« zur Vollendung kommen sollte, die Märsche – aber den Höhepunkt bietet der dritte Akt. Ehe Zacharias das herrliche Gebet zu singen hat, das Verdi Solera abgetrotzt hat, schicken die Hebräer ihre Gedanken auf goldenen Flügeln nach Hause. Als am Ende dann noch die goldene Baals-Statue zerspringt, kennt der Jubel keine Grenzen mehr.

Als der Vorhang fällt, ist Giuseppe Verdi weltberühmt.

Ich setze meine Häkchen auf's Papier

Aus einer zeitgenössischen Photoserie: Der junge Verdi in elegischer Pose

$\mathcal{8}$000 österreichische Lire hatte Vincenzo Bellini für »Norma« bekommen, und ein guter Geist mit Vornamen Giuseppina gab Verdi ein, genau diese Summe in die Zeile zu setzen, die Bartolomeo Merelli in dem neuen Vertrag freigelassen hatte, den er dem Komponisten am Morgen nach der Premiere präsentierte. Der Impresario nahm die Forderung ohne Widerrede an.

Die Presse jubelte, die feine und auch die weniger feine Gesellschaft zeigten sich beeindruckt. Verdis Musik erklang auf allen Gassen und Plätzen von Mailand. Er selbst wurde in den Salons herumgereicht und mußte sich in Frack und Schale werfen. Das haßte er zeitlebens. Zu dem berühmten, auf Posters, Postkarten und Verdibiographien weltweit abgedruckten Bild des weißhaarigen älteren Herren mit Zylinder mußte man ihn regelrecht zwingen, so sehr widerte ihn diese »Verkleidung« an. Persönlich trug er lieber praktische, bequeme Kleidung, vor allem gern helle, breitkrempige Strohhüte.

Nicht jedermann allerdings gönnte ihm den Triumph. In Wien schäumte Otto Nicolai, Verdis Opern seien »wahrhaft scheußlich und bringen Italien völlig ganz herunter. Er instrumentiert wie ein Narr, muß ein Herz wie ein Esel haben und ist wirklich … ein erbärmlicher, verachtenswerter Komposdteur. Ich denke, unter diese Leistungen kann Italien nicht mehr sinken.« Natürlich hat das etwas mit der Geschichte vom Fuchs und den Trauben zu tun, aber nicht nur. Mit Sicherheit ärgerte sich Nicolai darüber, den Stoff abgelehnt und Verdi so zum Durchbruch verholfen zu haben; aber es steckt noch etwas anderes dahinter. Die erwachende deutsche musikalische Seele konnte sich, wie auf anderen Gebieten auch, wohl nur im Negativen definieren, konnte sich nur ausdrücken, indem sie andere angriff. Was deutsch und wahr, war leichter festzulegen, wenn man definierte, was undeutsch sei. Deutsches Nachdenken in jener Zeit über Musik, Kunst und Politik war fast ausschließlich arrogant, aggressiv, fremdenfeindlich und provinziell, meist durchsetzt mit Antisemitismus und Anflügen von Größenwahn. Der Haß dieser Deutschen (es gab natürlich auch andere) richtete sich gegen alles, was populär war, gegen Rossini, Meyerbeer, Verdi. Alles, so wurde damals postuliert, was beim Publikum ankam, mußte minderwertig sein. Die Größe des Erfolges war geradezu zum Negativmaßstab für den Unwert eines Kunstwerkes geworden. Noch Beethoven hatte anders gedacht.

Warum war »Nabucco« so erfolgreich, und zwar nicht nur in Italien (wenn auch dort ganz besonders), sondern in ganz Europa und gar in Amerika? In Italien stieß die Oper auf eine Zeitströmung. Das unterdrückte, von Fremdherrschern besetzte Italien konnte sich leicht mit den gefangenen Hebräern identifizieren. Die Gefangenen, die an den Ufern des Euphrat sitzen und an ihre Heimat denken, das konnten ja auch die Italiener sein, die von einem freien, unabhängigen Vaterland träumen. Der italienische Text ist auch um einiges weniger kitschig und gefühlsselig als die deutsche Übersetzung. Nicht umsonst gibt es auch heute noch Stimmen, die für diesen Chor als italienische Nationalhymne plaidieren. Daß Gott den Hebräern/Italienern dann wenigstens in der Oper hilft, war fast zu schön, um wahr zu sein. Aber ein Publikum, das in Zeiten der Zensur gelernt hat, zwischen den Zeilen zu lesen, auf die kleinste Anspielung zu horchen und sie zu bejubeln, verstand das schon richtig. Ich zweifle daran, ob Verdi vor dem »Nabucco« schon klar war, auf was er sich da einließ, ob ihm das Patriotische nicht nur unterschwellig aus der Feder floß. Nach dem Erfolg der Oper, das zeigt die Wahl des Sujets für das nächste Werk, setzte er bewußt auf diese Welle, stellte er sich mit voller Überlegung als Künstler auf die Seite Italiens im Kampf gegen die Unterdrücker.

Aber das ist nur die eine Seite der Medaille. Patriotisches kann man ja komponieren, aber um erfolgreich damit zu sein, muß man auch Effekt machen. Nicolai hatte nicht so ganz unrecht – »Nabucco« ist nicht besonders kunstvoll instrumentiert; die Oper ist laut, brutal, streckenweise geradezu erschreckend primitiv. Vor allem die Blechbläser sind teilweise nur eingesetzt, um Lärm zu machen (und ein nicht besonders gutes Orchester zusammenzuhalten). Aber »Nabucco« zeigt Verdi auch schon voll auf der Höhe. Das Textbuch, das übrigens viel besser ist, als ständig behauptet wird, ist sehr theaterwirksam. Es bot Verdi genügend Gelegenheiten für dramatische und glaubhafte Szenen. Als wäre es seine dreißigste und nicht seine dritte Oper verteilt Verdi genial Massenauftritte, Chornummern und solistische Soli. Am Ende der einzelnen Akte, vor allem des ersten und des vierten, gelingen ihm Ensemble-Szenen voller Kraft, in denen er die einzelnen Stimmen schon präzis führt und sich unterschiedlich ausdrücken läßt. In den Gebeten und Prophezeiungen des Zacharias schafft er lyrische Linien, die das Werk aufteilen und die erregten Wellen der Leidenschaften, die es ansonsten bestimmen, im richtigen Moment immer wieder beruhigen. Von der Wucht der Chöre gar nicht zu reden – der Eröffnungschor der Hebräer reißt den Zuhörer genauso mit wie die Wucht des Sturmes zu Beginn von »Otello«, seiner vorletzten Oper. Von Anbeginn an scheint Verdi alles zu gelingen. Die Brutalität, die scheinbare, streckenweise genau kalkulierte Primitivität sind von großem Reiz. »Nabucco« ist ein genialer Wurf, vermutlich der genialste Verdis, weil er mit einem Schlage plötzlich da ist und alle seine Vorzüge verschwenderisch präsentiert. Wäre dies seine letzte Oper gewesen, er hätte sich seinen Platz auf der Bühne damit dennoch erobert.

Was er auch präsentiert, sind seine Nachteile. Er liebte ja die banda, das Bühnenorchester, mit großer Heftigkeit. Manchmal wies er der banda eine beeindruckende (»Aida«), manchmal eine gespenstisch bedrückende Rolle zu (»Un ballo in maschera«); in »Nabucco« sind die Melodien für die banda wie z.B. der Galopp des einrückenden Königs im ersten Akt von streckenweise geradezu peinlichster Plattheit. Diese Schwäche wird Verdi nie ganz ablegen, sie wird ihn, wie seine Unfähigkeit, wirklich vernünftige Ballettmusik zu schreiben, bis in seine letzten Opern begleiten. Doch daneben stehen bereits die großen Bögen der »typischen« Verdi-Arien, wie Nabuccos »Dio di Giuda«, sein Gebet an den Juden-Gott.

Ganz klar war Verdi sicherlich nicht, was ihn jetzt erwartete. Es begannen seine »Galeerenjahre«, wie er diese Zeit später nannte. Er schrieb und schrieb ohne Unterbrechung – dreizehn Opern in neun Jahren, Gutes und weniger Gutes, aber nichts wirklich Schlechtes, wenn auch nicht alle diese Opern erfolgreich waren. Erst mit »Rigoletto«, »La Traviata« und »Il Trovatore« hatte er sich so weit freigeschwommen, daß er sich mehr Zeit für Auswahl und Ausarbeitung seiner Sujets nehmen konnte.

Mit der Zusammenarbeit mit Solera waren Verdi und Merelli zufrieden. Er sollte wieder der Textdichter für die nächste Oper sein. Solera war damals ein großer Patriot, also suchte er einen patriotischen Stoff. Er fand ihn bei einem gewissen Tommaso Grossi, einem Autor aus dem manzonischen Dunstkreis, der vor ein paar Jahren eine Tasso-Imitation verfaßt hatte, die sich »I Lombardi alla prima crociata« nannte. Nun war dieser Grossi, das zeigte auch seine Geschichte von den Lombarden beim ersten Kreuzzug, gewiß kein großes literarisches Licht, aber die Literaturgeschichte nahm dennoch Notiz von ihm, eben weil er mangelnde Begabungen durch nationales Getöse ersetzte.

Verdi und Solera griffen sich eine Episode aus diesem Mammutgedicht heraus. Wieder sind es mehr Szenen als eine durchgehende Handlung, viel Ranken und Beiwerk, wenig Habhaftes: Zwei Brüder, Arvino und Pagano, wollen sich nach langer Feindschaft versöhnen, aber Pagano, ein Baß, trägt nach wie vor Verbrecherisches im Herzen. In der Kirche will er seinen Bruder meucheln, ermordet aber in der Dunkelheit aus Versehen seinen Vater. Er flieht ins Heilige Land, wird dort Eremit, greift auch mal zum Schwert, kämpft und stirbt im Angesicht der befreiten Heiligen Stadt Jerusalem. Daneben gibt es noch eine Liebesgeschichte zwischen Arvinos Tochter Giselda (Sopran) und dem jungen Sarazenen Oronte (Tenor). Die beiden fliehen, da Oronte Giselda aus der Gefangenschaft seines Vaters befreit, doch der junge Mann stirbt, wird aber rechtzeitig vor seinem Tod durch Pagano getauft und kann solcherart im Traume Giselden erscheinen und ihr den Sieg der Lombarden verheißen.

Neben den verschlungenen Eltern-Kind-Beziehungen (Pagano tötet seinen Vater, Oronte stellt sich gegen seine sarazenischen Eltern, Giselda gar protestiert gegen ihren Vater und dessen Kreuzzug) sind es vor allem die politisch-historischen Implikationen, die das Publikum aufhorchen ließen. Nicht Richard Coeur de Lion, nicht Friedrich Barbarossa oder Philipp von Frankreich, sondern lombardische Edle im Heiligen Land – und die schlagen sich nicht nur gut, sondern erobern sogar Jerusalem. Damals, so die Botschaft, mußten sich die Italiener noch nicht von anderen gängeln lassen, damals saßen nicht überall die Soldaten der fremden Machthaber herum wie jetzt in Mailand, wo kein Café, kein Theater, kein Restaurant vor ihnen sicher war, wo ihre weißen Uniformen sie überall heraushoben. Da man, wie immer in Zeiten unterdrückter national-patriotischer Gefühle, auch in allem und jedem eine Anspielung vermutete, dichtete man in manche Formulierungen und manches Ereignis auch etwas hinein. Auf jeden Fall – der Stoff mußte den Mailänder Patrioten zusagen.

Der Zensur aber ganz und gar nicht. Mit »I Lombardi alla prima crociata« (»Die Lombarden auf dem ersten Kreuzzug«) hatte Verdi den ersten Kontakt mit dieser Behörde. Daß es mit politischen Dingen Probleme geben konnte, war klar – Königsmord, Befreiungskampf, gar Revolution auf der Bühne waren undenkbar; auch die Darstellung eines regierenden Hauptes als Wüstling konnte nicht angehen angesichts der Tatsache, daß viele regierende Häupter in der Realität Wüstlinge waren. Da sollte Verdi auch noch einige Erfahrungen machen. Aber womit er zunächst nicht gerechnet hatte: Auch die Kirche verwahrte sich. Nicht etwa dagegen, daß man einige ihrer Vertreter madig machte (das geschah auch erst einige Opern später), sondern dagegen, daß man »heilige Handlungen« auf die Bühne brachte. Aus »gutunterrichteter Quelle«, also von Verdi-Gegnern, hatte der Erzbischof von Mailand erfahren, daß man auf der Bühne der Scala eine Taufe stattfinden lassen wollte. Da man kirchlicherseits das Theater nicht als moralische, sondern als höchst unmoralische Anstalt ansah, hatte die Darreichung eines Sakraments in der Scala zu unterbleiben. Der Erzbischof, ein Verwandter des in Wien regierenden Hauses, wandte sich an die Polizei. Die Szene muß raus, verlangte er. Die Polizei stellte sich hinter ihn. Der Komponist weigerte sich, wie er sich in Zukunft immer weigern sollte, wenn dergleichen Ansinnen an ihn gestellt würden. Der Konflikt schien unausweichlich, das Verbot der neuen Oper drohte. Doch Italien war gottseidank auch damals schon Italien. Der Polizeichef war ein großer Freund der musikalischen Künste, insbesondere der Oper. Er schloß einen Kompromiß mit der Scala di Milano. Ein Wort wurde geändert, aus »Ave Maria« wurde »Salve Maria«, und schon waren alle zufrieden. Die heilige Handlung war keine heilige Handlung mehr. So konnte am 11. Februar 1843 die Premiere von »I Lombardi alla prima crociata« über die Bretter der Scala gehen. Patriotischer Taumel des Publikums war die Folge.

Es lohnt sich, einen Moment auf das Jahr 1843 zu verschwenden. Es war in der Tat so etwas wie ein Jahr des Umbruchs. Am 3. Januar hatte »Don Pasquale« seine Uraufführung erlebt – die letzte Oper Gaetano Donizettis von Belang. Der 45jährige war, krankheitsbedingt, am Ende seiner Karriere angelangt. Einen Tag vorher war »Der fliegende Holländer« erstmals über die Bühne gegangen, und mit »I Lombardi alla prima crociata« hatte sich Verdis Position gefestigt. Auf der einen Seite also die beiden Komponisten, die den Rest des Jahrhunderts beherrschen sollten, auf der anderen der Vertreter einer untergehenden Tradition – besser läßt sich der Umbruch in der Musikszene nicht dokumentieren.

»I Lombardi alla prima crociata« ist eine wirkungsvolle, trotz der etwas wirren Handlung dramatisch sicher geführte Oper, auch heute noch, wie Wiederaufführungen in Mailand und in der Arena von Verona gezeigt haben. Auch die 1847 davon hergestellte französische Fassung »Jérusalem«

hatte in Paris erneut einen großen Erfolg. Insgesamt gesehen aber geht Verdi wieder einen Schritt hinter »Nabucco« zurück. Große Schönheiten stehen neben tiefsten Banalitäten, darin sind sich alle Kritiker des Werkes einig; schon Arrigo Boito fand »wunderbare Spuren von ewiger Schönheit hier und dort«, aber auch viel Mittelmäßiges. Interessant ist, daß kaum zwei Autoren ein- und dieselben Stellen schön oder schlecht finden …

»I Lombardi alla prima crociata« zeigt den eklektisch-epigonalen Charakter der Musik des jungen Verdi stärker als »Nabucco«; die Vorbilder sind greifbarer sogar als in »Oberto«. Rossinis »Mosé in Egitto« schimmert immer wieder durch (Die Bedeutung dieser Oper für Verdi kann gar nicht hoch genug eingeschätzt werden); Paganos Arien erinnern an Mercadantes »Il giuramento«, und Andrew Porter hat zu Recht auf die enge Verwandtschaft zwischen Giseldas Gebet im ersten Akt und dem Lied von der Weide aus Rossinis »Otello« hingewiesen. Aber das ist es eben nicht nur – dazu kommt ein gehöriger Schuß Eigenes. Und warum suchte sich Verdi als Vorbilder die genannten Opern aus und nicht die melodiöseren, sanfteren und eleganteren von Donizetti oder Bellini? Giseldas Gebet nimmt nicht nur andeutungsweise schon die »Friedensarie« aus »La forza del destino« und Desdemonas Ave Maria aus »Otello« vorweg; das Terzett am Ende des dritten Aktes um die Taufe des sterbenden Oronte scheint in vielem dem Schluß der bearbeiteten Fassung von »La forza del destino« verwandt; Paganos Arien zeigen bereits den großen Dramatiker Verdi, der mehr wollte als Schöngesang, der durch Musik charakterisieren wollte. Nebenbei leitet Verdi das Terzett mit einem veritablen kleinen Violinkonzert ein, eine »Nummer«, die wie das viel später entstandene Streichquartett bedauern läßt, daß Verdi so wenig sinfonische Musik geschrieben hat.

Auf eine Ensembleszene lohnt es, ausführlicher einzugehen. Die Figuren dieser Oper sind, wenn man sie näher betrachtet, mehr als seltsam. Pagano ist ein Mörder, Arvino eher verschlagen denn ein christlicher Heerführer; die Sarazenen sind bösartig und gewalttätig – wem gilt denn nun Verdis musikalische Sympathie? Man müßte erwarten, daß er trotz dieser schon an »Rigoletto« erinnernden Konstellation sich eindeutig auf die Seite der lombardischen Kreuzfahrer stellt, gerade weil er ja eine patriotische Oper schreiben sollte und wollte. Aber dem entgegen steht das Finale des zweiten Aktes. Arvino verkündet marktschreierisch die Losung des Kreuzzuges, »Gott will es«, die Kreuzfahrer verfolgen die Sarazenen, ein Gemetzel droht – da tritt Giselda vor ihren Vater und schleudert ihm entgegen: »Dio nol vuole«, »Gott will es nicht«. Sie widerspricht der Kreuzzugsideologie, schildert in glühenden Farben das Unheil, das daraus entsteht, wenn Menschen sich immer und immer wieder bekriegen und morden. Ihr Vater will sie daraufhin erschlagen und wird von Pagano daran gehindert. Das Ganze klingt aus in einem meisterhaften Ensemble, in dem Giselda die Führung innehat. Ein merkwürdiger Aktschluß in diesem Stück und in dieser Zeit; das erste Mal, das sich, versteckt noch und viel zu selten bemerkt, Verdi über das patriotische Geschrei, das er selbst immer wieder mit anstimmt, erhebt und für Menschlichkeit und Mitleid plaidiert.

Damals merkte das in Mailand natürlich niemand. Im Gegenteil. In »I Lombardi alla prima crociata« gibt es einen Chor der Kreuzfahrer, der dieselbe Rolle spielen sollte und auch spielte wie der Gefangenenchor in »Nabucco«. »O Signore dal tetto natio«, eine patriotische Reminiszenz der Lombarden an ihre Heimat, war eher noch erfolgreicher. Er ist ähnlich aufgebaut wie »Va pensiero«, aber er ist viel glatter, bewußter – ein Hauch von Kunstgewerbe weht durch den ganzen Chor; das ehrliche Gefühl, die ehrliche Ergriffenheit, die Verdi im »Nabucco«-Chor spüren läßt, fehlt hier. Setzt man ihn neben das erwähnte Finale, wird klar, warum das wohl so ist.

Der schnellen Verbreitung der Oper tat das keinen Abbruch. Venedig interessierte sich dafür, Florenz folgte schnell. Odessa, Barcelona, Korfu, Berlin, Bukarest und St.Petersburg waren die außeritalienischen Stationen. Und New York – in Palmo's Opera House in New York erlebte »I Lombardi alla prima crociata« 1847 als erste Verdi-Oper in Amerika ihre Premiere.

Daß Verdis patriotische Gefühle etwas gebrochener, vielleicht naiver, vielleicht auch differenzierter waren als meist angenommen, kann man daraus erkennen, daß er diese sehr nationalbewußte Oper »demütig« einer Habsburgerin widmete: der Herzogin von Parma-Piacenza, Maria Luigia, die er wohl allerdings kaum noch als Österreicherin betrachtet haben dürfte. Als Dank für die Ehrung gab es aus herzoglichen Händen Schmuck und herzliche Grüße. Besonders überzeugt vom Wert des Komponisten und seiner Komposition scheint Maria Luigia allerdings nicht gewesen zu sein. Ihrer Tochter Albertina schrieb sie: »Bellini wird immer gefallen, Verdi wird vergessen werde.« Er habe viel Talent, sei aber nicht sehr gebildet. Die große Hoffnung der italienischen Musik sei er leider nicht, obwohl sie sich als Parmenserin sehr für ihn engagiere. »Ich hoffe …, daß Verdi im Geist seines Vaterlandes jene höchsten Eingebungen finden wird, die ihn ewig machen werden.«

Zunächst einmal fand Verdi in Mailand keine Eingebungen mehr. Er hatte von der Stadt und ihrer Gesellschaft genug. Obwohl oder vielmehr weil er einer der gesuchtesten Männer Mailands geworden war. Er war jung, berühmt und sah gut aus. Die feinen Abendgesellschaften rissen sich um ihn, und die Damen im besonderen. Er hatte mit drei Frauen gleichzeitig angebändelt, zwei waren Sängerinnen (darunter die Frezzolini, die erste Giselda), die dritte eine Dame der Gesellschaft. Das Ganze wird für Verdi etwas zu kompliziert, auf der anderen Seite lenkt es ihn noch nicht genug vom traurigen Schicksal seiner Familie ab; er beschließt, Mailand vorläufig zu verlassen, für ein anderes Publikum, eine andere Gesellschaft, eine andere Stadt zu schreiben.

Die andere Stadt ist Venedig, neben Mailand der Ort seiner größten und wichtigsten Bühnentriumphe. Das andere Theater trug seinen Namen »Phönix« mit ebensoviel Stolz wie Recht. 1836 war das Teatro La Fenice abgebrannt, ein Jahr später erstand es in altem, strahlenden Glanz wie ein Phönix aus der Asche. Auf den jüngsten Brand folgte eine längere Wiederaufbauphase ... An dieses wohl schönste italienische Opernhaus in der wohl schönsten italienischen Stadt band sich Verdi nun. Allerdings hatte er gelernt, sich auch als Geschäftsmann aufzuführen; Merelli hatte ihm auf diesem Gebiet genügend beigebracht. Verdi wußte nun, worauf er bei Verträgen zu achten hatte. 12 000 italienische Lire wollte er von der Leitung des Theaters, dafür würde er das Libretto auf eigene Kosten verfassen lassen. Die Wahl des Stoffes bliebe dem Theater freigestellt. Oder: »Alle Rechte bleiben bei mir, die übrigen Bedingungen sind die gleichen, aber ich bekomme nur 6000 österreichische Lire für meine Oper.« Nicht durch Zufall wurde Verdi der wohlhabendste aller Komponisten. Er wußte mit Geld umzugehen, Geschäftssinn und bäuerlicher Realismus paarten sich bei ihm in idealer Weise.

Die Wahl des Stoffes gestaltete sich zunächst schwierig. Verdi dachte an ein Shakespeare-Stück. Zeit seines Lebens verehrte er den britischen Schriftsteller, seine Dramentechnik schätze er hoch ein, schreiben wie der »papà«, wie er ihn nannte, wollte er auch immer. Shakespeare war damals für Italien immer noch ein Geheimtip. Bellinis Romeo-und-Julia-Oper »I Capuleti e i Montechi« und Rossinis »Otello« stützen sich im Wesentlichen nicht auf Shakespeare, sondern auf dessen Quellen. Deshalb kommt uns vor allem die Bellini-Oper recht fremd vor, obwohl wir die Handlung doch eigentlich zu kennen glauben ...

Verdi suchte sich zunächst einen Stoff aus, der uns eigenartig vorkommt, den »King Lear«. Den Plan zu einer »Lear«-Oper griff er immer wieder auf und ließ ihn immer wieder fallen. So auch jetzt. Man schlug eine Oper über Cola di Rienzi vor. Er lehnte ab, nicht weil er von Wagner wußte, sondern weil er die Zensur fürchtete. Die Vorstellung der Theaterleitung, im österreichisch besetzten Venedig würde ein k. k. Zensor die Geschichte eines Aufrührers und Volkstribunen zulassen, war schon reichlich naiv. Verdi scheute keine Auseinandersetzung, aber wenn sie nicht sein mußte, wenn ihn der Stoff nicht genügend faszinierte, um sie durchzustehen, war er auch nicht bereit, unnötige Streitereien zu riskieren. Kurz wurde sein Interesse für einen Stoff aus der venezianischen Geschichte geweckt, für Lord Byrons »The Two Foscaris«, aber das schob er auf die lange Bank.

Der Komponist hatte zunächst vor, weiter mit Solera zusammenzuarbeiten. Der hätte das Geld auch gut brauchen können, aber die Leitung des Teatro La Fenice bestand mehr oder minder auf einem jungen Mann, der Verdi noch treue Dienste leisten sollte: Francesco Maria Piave, »Ceccho« genannt, der Autor, der die meisten Textbücher für Verdi geschrieben und dafür die meiste Prügel der Biographen eingesteckt hat.

Piave war drei Jahre älter als Verdi. Er galt am venezianischen literarischen Himmel als Begabung. Beider Zusammenarbeit bewährte sich durchaus. Piave schrieb für Verdi die Libretti zu »Ernani«, »I due Foscari«, »Il Corsaro«, »Stiffelio«, »Rigoletto«, »La Traviata« und »Aroldo«. Gemeinsam mit Andrea Maffei verfaßte er den Text für »Macbeth«, und für die jeweils ersten Fassungen von »Simon Boccanegra« und »La forza del destino« war er ebenfalls zuständig. Er war Verdi treu ergeben und ließ sich von ihm manchmal geradezu behandeln wie ein Hund. Verdi, der Ergebenheit haßte, sie andererseits aber auch verlangte, schickte ihn als Laufburschen los, wenn es angebracht schien, ließ ihn allerlei Sekretärsdienste verrichten und machte sich hemmungslos über ihn lustig. »Ha, ha, ha! Ich platze vor Lachen. – Du bist verliebt?« schrieb er ihm einmal. »Mein Gott, wie schön, Piave verliebt zu sehen! Mit dem Bauch! … Wer ist denn die Hexe? Oder der Engel – wie du's nimmst …« Kein sehr freundlicher Ton, aber durchaus nicht ungewöhnlich. Verdi beschimpfte ihn, warf ihm vor, er tue ja schließlich nichts, ein Stück von Shakespeare durchzulesen und einen Text daraus zu machen, das sei ja wohl keine große Sache. Er ließ ihn, wohl wissend, welche Folgen das haben könnte, den »Rigoletto« schreiben und beruhigte ihn achselzuckend, daß es wohl keine Probleme mit der Zensur geben würde, wenn man zu den richtigen Leuten ginge. Als es diese Probleme aber dann doch gab, war der arme Ceccho allein daran schuld! Er war eben nicht bei den richtigen Leuten gewesen …

Das war die eine Seite des Verhältnisses der beiden. Es gab auch eine andere. Piave geriet in finanzielle Schwierigkeiten. Was tat Verdi? Er überließ ihm »Il Corsaro« mit allen Rechten. Piave wurde schwer krank, konnte nicht mehr arbeiten, vegetierte gelähmt vor sich hin. Was tat Verdi? Neun Jahre lang unterstützte er ihn und seine Familie finanziell, unter der Bedingung, daß Piave nicht erfahren durfte, wer ihn mit Geld versorgte. Als der Venezianer 1876 starb, bezahlte Verdi das Begräbnis.

Leicht war eine Zusammenarbeit mit dem Mann aus La Roncole nicht, und sie wurde immer schwieriger, je älter, angesehener und eigenbrötlerischer Verdi wurde. Piave mußte gleich bei ihrer ersten gemeinsamen Oper in dieser Beziehung einiges an Lehrgeld bezahlen, aber richtig schlimm wurde es erst viel später.

Verdi wurde von der Theaterleitung auf Victor Hugo und dessen Stück »Hernani« gestoßen, ein Drama, das seinerzeit in Paris großen Skandal gemacht hatte. Eine regelrechte Schlacht hatte sich nach der Premiere im heute noch existierenden Restaurant »Le Grand Vefour« abgespielt. Die Gründe dafür können wir heute kaum noch akzeptieren. Die Geschichte vom edlen Räuber, der gar kein Räuber, sondern ein Edelmann und in der Liebe zur schönen Elvira der Rivale des späteren Kaisers Karl V. ist, scheint uns wirr, geschwätzig und völlig unpolitisch. Die französischen Behörden sahen in ihr aber öffentliche Unmoral, was fast so schlimm wie Rebellion zu sein schien, und verboten das Stück nach der ersten Vorstellung. In Venedig dachte man etwas liberaler, vielleicht hatte man aber auch nur größere Schwierigkeiten, der Geschichte zu folgen.

Der düstere Silva (Baß) ist Vormund der schönen Elvira (Sopran) und möchte das Mädchen heiraten, wie es Vormünder im Theater jener Zeit ständig tun wollen. Aber es gibt noch zwei andere Bewerber um Elviras Gunst, wenn auch nicht unbedingt um ihre Hand: den Räuber Ernani (Tenor) und Don Carlos (Bariton), den späteren Kaiser. In der Folge treten viele dunkel gekleidete Herren durch geheime Türen, werden Verschwörungen geschmiedet und Schwerter geschliffen, ringt Elvira die Hände und zeigt sich Silva als Finsterling, während Ernani und Don Carlos sehr edel sein dürfen; letzterer vor allem, wenn er zum Kaiser gekrönt wird und eine schöne große und leider auch sehr schwere Arie am Aachener Grab Karls des Großen zu singen hat. Die Verschwörung fliegt auf, aber die Bösewichter werden amnestiert. Ernani darf seine Elvira heiraten. Einem guten Ende stünde also nichts im Wege, hätte Ernani nicht im zweiten Akt Silva leichtsinnigerweise versprochen, sich zu entleiben, sobald dieser es wünsche und diesem Wunsch durch ein Hornsignal Ausdruck verleihe. Kaum sind die Hochzeitsfeierlichkeiten im Gange, ertönt natürlich das Horn des Finsterlings und Ernani greift zum Dolch. Traurig fällt der Vorhang.

Warum Direktor Mocenigo vom Teatro La Fenice etwas gegen das Horn auf der Bühne hatte, wird ewig sein Geheimnis bleiben. Diese Nebensächlichkeit aber hätte die Premiere beinahe platzen lassen. Sie fand aber am 9. März 1844 dennoch statt; trotz großer Indisposition der Darsteller der Elvira und des Ernani war sie ein gigantischer Triumph für Verdi. Die Oper machte schnell ihre Runde durch Italien. Und auch sie, obwohl doch eher ein stilleres Werk, wurde politisch verstanden. Die Verschwörer, die Carlos ermorden wollen, bekräftigen in einem im übrigen bedeutungslosen Chor diesen Wunsch mit der Feststellung, daß »Kastiliens Löwe aufgewacht« sei und »für die Freiheit kämpfe«. Das venezianische Publikum ersetzte flugs den kastilischen durch den venezianischen (Markus-)Löwen und hatte so seine neue Freiheitshymne. In Bologna ersetzte man in der großen Ensembleszene »O sommo Carlo« durch »O sommo Pio« und meinte damit den neuen Papst Pius IX., einen eher Liberalen, von dem man sich fälschlicherweise viel versprach in patriotischen Kreisen. Als in derselben Vorstellung Carlos »Perdono a tutti«, »Gnade für alle« versprach, tobte das Haus und stimmte in diesen Ruf mit ein.

Verdis patriotisch-politische Position hatte sich ebenso gefestigt wie seine musikalische. Selbst in London raste das Publikum. »Ernani« war die erste Verdi-Oper in Großbritannien. Finanziell ließ sich alles ebenfalls noch besser an. Die beiden bitterlich miteinander verfeindeten italienischen Musik-Großverleger Lucca und Ricordi stritten sich darum, wer das Werk verlegen dürfe. Lucca machte das weitaus bessere Angebot, aber Verdi brachte es nicht fertig, Ricordi, der sich so für ihn eingesetzt hatte, abzusagen, und blieb bei ihm. Es sollte nicht sein Schade sein und der Ricordis auch nicht.

Der Jubel über »Ernani« ist in diesem Umfang, wie gesagt, heute nur noch schwer zu verstehen. Die Oper hat sich außerhalb Italiens nicht halten können, und selbst in Verdis Heimat fristet sie ein eher kümmerliches Leben. Die Zeit ist über sie doch hinweggegangen. Sein erster Versuch, »romantische« Gefühle und »romantische« Menschen darzustellen, ist vor allem in der ersten Hälfte des Werkes doch zu oft mißlungen. Und das, was das zeitgenössische Publikum gefesselt hat, die Einheit zwischen Bühne und Parkett, existiert nicht mehr. Ernanis Unbedingtheit, für seine Ideale in den Tod zu gehen, hat die patriotischen Fanatiker im letzten Jahrhundert mitgerissen – wir sind da doch etwas skeptischer geworden. Sicher nicht zu unrecht. Wir neigen eher dazu, über die krude Handlung Witze zu machen.

Schon Verdi muß ein leichtes Unbehagen gegenüber der Titelfigur gespürt haben, denn sie ist bei ihm bei weitem nicht die Hauptrolle. Ernani hat eine große, schwere und nicht besonders attraktive Auftrittsarie, »Mercé, diletti amici«, verschwindet dann aber zeitweise fast völlig in den Ensembles.

Stimmführer der Oper ist der Bariton. Seine Arie »O, de'verd'anni miei« und die Szene »O sommo Carlo« sind bereits reifster, bester Verdi. Der Sänger muß hier zeigen, daß er weiß, was es heißt, Verdi zu singen. Erwähnenswert ist noch, daß die Baß-Arie »Infelice! E tuo credevi« bei der Uraufführung nicht gesungen wurde, weil der Silva in Venedig derart unmusikalisch war, daß sie ihm nie gelang. Der Schluß der Oper ist übrigens merkwürdig abrupt, wirkt fast unfertig – was sich dann in »Attila« wiederholen und in »Il Trovatore« meisterhaft vollenden wird. Insgesamt sind in »Ernani« bis auf Carlos und in Grenzen Silva die Personen auch musikalisch sehr eindimensional.

Wenn Verdi auch später beredte Klage über seine »anni di galera« führte, er hatte es sich selbst ausgesucht. Niemand hätte ihn zwingen können, sich derart von Termin zu Termin hetzen zu lassen. Seine Arbeitswut trägt zunächst das deutliche Signum der Verdrängung: Er wollte einfach auf andere Gedanken kommen, wollte der Depressionen, die ihn immer wieder ergriffen, Herr werden. Die Vergangenheit war nicht vergessen; er kam ja auch nicht von Busseto und Barezzi los, selbst wenn er sich im Augenblick vorwiegend in feinen Salons und teuren Hotels aufhielt. Die eine oder andere Affaire hat er sicher gehabt in jenen Jahren, aber wir wissen nichts darüber, denn schon damals verstand er es, sein Privatleben der Öffentlichkeit (und der Nachwelt) gegenüber abzuschirmen. Seine private Post verbrannte er. Liebesbriefe zum Beispiel an und von Giuseppina Strepponi, die es ja sicherlich gegeben hat, sind nicht überliefert.

Nach dem Erfolg von Venedig warf Rom seine Angeln nach Verdi aus. Das Teatro Argentina wollte eine neue Oper. Der Termin war knapp gesetzt, im November 1844 sollte der Vorhang sich zum ersten Mal heben. Das ließ keine Zeit für eine gründlichere Stoffwahl. Verdi zog den zurückgestellten

Plan einer Oper nach Lord Byrons »The Two Foscari« aus der Schublade. Das etwas naive, düstere Bild eines gar nicht heiteren oder ständig Karneval feiernden Venedigs, das dem dortigen Teatro La Fenice nicht zugesagt hatte, sollte also in Rom auf die Bretter gelangen. Nun war Byrons Text alles andere als eine gute Opernvorlage. In dem Stück passiert fast nichts, wie Verdi schnell selbst erkannte. »Versuchen Sie, etwas auf die Beine zu stellen, was ein bißchen Furore macht!« wies er Piave an, doch was konnte sich der schon in der kurzen zur Verfügung stehenden Zeit einfallen lassen! Nicht viel, um es kurz zu machen – Theaterplots, Schockeffekte, die stark aufgesetzt wirken und von der Musik auch mehr konterkariert wenn unterstützt werden. Daß Byron kein Dramatiker war, hatte schon Donizetti zu spüren bekommen, der den »Marino Falier«, die Geschichte eines putschenden Dogen, dessen Name aus den Annalen Venedigs ausgelöscht wurde, als Oper durchzusetzen versuchte – ohne Erfolg.

»I due Foscari« (»Die zwei Foscari«) sind eine deprimierende, düstere Oper ohne rechte Handlung, mehr eine Abfolge von Tableaus. Geschildert wird eine Episode aus der venezianischen Geschichte des 15. Jahrhunderts, der Machtkampf zwischen den Familien Loredan und Foscari. Francesco Foscari (Bariton) ist Doge, durch eine Intrige Loredans (Baß) wird er gezwungen, seinen Sohn Jacopo (Tenor) einer unerwiesenen Schuld wegen zu verurteilen. Im Streit zwischen Vaterliebe und Pflichtgefühl siegt die Pflicht, er unterschreibt das Urteil, das seinen Sohn aus Venedig verbannt. Auch die Bitten von Jacopos Frau (Sopran) können daran nichts ändern. Als der wahre Schuldige sich stellt, ist es zu spät: Jacopo ist an gebrochenem Herzen gestorben, Francesco wird von Loredan zum Rücktritt gezwungen und stirbt ebenfalls.

Die Oper fällt aus dem patriotischen Getöse heraus, das Verdi in dieser Zeit ansonsten anstimmt. Was Piave dem Buch Byrons nahm, nehmen mußte, um es bühnentauglich zu machen, die Psychologisierung der Figuren, die allesamt schwere Neurotiker sind, gibt ihnen Verdis Musik wieder zurück. Sie lastet düster über dem ganzen Werk wie ein Verhängnis; von den ersten Takten an weiß man, daß es keinen Ausweg geben wird, ähnlich wie später dann in »La Traviata«, nur fehlt hier auch der kleinste lichte Moment erfüllter Liebe oder kurzen Glückes. Die Oper ist ausnehmend kurz, und das nicht nur, weil die Zeit zum Komponieren einer längeren wohl nicht ausreichte. Kürze war für Verdi nie ein Nachteil – alles Überflüssige raus, das war das Motto, das er stets gern an seine Librettisten weitergab.

»I due Foscari« ist zudem die erste Oper Verdis, in der er die »Nummern« fast ausnahmslos ineinanderfügte, miteinander verband und nicht, wie es die Tradition wollte, hintereinander aufreihte. Das macht die Oper allerdings auch streckenweise fast kalt – Emotionen werden auf kleinster Flamme gehalten, Leidenschaften kochen fast nie auf. Verdi spielte auch hier wieder mit kammermusikalischen Formen. Der zweite Akt beginnt mit einem Präludium für Geige und Cello. Auch eine andere wichtige, fast aus dem Rahmen fallende Neuerung hat Verdi hier eingeführt, nämlich die klare, systematische Verwendung musikalischer Themen, die die drei Hauptfiguren und den Rat beschreiben. Ihnen liegt keine Textzeile zugrunde, sie tauchen zu verschiedenen Texten auf, es sind aber auch keine Leitmotive. Diese Technik ist typisch für Verdi, er greift sie immer wieder auf, führt sie aber nirgendwo so konsequent durch wie in »I due Foscari«. Wenn die Inspiration nicht sprudelt, kann er auf profundes, sicheres Handwerk zurückgreifen. All das zusammen, die gebremsten Gefühle, die Konstruktion, das Gegeneinander zwischen den Schockeffekten der Handlung und der Kühle der Musik, auch die Tatsache, daß die Figuren sich nur wenig verändern, am Schluß dieselben sind wie zu Beginn, macht das Werk eisig, fast verzweifelt. Nur in der Figur des alten Dogen regt sich ein wenig Menschlichkeit – sie ist sicherlich ein Vorläufer von Verdis großen Vatergestalten Simon Boccanegra und König Philipp.

Zwei wichtige Verdi-Sänger treten damals in den Dunstkreis des Komponisten: Marianna Barbieri-Nini, seine spätere Lady Macbeth, und Achille De Bassini, ein markanter Vertreter des Verdischen Baritonfaches, der ihm später als Fra Melitone in »La forza del destino« noch als Buffo mehr als nützliche Dienste leisten sollte. Am 3. November 1844 hatte die Oper einen schönen, wenn auch nicht triumphalen Erfolg. Verdi konnte also sein Publikum auch mit leiseren Werken begeistern.

Seine Arbeitswut muß damals gewaltig gewesen sein. Er schrieb – das sollte er beibehalten – meist parallel zu seinem Librettisten; er komponierte oft auch nicht fortlaufend, sondern sprunghaft, trieb Piave immer wieder an, machte ihm Vorschläge, die eigentlich Vorschriften waren, und griff selbst immer wieder zur Feder für die eine oder andere Zeile. Daneben reagierte er auf die nervliche Anspannung immer wieder mit Krankheiten. Hals und Magen streikten; die Vermutung, dies habe psychosomatische Gründe gehabt, liegt nahe, denn Verdi war ansonsten Zeit seines Lebens stets kerngesund. Später lernte er mit diesen »Krankheiten« nicht nur umzugehen, sondern sie einzusetzen, wenn ihm irgend etwas nicht paßte. Hin und wieder, wenn er Zeit hatte, erholte er sich von seinen Malaisen und seiner Arbeit in Busseto bei Barezzi.

Ansonsten verlief sein Leben eher gleichförmig: Die Verträge mit dein einzelnen Theatern sahen stets seine Anwesenheit bei den Proben und den ersten Vorstellungen vor; Verdi führte das Leben eines reisenden Opernstars der heutigen Zeit: Hotels, private Palazzi, und abends entweder ins Theater oder in die Gesellschaft. Denn der Komponist ist jetzt im tout Milan, tout Florence oder tout Venice eindeutig die Nummer eins der italienischen Opernszene, und das schafft Verpflichtungen, denen er sich zwar häufig, aber nicht immer entziehen kann. Immer mehr aber entzieht er sich den Frauen. Seine Zurückhaltung, ja Grobheit wird geradezu sprichwörtlich. Einer allerdings zeigt er sich gewogen – zur Aufführung von »I Lombardi alla prima crociata« in Parma reist er persönlich an und ist auch dabei, als die Sängerin der Giselda aus der Hand der Herzogin Maria Luigia kostbaren Schmuck entgegennehmen darf. Dennoch muß er dabei feststellen, daß die Stimme der Dame ein wenig gelitten hat. Die Dame ist Giuseppina Strepponi. Kein Zweifel, er interessiert sich für sie – in welchem Maße, weiß man nicht so genau.

Zur Ruhe jedenfalls kommt Verdi nicht. Es meldet sich wieder Bartolomeo Merelli, der Scala-Impresario. Er erinnert den Maestro daran, daß er ihm doch für die Karnevals-Staggione fest eine neue Oper zugesagt habe. Fluchend schaut Verdi auf den Kalender – drei Monate hat er noch Zeit. Er greift sich Solera und verlangt von ihm wieder etwas Pathetisch-Patriotisches. Solera weiß auch sofort einen Stoff. Da gab es doch diese merkwürdige Person im Hundertjährigen Krieg zwischen den Franzosen und Engländern, das Mädchen aus Domrémy, diese Jeanne d'Arc. Daraus ließe sich sicher etwas machen, zumal doch dieser deutsche Autor, dieser Friedrich Schiller, ein erfolgreiches Stück über sie geschrieben hat. Verdi ist einverstanden. Leider beläßt Solera es aber nicht bei Schiller, sondern bearbeitet diesen mehr als frei. Er erfindet einen Gegensatz zwischen Johanna und ihrem Vater, der in ihr eine Hexe sieht und sie den Engländern verrät. Schlimmer noch, er dichtet der armen Giovanna-Jeanne eine Liebschaft mit dem Dauphin und späteren König an. Aus Schillers personenreichem Drama macht er so ein drei-Personen-Stück (plus comprimario) für Sopran (Giovanna), Tenor (König) und Bariton (Vater). Die Jungfrau von Orléans wird am Ende auch nicht, wie historisch geschehen, auf dem Scheiterhaufen von

Rouen verbrannt, sondern stirbt tödlich verwundet in den Armen des Königs. Man erinnert sich, daß dies auch bei Schiller so ähnlich ist, auch in dessen Drama stirbt sie auf dem Schlachtfeld und nicht auf dem Scheiterhaufen. Darüber mag man sich heute ärgern oder verwundern, aber Schiller und Solera/Verdi wußten es nicht besser, einmal abgesehen davon, daß sie alles andere wollten als ein Historienspektakel schreiben. Jeanne d'Arc wurde erst 1920 heiliggesprochen; vorher hielt man sie für eine eher sagenhafte Figur, für eine Legende ohne beweisbare historische Authentizität, mit deren Schicksal man etwas freier umgehen dürfte. Die Kirche, die bei ihrer Hinrichtung ja eine ebenso tragende wie traurige Rolle gespielt hatte, hielt über die wahren Umstände ihre Bücher auch lieber verschlossen.

»Giovanna d'Arco« gehört sicherlich zu Verdis schwächeren Opern. Sie enthält musikalisch kaum Neues, hat für jeden der Protagonisten eine schöne Arie zubieten, weist aber nur an zwei Stellen in die Zukunft. Einmal gibt es da ein Duett zwischen Giovanna und ihrem Vater, in dem dieser erkennt, daß sie nicht von Dämonen, sondern von Engeln geleitet wird. Dieses Sopran-Bariton-Duett hat im Aufbau viel Ähnlichkeit mit der Szene zwischen Giorgio Germont und Violetta Valéry in »La Traviata« – der zunächst anklagende Vater, der im Lauf des Duetts immer mehr vom Gegenteil seiner Vermutungen überzeugt wird. Die zweite Passage ist der Schluß, wenn Giovanna sterbend hereingetragen wird und die drei Protagonisten das Terzett »Addio terra, addio gloria mortale« gemeinsam mit einem Dämonen- und einem Engelschor anstimmen.

Die Probenzeit war gekennzeichnet von wachsenden Auseinandersetzungen des Komponisten mit der Frezzolini, der Darstellerin der Titelrolle, deren hysterische Anfälle und Weinkrämpfe Verdi völlig entnervten. Die kurze Verbindung der beiden, die außerdem durch einen eifersüchtigen Gatten erschwert wurde, zerbrach spätestens an diesen Vorfällen, wenn die Vorfälle nicht erst aufgrund des Bruchs der beiden entstanden. Außerdem überwarf sich Verdi mit Merelli, der seiner Meinung nach die Scala verschlampen ließ; Beweis war dafür eine Inszenierung von »I due Foscari«, in der wider den Willen des Komponisten die beiden letzten Akte umgestellt wurden. Verdi war jetzt in einer Position, die ihm erlaubte, sich dergleichen nicht mehr bieten lassen zu müssen. Nachdem am 15. Februar 1845 der Vorhang über der »Giovanna d'Arco« gefallen war, kehrte er der Scala den Rücken und kam lange nicht mehr zurück. Das Publikum war von der neuen Oper begeistert, die Presse weniger. Dennoch ging die Oper schnell auf ihre übliche Tour durch Italien, wobei es zu einer denkwürdigen Aufführung in Palermo kam. Daß ein wirklich existierender König sich in ein Hirtenmädchen verlieben sollte, war der sizilianischen Zensur denn doch zuviel. Das Werk wurde umgetextet und hieß nun »Orietta di Lesbos«. Das Niveau der Zensurbehörden sank sichtlich auch immer tiefer ...

Auch für die nächste Oper hatte Verdi wieder kaum Zeit. Er schrieb sie für Neapel, für das Teatro San Carlo, in dem Rossini die nicht unbeträchtlichsten seiner Erfolge erzielt hatte. Er hatte sich einen Stoff nach Voltaire ausgesucht, »Alzira«, und Salvatore Cammarano, der sich gerade mit dem Konzept für einen »Re Lear« beschäftigte, wurde dazu ausersehen, den Text zu schreiben. Er kam nicht besonders gut voran, übersandte ihn häppchenweise, und Verdi komponierte jeweils, was er hatte. Ob er mit Cammarano dasselbe tat wie mit Piave, nämlich aufgrund des Treatments bereits Szenen zu komponieren, für die der Text noch gar nicht geschrieben war, und den Autor dann zu bitten, die Musik mit Worten zu unterlegen, ist nicht bekannt. Aber sicherlich hat auch Cammarano genaue Anweisungen über Zeilenzahl und Versmaß bekommen.

»Alzira« ist eine Geschichte aus Südamerika. Sie berichtet vom Zusammentreffen der Spanier mit den eingeborenen Indianern. Bei Voltaire geht es auch darum, was dabei der christliche Gott wert war. Er beschrieb den »wahren Christen« nicht gerade liebenswürdig: »Getreulich gewisse unnütze Praktiken befolgen und die wahren Pflichten des Menschen verleugnen, bestimmte Gebete verrichten, aber von seinen Lastern nicht lassen, fasten, aber hassen, Ränke spinnen, Verfolgung üben – das ist sein Glaube!«

Verdi dachte sicherlich ähnlich; sein Mißtrauen gegen seine Mitmenschen war groß und wurde immer größer. Vertraglich hatte er sich gerade von Ricordi zusichern lassen, daß niemand, auch kein Theater gegen seinen Willen seine Opern aufführen konnte. Natürlich war Merellis Verhalten der Grund für diese Maßnahme. Diese Klausel gab ihm für ein Vierteljahrhundert die Möglichkeit, das bedeutendste italienische Opernhaus, die Scala di Milano zu boykottieren. Ähnlich mißtrauisch war er dem Teatro San Carlo gegenüber, das ihm einen Aufschub krankheitshalber (wieder die Nerven!) mit der Begründung verweigert hatte, die südliche napoletanische Luft sei gegen Krankheiten jeder Art gut. All das brachte ihn natürlich nicht in beste Komponierlaune; die Angst vor den einheimischen Musik-Lokalmatadoren Mercadante und Pacini mag auch dazu beigetragen haben, daß er »Alzira« eher unwillig schrieb. In drei Wochen will er die Partitur notiert haben, und vieles, was an dieser Oper stört, mag an dieser knapp bemessenen Zeit liegen. Manches aber auch nicht. Musikalisches Kolorit fehlt völlig, die Oper hat keinerlei indianisches oder südamerikanisches Flair – allerdings dürfte Verdi damals wohl auch nicht in der Lage gewesen sein, dergleichen zu liefern. An den Brüchen auch in der musikalischen Ausstattung einzelner Personen dürfte Cammaranos langsames Texten allerdings die Hauptschuld tragen.

»Alzira« ist oft gescholten worden, in dieser Deutlichkeit aber sicher zu Unrecht. Der Inhalt ist ein wenig krude. Der spanische Statthalter von Peru wird von Indianern gefangengenommen, aber von dem edlen Wilden Zamoro (Tenor) freigelassen, um den Seinen von der Milde eines Indianers zu künden. Leider haben die Spanier aber zur selben Zeit Zamoros Braut Alzira (Sopran) festgesetzt, weswegen die Indios jetzt doch zum Krieg schreiten müssen. Gusmano (Bariton), der Sohn des Statthalters, will Alzira heiraten, um endlich Frieden zwischen den beiden Rassen zu schließen. Alzira glaubt ihren geliebten Zamoro tot und ist höchstlichst, natürlich auch angenehmst überrascht, als er auftaucht. Gusmano, der vor Eifersucht schäumt, läßt ihn festnehmen. Alzira willigt in die Hochzeit nur unter der Bedingung ein, daß Gusmano Zamoro freiläßt. Das geschieht. Während der Hochzeitsfeierlichkeiten aber taucht Zamoro wieder auf und erdolcht Gusmano. Der aber verzeiht seinem Mörder sterbend »in echt christlichem Geist«, wie es bei Voltaire heißt.

Diese Geschichte hat Verdi mit zum Teil wesentlich zu flotter, zu vergnügter Musik unterlegt. Die Ouverture, die nur dazugeschrieben wurde, weil die Oper zu kurz geraten war, klingt eher wie eine opera buffa, und auch die Indianerchöre zu Beginn erinnern an Operette und nicht an tragische Oper. Anderes wiederum hat hohe Qualitäten, zum Beispiel das Duett Alzira-Zamoro und das sich daran anschließende Terzett aus dem ersten Akt. Für den, der weiß, was Verdi in Zukunft noch alles schreiben sollte, ist natürlich der Schluß vor allem anderen besonders interessant, weist er doch nicht nur textlich, sondern auch musikalisch große Ähnlichkeiten mit »Un ballo in maschera« auf. Insgesamt aber findet das eigenartige Sujet leider in der Musik kaum Entsprechung.

Das Publikum, das am 12.August 1845 in Neapel in die Oper gegangen war, konnte so recht damit nichts anfangen. Verdi war mit gewaltigem Jubel begrüßt worden, die Verabschiedung fiel etwas leiser aus. »Alzira« war kein Erfolg, auch keine Pleite, aber die Oper wurde sehr reserviert aufgenommen.

Verdi hielt nie viel von diesem Werk und lehnte stets eine Überarbeitung ab. Er habe sich Mühe genug gegeben, meinte er, mehr könne er daraus nicht machen. In der Tat mögen, neben der Eile, auch die bläßlichen Personen Voltaires und mehr noch Cammaranos ihn daran gehindert haben, eine bessere Oper zu schreiben. Ideendramen, und darum handelt es sich bei der literarischen Vorlage, geben eben keinen guten Opernstoff ab. Daß der Napoletaner Cammarano allerdings nicht gerade der ideale Librettist für einen Komponisten vom Schlage Verdis war, kann man auch an »Il Trovatore« und dessen holzschnittartigen, eindimensionalen Figuren deutlich sehen. Donizetti, für den er »Lucia di Lammermoor« verfaßt hatte, lag ihm sicherlich mehr.

»Dir das Universum, doch mir laß Italien«

»La Fenice« in Venedig

Es gibt eine schöne Legende über die Gründung Venedigs. Die Inseln wurden angeblich erst richtig besiedelt, als die Einwohner des Festlandes aus Aquileia und dem heutigen Veneto sich vor den anrückenden Reiterhorden der Hunnen in Sicherheit bringen mußten. Damals seien sie auf die Inseln geflüchtet, hätten diese befestigt, Pfähle in den weichen Boden gerammt und auf diesen Pfählen die schönste Stadt der Welt errichtet. So habe Attila ihnen kein Leid antun können. Auf Torcello, einer der halbverwunschenen Inseln der Lagune, zeigt man heute noch einen römischen Sitz aus Stein, vermutlich den eines Bischofs, und behauptet, dies sei der Thron des Hunnenkönigs. Die ganze Geschichte ist nicht unwahrscheinlich, aber kaum beweisbar. Wäre sie wirklich so passiert, hätten die zukünftigen Venezianer vermutlich eher ein paar Hotels für die Hunnen gebaut, überhöhte Preise genommen und teure Gondelfahrten für die Reiter aus der Steppe organisiert.

Aber in Venedig glaubte man an diese Legende, als das Stadtbild hauptsächlich von österreichischen Uniformen geprägt war. Damals galt es für die Offiziere des Habsburgerreiches als Vergünstigung, ein paar Tage dort zubringen zu dürfen, die zahllosen Spielcasinos der Stadt am Leben zu erhalten, indem man sein Geld durchbrachte und sich anschließend erschoß, in den Caféhäusern wie dem »Quadri« oder dem »Florian« herumzusitzen, Kaffee zu trinken und wie in Wien Kuchen zu essen, an der Mole zu flanieren oder den Stehgeigern auf der Piazza San Marco zu lauschen. Auch in die vielen Theater ging man ganz gern, die Logen und Foyers waren voller bunter Uniformen und dröhnten wieder von Dialekten und Sprachen aus allen Teilen der Monarchie. Die Abneigung der Venezianer diesen fremden Herren gegenüber war nicht ganz so groß. Man arrangierte sich, nahm von den Fremden überhöhte Preise (der Brauch hat sich gehalten) und zeigte Nationalstolz und Nationalbewußtsein hauptsächlich verbal.

Zu noch mehr von beidem sollte Giuseppe Verdi den Venezianern im

Jahre 1846 verhelfen. Ein deutscher Dichterling aus dem Dunstkreis des Weimarer Geheimrates, ein gewisser Zacharias Werner, hatte deutschtümelnd ein Drama über Attila verfaßt, den Hunnenkönig solcherart fürs Germanische vereinnahmend, teutonischer Taten Trutz tönend. Verdi fand den Stoff so übel nicht, gerade für Venedig ließe sich daraus etwas Schönes machen. Der brave Piave sollte ein Treatment herstellen, was er prompt tat. Aber er schien Verdi dann wieder für diese Oper nicht gut genug. Der »Attila« sollte endlich mal wieder ein Wurf werden, sollte die nationale Begeisterung hochputschen, als Fanal wirken – und sollte auch künstlerisch wieder etwas bringen. Also nahm er Piave das Treatment wieder weg und gab es Solera. Was der dann verfaßte, gefiel Verdi so gut, daß es ihm zu schade für Venedig war. Er trug es Paris an, aber die Pariser wollten von ihm lieber etwas Französisches. Überhaupt ist er plötzlich nicht nur an italienischen Theatern persona grata – Madrid, Sankt Petersburg, London, Paris, alle wollen Opern von ihm. Das Théâtre Italien bringt unter dem Titel »Le Proscrit« den »Ernani« heraus (Hugo hatte vergeblich dagegen protestiert), London folgt. Und dennoch stürzt Verdi wieder in eine seiner Depressionen ab. Bald werde er nichts mehr zu beißen haben, klagt er und bekommt prompt gastritische Anfälle. Schluß mit dem leidigen Komponieren, noch ein wenig Geld verdient, und dann ade, du schnöde Theaterwelt! Niemand aber nimmt seine Krankheiten mehr ernst, selbst Barezzi und die Seinen nicht. Nur Solera wird böse, läßt das Libretto liegen und reist per Schiff nach Spanien.

Krank und leidend fährt Verdi nach Venedig, wo er in der Dépendance des Grand Hotels (vermutlich dem heutigen »Gritti«) eine Wohnung nimmt und vom Bett aus den »Attila« komponiert. Da Solera außer Landes ist, muß wieder Piave her, und der treue Ceccho nimmt sich auch wirklich des Buches an und macht einen schönen Operntext daraus.

Er konzentriert sich auf wenige Personen: auf den Hunnenkönig Attila (Baß), wild, unmoralisch, leidenschaftlich und auch großzügig; auf den römischen Feldherrn Ezio oder Aetius (Bariton), einen Patrioten, der sein Land vor den Hunnen retten will, dabei aber auch vor Mitteln wie Mord und Verrat nicht zurückschreckt; auf Foresto (Tenor), den Anführer der Flüchtlinge von Aquileia, die sich in der Lagune niederlassen und bei dieser Gelegenheit eben mal Venedig gründen; auf Odabella (Sopran), die Tochter des Fürsten von Aquileia, Forestos Geliebte, die sich an Attila heranmacht, um ihren Vater zu rächen. Sie ist es auch, die ihn am Schluß, nachdem alle

91

anderen Versuche gescheitert sind, mit ihrem Schwert ersticht. Piave hat das wirre und ausufernde Drama von Werner geschickt gekürzt; es enthält wirkungsvolle Szenen und Gelegenheiten zu patriotischen Aufmärschen, fein kontrastiert mit intimen Szenen und Arien. Höhepunkt ist der kurze Auftritt des Papstes Leo I., der den Hunnenkönig vor den Toren Roms allein durch die Kraft seines Wortes zurückweist – eine Szene, die Verdi in Raffaels Darstellung kannte und die ihn schon lange beschäftigte.

Das Neue, das Verdi hier ausprobieren wollte, machte im Teatro La Fenice auch mit den meisten Effekt. Er war sich inzwischen seiner kompositorischen Mittel so sicher, daß er sich zum ersten Mal auch an eine Naturschilderung wagen wollte. Rossini (»Guillaume Tell«) und Carl Maria von Weber (»Der Freischütz«) hatten damit großen Erfolg gehabt und dergleichen auch in die Oper eingeführt. Wenn man an Verdis spätere Naturszenen denkt, ist der Sonnenaufgang in der Lagune aus dem Prolog des »Attila« zwar etwas hausbacken geraten, dennoch ist es Verdi gelungen, gleich beim ersten Versuch eine »romantische« Stimmung zu erzeugen. Solche Genresezenen sind gerade en vogue, der Franzose Félicien David hat mit einem Stück, betitelt »Le Desert«, »Die Wüste«, die Salons diesseits und jenseits der Alpen erobert. Und die Theatermaschinerie des Teatro La Fenice braucht sich nicht zu verstecken – wenn ein Sonnenaufgang gewünscht wird, wird ein Sonnenaufgang geliefert. Das Publikum bei der Premiere am 17. März 1846 rast. Aber es rast nicht nur wegen der hervorragenden Inszenierung.

Es rast zunächst einmal wegen der Musik. Verdi konnte sich diesmal viel Zeit nehmen, trotz Krankheit, und er nutzte sie auch. »Attila« übertrifft seine ganzen letzten Opern bei weitem. Piave hatte ihm die Figuren gegeben, an denen sich seine musikalische Phantasie entzünden konnte – Foresto mit den großen, fast weichen Kantilenen; Odabella, ein echter soprano spinto mit mörderischen Höhen und Koloraturen mit wütender Attacke und zarten Bögen; Ezio, ein Bariton, der Dramatik und Weichheit zu verbinden hat; schließlich Attila, nicht direkt ein Baß, eher ein dunkler Bariton mit einer riesigen Soloszene, einer Traumerzählung, die sein Zusammentreffen mit Papst Leo I. vorwegnimmt, in der Verdi auch schon weit über das Opernschema Rezitativ-Arie-Cabaletta hinausgreift. Wieder sind es die großen Ensembles, vor allem das am Ende des ersten Aktes, die zeigen, wie viel Verdi seit dem »Oberto« gelernt hat. Insgesamt ist das zweite Bild des Prologs, eben jene Naturschilderung, am stärksten, am einheitlichsten in der Stimmung aus Verzweiflung und Hoffnung für die Flüchtlinge aus Aquileia.

Verdi wollte mit »Attila« eine patriotische Oper schreiben. Das ist ihm auch gelungen, dennoch sind kritische Untertöne nicht zu überhören. Die große patriotische Figur ist natürlich Ezio, der Mann, der sich Attila entgegenstellt, der Römer gegen den barbarischen Hunnen. Aber: Dieser Ezio ist ein Verräter (sein Kaiser will Frieden schließen), dieser Ezio bricht Verträge und ist bereit, bei einem Mordkomplott mitzumachen. Auch die beiden anderen »positiven« Figuren Odabella und Foresto sind nicht besser. Ihre Waffen sind Gift und Dolch. Attila hingegen, der skrupellose Barbar, scheint Verdi streckenweise fast gefangenzunehmen. Er stattet ihn mit einer Wucht aus, der man sich nur schwer entziehen kann, und er umgibt ihn, wenn es angebracht ist, mit großer Noblesse – zum Beispiel, wenn er Foresto, der ihn vergiften wollte, begnadigt. Die Figur gerät am eindrucksvollsten, wenn Attila seinen drei Feinden allein gegenübersteht und jedem einzelnen vorwirft, was er ihm alles Gutes getan und wie ihm jetzt gedankt werde.

Leider ist auch diese Oper an manchen Stellen noch unausgeglichen. Gerade der Schluß ist nach dem direkt vorhergehenden Terzett, in dem Odabella, Ezio und Foresto sich über ihre Motive klar werden möchten und jede Stimme individuell geführt wird, reichlich banal. Nach Attilas Traumvision folgt – ein anderes Beispiel – eine höchst alberne Cabaletta, in der er erklärt, seiner Ängste durch den Krieg Herr werden zu wollen. Davon abgesehen aber ist die Partitur geschlossen und stimmig. Die Oper war lange vergessen, nicht zu unrecht taucht sie seit einiger Zeit aber immer wieder auf und wird überall bejubelt. Sie hat sich ihren Platz auf den Spielplänen erkämpft.

Für die zweite Szene des Prologs hatte Verdi ein Duett für Baß und Bariton komponiert. Duette für dunkle Stimmen waren zumal in der opera buffa der Zeit nichts Außergewöhnliches, es gibt sie z.B. in »Don Pasquale« und in Rossinis »La Cenerentola«. Auch Verdi kam später immer wieder darauf zurück, einige seiner schönsten und kunstvollen Duette bringen zwei ähnliche Stimmen zusammen (Rigoletto – Sparafucile, Padre Guardian – Fra Melitone, Philipp – Posa, Philipp – Großinquisitor, Falstaff – Ford). Hier war es aber mehr der Inhalt, den Verdi allerdings in eine zündende Form goß. Ezio, der Römer, macht dem Hunnenkönig ein Angebot. Wenn er, Attila, Italien in Ruhe lassen, könne er mit dem Rest der Welt anfangen, was er wolle. »Avrai tu l'universo, resti l'Italia a me«, heißt es, »nimm dir die ganze Welt, aber Italien bleibt mir«. Die Venezianer geraten über dieses Duett in Raserei, kein Wunder, denn hier spricht einer den Wunsch der italienischen Patrioten aus: Ihr Habsburger, ihr Österreicher, macht, was ihr wollt, aber

Italien laßt uns, den Italienern (und Venedig, bitteschön, den Venezianern). Das Ende der Premiere glich eher einem patriotischen Aufstand als dem üblichen Schlußapplaus. Man packte den widerstrebenden Verdi und brachte ihn mit einem triumphalen Fackelzug in sein Hotel zurück.

»Attila« unternahm, diesmal als Operngestalt, einen zweiten Siegeszug durch Italien. Florenz, Ferrara, Livorno, Rovigo, Vicenza, Cremona, Triest und Reggio Emilia spielten die Oper nach. Auch die Scala di Milano übernahm sie, allerdings in einer nach Meinung des Komponisten derart schlampigen Inszenierung, daß Verdi den Vertrag mit Ricordi dahingehend verschärfen wollte, daß die Scala nie mehr eine Oper von ihm aufführen dürfte. Ricordi wehrte sich mit Recht und Geschick dagegen.

Mit einem Schlag nun ist Verdi die künstlerische Seele des patriotischen Italien. Sicherlich ist die Oper, die ihn dazu gemacht hat, eine kühl konstruierte Erfolgsoper – er wollte genau das erreichen, was er damit auch erreicht hatte. Aber man darf bei dieser Beurteilung nicht vergessen, daß er aus tiefstem Herzen die patriotischen Gefühle seiner Landsleute teilte. Das Duett Ezio/Attila ist kunstvoll komponiert, aber ehrlich gemeint. Und die Skepsis, die sich im Laufe der Jahre immer mehr verstärken, allerdings erst nach der endlichen Einigung voll zum Durchbruch kommen sollte, ist im gleichen Werk ebenfalls schon angelegt. Der Verdi von 1846 mit seinen Stärken und Schwächen, seinen Überzeugungen und seinen Abneigungen steckt voll im »Attila«.

1846 wurde auch für ganz Italien ein Jahr voller Hoffnungen, die allerdings bald enttäuscht werden sollten. Papst Gregor XVI. starb am 1. Juni, niemand betrauerte den hingeschiedenen Pontifex. Die Wahl des Neuen geht schnell – nach fünf Tagen besteigt Giovanni Maria Graf Mastai-Ferretti, 1792 geboren, als Pius IX. den päpstlichen Thron. Das längste Pontifikat der Kirchengeschichte sollte beginnen. Pius IX. galt als liberal, seine Wahl wurde von den Demokraten begrüßt. Er schien deren Hoffnungen auch erfüllen zu wollen. Am 16. Juli verkündete er eine Amnestie für politische Vergehen. Darauf bezog sich der bereits erwähnte Jubel in Bologna bei einer politisch ausgelegten »Ernani«-Vorstellung. Giuseppe Mazzini schrieb eine Eloge auf den Papst, der Priester Antonio Rosmini-Serbati wagte sich mit dem kirchenkritischen Werk »Delle cinque piaghe della Santa Chiesa« (»Von den fünf Wunden der Heiligen Kirche«) an die Öffentlichkeit, in dem er vor allem auf die unselige Verquickung von geistlicher und weltlicher Macht und die Geringschätzung der sozialen Frage abhob. Beider Erwartungen erfüllten sich ebensowenig wie die der übrigen Italiener. Pius IX., schwach und persönlich unentschlossen, geriet schnell unter den Einfluß des erzreaktionären Kardinal-Staatssekretärs Giacomo Antonelli und wandelte sich. Als Österreich gegen die Amnestie protestierte, gab er klein bei. Dafür spann er sich in einen Kokon der Gottähnlichkeit ein, reiste viel umher und ließ sich feiern, wobei seine Unsicherheit immer mehr zutage trat. Unter ihm wurde, nach dem Urteil von Zeitgenossen, der Kirchenstaat zu jenem Staatsgebilde, das mit der Türkei um den Titel des rückständigsten Staates in Europa streiten durfte. Korruption war an der Tagesordnung, die Inquisition wütete, die Zensur schlug zu, wo sie nur konnte; die Kirche stellte sich außerhalb der Zeit und der politischen Entwicklung im übrigen Italien. Selten haben die Italiener einen Papst so gehaßt wie Pius IX. – vielleicht, weil sie sich zunächst so viel von ihm erhofft hatten. Dennoch wurde just dieser Papst 154 Jahre nach seiner Inthronisation selig gesprochen.

1846 veränderte sich auch persönlich für Verdi einiges. Seine privaten Verhältnisse waren schon seit einiger Zeit auf eine Klärung zugetrieben. Giuseppina Strepponi betrieb diese jetzt mit aller Macht. Sie hatte am 11. Januar im Alter von 31 Jahren Abschied von der Bühne genommen, in Modena und natürlich mit »ihrer« Rolle, der Abigaille im »Nabucco«. Ihre Stimme, durch zu viele und für sie nicht geeignete Partien überanstrengt, hatte schweren Schaden gelitten. Ende des Jahres teilte sie Verdi mit , daß sie beschlossen habe, sich als Gesangslehrerin niederzulassen, und zwar in Paris. Der Komponist litt gerade wieder an einem seiner hypochondrischen Anfälle nach einer Sprudelkur in Recoaro Terme und war höchstlichst mißvergnügt. Er schrieb Giuseppina einen Brief, um sie dazu zu bewegen, diesen Plan aufzugeben. Niemals bekam jemand diesen Brief außer ihr zu Gesicht. Die Strepponi selbst verfügte in ihrem Testament, er solle mit ihr »auf meinem Herzen« begraben werden.

Liebe ist Seligkeit? –
Giuseppina

Bildnis der jungen Giuseppina Strepponi

*D*ie junge Sängerin sei »ganz Seele und Haltung«, besitze einen »leicht ansprechenden und besonders in hohen Lagen hell timbrierten Sopran« und sei eine »Bereicherung für die italienische Opernbühne«. Ihre Stimme sei »von großer Klarheit, schlackenlos, klangschön und vollendet behandelt«. Zu ihren Vorzügen gehöre »Koloraturfertigkeit« und »sie weiß beträchtliche technische Schwierigkeiten zu meistern«. Ihr Vortrag zeige sich »beseelt von inniger tiefer Empfindung«, »erfreuliche Kraft« und eine »äußerst klangreiche Stimme«, »anerkennungswürdige Virtuosität« und »viel Anmut und Grazie des Gesangs« werden ihr attestiert.

Das ist eine kurze Auswahl von Kritikerurteilen über die junge Giuseppina Strepponi, als sie auf dem Höhepunkt ihrer Karriere stand. Interessant ist die Vielfältigkeit ihrer Rollen. In der Scala sang sie einmal, 1839, die Hauptrollen in allen vier Opern der Frühlingsspielzeit, in »Lucia di Lammermoor«, »L'elisir d'amore« und »Pia di Tolomei« von Donizetti und in »I Puritani« von Bellini. Daneben sang sie auch, zum Beispiel in Wien, die Adalgisa in »Norma«, eine Rolle, die heute von Mezzos gesungen wird, früher aber auch von Sopranen gegeben wurde. Man darf dabei allerdings nicht vergessen, daß die Spezialisierung von Sängern erst später einsetzte. Das Springen von einem Stimmbereich in den anderen war damals üblich, heute kommt es nur noch im Grenzbereich Baß-Bariton und in einigen wenigen Rollen vor. Verdi hatte nichts dagegen, solange es nicht übertrieben wurde. Transponieren war erlaubt, groteske Umbesetzungen (Alt statt Bariton) verärgerten ihn.

Wenn man die Kritiken in Betracht zieht, muß man vermuten, daß die Stimme der Strepponi eigentlich für Verdi nicht besonders geeignet gewesen sein kann. »Hell timbriert in den höheren Lagen« ist nun genau das, was man für Verdi-Partien nicht sein darf; heldischen Strahl und Kraft gerade hier scheint sie nicht besessen zu haben, sie war kein soprano spinto. Kein Wunder, daß es mit ihrer Karriere schnell zuende ging, nachdem sie angefangen hatte, Verdis Rollen zu übernehmen; schon bei der »Nabucco«-Premiere wurde sie als einzige der Mitwirkenden von der Kritik nicht gelobt. Gerade die Abigaille ist eine mörderische Rolle, ein Sopran mit einer kleineren Stimme mußte daran zugrunde gehen. Die Gewalttouren à la Scala hatten ihrer Stimme schon sehr geschadet, und ab »Nabucco« wurde sie ständig von schweren Hustenanfällen geplagt, die nicht nur ihren Ärzten Sorgen machten. Es gab für sie nur einen Weg, nämlich mit dem Singen aufzuhören. Als sie von der Bühne abtrat, muß ihre Stimme nur noch eine Ruine gewesen sein.

Giuseppina Strepponi wurde 1815 in Lodi geboren, ihr Vater war ein kleiner Komponist. Sie lernte bei ihm Gesang und studierte nach seinem frühen Tod (sie war damals fast noch ein Kind) am Mailänder Konservatorium. Sie mußte sich zudem um ihre große Familie kümmern. Sie debütierte 1834, als 19jährige, wurde schnell einer der Lieblinge der Mailänder. Weil sie ständig Geld für ihre Geschwister brauchte, reiste sie viel herum und sang viel, zu viel. Über ihr Privatleben aus der Zeit, ehe sie Verdi kennenlernte, weiß man relativ wenig. Sie war wohl mit dem Florentiner Impresario Alessandro Lanari und hinterher mit Merelli liiert. Später lernte sie dann den berühmten Tenor Napoleoni Moriani kennen und lebte einige Zeit mit ihm zusammen. Wenn man alle Quellen richtig deutet, was nicht allzu leicht ist, hatten die beiden zwei Kinder, einen Sohn Camillino, der 1838 und eine Tochter, die 1841 auf die Welt kam. Ob Moriani – wie Verdis Biograph Frank Walker in seinem Buch »The Man Verdi« als erster vermutete und zu belegen versuchte – wirklich der Vater beider Kinder ist, kann nicht als gesichert gelten, da in Zusammenhang mit der Strepponi auch mehrfach von einem »M. aus Verona« die Rede ist, über den man so gut wie gar nichts weiß. Auch was aus den beiden Kindern wurde, ist nicht sicher bekannt. Das zweite, das Mädchen, scheint sehr jung gestorben zu sein. Camillino verschwand im Alter von vierzehn, fünfzehn Jahren aus Giuseppinas Leben – er soll unter merkwürdigen Umständen zu Tode gekommen sein; die Verdis selbst hüllten sich in Schweigen, auch aus dem Hause Barezzi hörte man eher Verschleierungen denn Erklärungen. Eigenartig daran ist nur, daß Verdi, der sonst so gütige, tolerante Mensch, sich nicht um den Jungen gekümmert hat. Das wirft einen düsteren Schatten auf sein Bild. Aber vielleicht hat sich auch, wie Walker meint, der mögliche Vater Moriani des Jungen angenommen. Beide jedenfalls lebten, das weiß man, eine Zeitlang in Florenz.

Noch mehr auf Spekulationen angewiesen ist man, wenn es darum geht, zu klären, wann aus der Freundschaft zwischen Verdi und der Strepponi eine Liebesbeziehung wurde. 1842, nach dem »Nabucco«, oder erst 1847, als die beiden in Paris zusammenzogen? Vieles spricht dafür, daß es 1842 zu einer Affaire zwischen ihnen kam, daß Verdi aber erst 1846, als Giuseppina Italien verlassen wollte, klar wurde, was sie ihm bedeutete.

Giuseppina selbst wurde dem Komponisten gegenüber nie das Gefühl der Dankbarkeit los. Er habe sie, so glaubte sie, vor einem Leben der Erniedrigung bewahrt. »Viel bin ich nicht wert«, schrieb sie einmal, »aber ich habe den Wunsch, besser zu werden. Auf den menschlichen Schleichwegen des Glücks gibt es nur zwei Straßen, an die man sich halten kann: das Leben wie Nourrit mit einer Kugel im Kopf zu beenden – oder sich vor keinem bis zur Feigheit erniedrigen.« Adolphe Nourrit, der berühmte Tenor, hatte sich 1839 in Neapel erschossen, als seine Stimme nachließ und auch andere Organe begannen, ihre Dienste zu versagen. Giuseppina aber wuchs an der Seite Verdis zu einer geachteten und beachtenswerten Person heran. Sie war die Seele des bürgerlichen Haushaltes der beiden, und wer von ihm etwas wollte, aber vor seiner Muffigkeit und Bärbeißigkeit Angst hatte, der wandte sich an sie. Sie hatte auch alle Stürme seiner schlechten Launen und Depressionen auszuhalten. Es muß nicht immer leicht für sie gewesen sein. Einem Tagebuch, das sie leider nur sehr unregelmäßig führte, vertraute sie einige solcher Vorfälle an.

»Er wird immer ruheloser und gereizter«, notierte sie da einmal. »So wunderbare Eigenschaften zu haben und dabei einen so harschen und schwierigen Charakter! … Manchmal, wenn ich auf einem Briefumschlag die Handschrift eines Freundes erkennen und frage: ›Wie geht's ihm denn?‹, dann genügt das schon, ihn zu irritieren und sich einbilden zu lassen, ich will die Nase in Sachen stecken, die mich nichts angehen.« Oder er tobte, weil ein Fenster offenstand, und beschuldigte sie, sie würde die faulen und nichtsnutzigen Dienstboten gewähren lassen und sich gegen ihn stellen. Ein tiefer Tagebuchseufzer vom 4. Januar 1868: »Ich habe auf die Gesellschaft verzichtet …, um mich einzig dem zu widmen, was ihm nützlich und nötig sein kann – wäre es nicht gerecht und billig, mir dafür mit einem anerkennenden Wort Dank zu wissen, zum mindestens einmal im Jahr? Aber vielleicht ist es meine Schuld, es nicht gemacht zu haben wie die meisten Frauen, die, kaum haben sie ein ersehntes Ziel erreicht, gleich wieder ihr Leben in Luxus und Vergnügungen aufnehmen. Ich wollte eine neue Frau werden, um mich der Ehre würdig zu zeigen, die mir damit widerfuhr, seine Frau zu werden, und würdig des Guten, das ich ständig von diesem Mann erfahren habe, dem vollkommen zu sein wohl nichts fehlt als ein wenig mehr Wärme und Herzlichkeit im täglichen Umgang mit jemandem, der kein anderes Glück kennt als ein freundliches Wort aus seinem Munde ...«

Das sind erschütternde, bittere Zeilen. Der Streit um das Personal war natürlich nur ein Vorwand – Giuseppina mußte um diese Zeit befürchten, ihr Mann habe mehr als eine Vorliebe für die Sopranistin Teresa Stolz gefaßt. Aber diese Zeilen zeigen auch, wie sehr sie Verdi immer noch dankbar war für das, was er für sie getan hatte.

Beider Zusammenleben war nicht unproblematisch. In Paris, wohin er ihr nachreiste, machte es natürlich kein Aufsehen. Sie lebten in einem Haus in Passy zusammen, damals noch ein ländlicher Vorort der französischen Hauptstadt. Aber in der Kleinstadt Busseto war es etwas anderes, wenn zwei Leute unverheiratet zusammenlebten.

Verdi, der sehr sparsam war, hatte sich von seinen Honoraren und dem Geld, das er für das Nachspielen seiner Opern erhielt, ein Grundstück in Sant'Agata gekauft, aber das dazugehörende Haus, sein späterer Wohnsitz, war noch nicht fertig geworden. So mußte er mit Giuseppina in Busseto wohnen, in einem großen Palazzo mitten im Ort an der großen Hauptstraße gelegen. Das gab natürlich Klatsch und Querelen, vor allem mit derjenigen Fraktion des Ortes, die dem Komponisten schon immer feindlich gesonnen war. Aber nicht nur – andere nahmen ihm auch übel, daß er, der, wie sie es empfanden, vom ganzen Ort gefördert worden war, der die Tochter eines der angesehensten Männer Bussetos zur Frau gehabt hatte, nun mit einer Sängerin im Konkubinat zusammenlebte. Giuseppinas Leben muß einem Spießrutenlauf gleichgekommen sein; sie wurde gemieden wie eine Aussätzige, wenn sie das Haus verließ. Es gibt sogar heute nicht mehr nachprüfbare Behauptungen, sie sei angespuckt und an den Haaren gezogen worden. Das Gerede schien selbst Antonio Barezzi beeindruckt zu haben. Er muß einen Brief an seinen Schwiegersohn geschrieben haben. Verdi beantwortete ihn und machte ihm seine Position deutlich. In Fragen, die Giuseppina und ihn angingen, ließ er sich nicht hineinreden. Der Brief trägt das Datum vom 21.Januar 1851 und wurde in Paris abgefaßt.

»Sie leben in einer Kleinstadt, die die schlechte Eigenschaft hat, daß man sich häufig in die Angelegenheiten anderer eindrängt und alles mißbilligt, was den eigenen Anschauungen nicht entspricht; ich habe die Gewohnheit, mich in die Angelegenheiten anderer nicht einzumischen, wenn man mich nicht darum bittet, weil ich eben verlange, daß niemand sich in die meinen mengt. Daher kommen Gerede, Klatsch, Mißbilligung. Diese Freiheit des Handelns, die man auch in weniger zivilisierten Kleinstädten achtet, verlange ich als mein gutes Recht auch in der meinen … Da wir dabei sind, Enthüllungen zu machen, fällt es mir keineswegs schwer, den Vorhang aufzuziehen, der die Geheimnisse meiner vier Wände verdeckt, und Ihnen von meinem häuslichen Leben zu sprechen. Ich habe nichts zu verbergen. In meinem Haus lebt eine Dame – frei, unabhängig, die Einsamkeit liebend wie ich, mit einem Vermögen, das sie vor jeder Notlage schützt. Weder ich noch sie sind über unser Tun irgend jemand Rechenschaft schuldig; aber andererseits, wer weiß, was für Beziehungen es zwischen uns gibt? Was sind unsere Geschäfte, was unsere Bindungen, was die Rechte, die ich über sie habe und sie über mich? Wer weiß, ob sie meine Frau ist oder nicht? Und in diesem Fall, wer weiß, was die besonderen Gründe, was die Absichten sind, die Veröffentlichung zu verschweigen? Wer weiß, ob das gut oder schlecht ist? Warum könnte es nicht auch etwas Gutes sein? Und wäre es auch etwas Schlechtes, wer hat das Recht, den Bannfluch gegen uns zu schleudern? Ich will sogar sagen, daß ihr in meinem Haus die gleiche und sogar noch größere Achtung gebührt wie mir, und daß es daran niemand fehlen lassen darf, unter keinerlei Vorwand; und daß sie schließlich darauf jeden Anspruch hat, sowohl wegen ihrer Haltung wie wegen ihres Geistes und ihrer besonderen Rücksicht auf andere, woran sie es niemals fehlen läßt. Mit dieser langen Rede habe ich nichts anderes zu sagen beabsichtigt, als daß ich meine Freiheit des Handelns verlange, weil alle Menschen ein Recht darauf haben und weil sich meine Natur dagegen auflehnt, wie andere zu handeln. Und Sie, der Sie im Grunde so gütig, so gerecht sind und so viel Herz haben, lassen Sie sich nicht beeinflussen und nehmen Sie die Denkart einer Kleinstadt nicht an!«

Dieser lange Brief ist in vielerlei Hinsicht bemerkenswert. Einmal macht er Verdis Bindung an Giuseppina klar, die ihm über alles geht, selbst über sein gutes Verhältnis, ja seine Verehrung Barezzi gegenüber. Die Behandlung seiner Lebensgefährtin durch die Kleinstädter hat er den Bussetanern übrigens nie verziehen. Er machte Schwierigkeiten, als man das kleine Theaterchen in der Rocca nach ihm nennen wollte und ihn anpumpte; sein Krankenhaus ließ er nicht in Busseto, sondern in Villanova bauen.

Aber auch die Verdis begannen, Kleinstadt-Kompromisse zu machen. Giuseppina unterschrieb schon vor ihrer offiziellen Heirat mit »Giuseppina

Verdi«, wie man zum Beispiel aus einer in der Sala Barezzi aufbewahrten Liste entnehmen kann, in der für Verwundete des österreichisch-italienischen Krieges gespendet wurde.

Seine Kompromißlosigkeit in diesem Falle hat Giuseppina ihrem Mann nie vergessen; manches ertrug sie deshalb leichter. Unter seinen Launen hatte ja auch sie nicht allein zu leiden – fast jeder Besucher, wenn er nicht zum kleinen engsten Kreis der Freunde gehörte, wurde dem ausgesetzt, und stets war es Giuseppina, die zu mäßigen versuchte.

Dabei war sie alles andere als »die Frau an seiner Seite«. Sie war gebildet und kenntnisreich, sprach fließend Französisch, Englisch und Deutsch, hatte viel gelesen und wußte sich klug und interessiert zu unterhalten. Im Unterschied zu ihrem Mann war sie auf eine konventionelle Art fromm, deshalb kränkte sie auch besonders, daß sie auf dem Kirchweg von den Bussetanern so geschnitten wurde. Doch trotz alledem war Verdi das Zentrum, um das sie kreiste; ihm, der zu Depressionen und eingebildeten Krankheiten neigte, der sich allzu gern in selbstgewählte Einsamkeit zurückzog, das Leben zu erleichtern, als Dank dafür, daß er sie vor einem schmählichen Lebensweg gerettet hatte, das war ihr großes Ziel. Und es scheint, als habe sie dieses Ziel auch erreicht.

In ihrem Testament machte sie eine Stiftung, von deren Zinsen fünfzig arme Familien unterhalten werden sollten. Es schließt mit den Worten: »Und nun leb wohl, Verdi. Wie wir im Leben vereint gewesen sind, so möge Gott unsere Seelen im Himmel wieder zueinanderfinden lassen.«

Nicht einmal im Testament hatte sie es fertiggebracht, ihn Giuseppe zu nennen.

Schottischer Nebel, deutsche Wälder

Teatro alla Pergola in Florenz

*D*er Verlag Ricordi besaß eine eigene Musikzeitschrift, die er auch gern dazu benutzte, die Werke der eigenen Komponisten herauszustreichen. Manchmal allerdings konnten die Kritiker Skepsis und Spott nicht unterdrücken. Als in dieser »Gazetta Musicale di Milano« sich jemand über »Giovanna d'Arco« lustig machte, wurde Verdi böse und ging zu Ricordis Rivalen Lucca. Er unterschrieb einen Vertrag, der unter anderem eine Oper in London vorsah. Lucca sollte den Stoff aussuchen und dann für die Aufführung sorgen. Verdi schwärmte damals geradezu für Lord Byron (Wer schwärmte damals nicht für ihn?). Nach »I due Foscari« wollte er nun ein zweites Werk des Briten bearbeiten – für London einen britischen Stoff, das schien ja geradezu das Rechte zu sein. »The Corsair« war das Werk, auf das Verdis Wahl fiel. Begeistert beauftragte er Francesco Maria Piave mit einem Libretto und begann auch schon zu komponieren.

Dann nahm der »Attila« sein Interesse in Anspruch – und die Krankheit, die ihn nach Recoaro trieb. Die persönlichen Probleme kamen hinzu: Sollte er sich nun für Giuseppina entscheiden oder nicht? Piave nahm daher an, »Il Corsaro« interessiere Verdi nicht weiter. Wütend antwortete Verdi auf eine entsprechende briefliche Bemerkung, das sei Unsinn. Dennoch aber blieb der Stoff liegen. Große Teile davon allerdings waren wohl schon komponiert. Das erklärt den stilistischen Rückschritt, den »Il Corsaro« dann darstellte, als das Werk tatsächlich erschien.

Eine Oper für London – nur Carl Maria von Weber war bisher die Ehre widerfahren, einen solchen Auftrag direkt aus London zu bekommen. Benjamin Lumley, eine der schillerndsten Figuren der an Blendern nicht gerade armen britischen Musikgeschichte, hatte diesen Auftrag vergeben; Francesco Lucca war sein Agent in Italien. Folglich war der Auftrag über ihn gelaufen und diente ihm als Köder, mit dem er den Fisch Verdi auch für einige andere Werke für sein Verlagshaus fangen wollte.

Lumley war nicht übertrieben an »Il Corsaro« interessiert, auch Lucca redete Verdi das Projekt eher aus als ein. Und als Verdi sich in Recoaro mit dem italienischen Schiller- und Shakespeare-Übersetzer Andrea Maffei anfreundete, verlor er langsam die Lust an der Byron-Bearbeitung und legte sie beiseite, um sie erst 1848 wieder hervorzuholen. Maffei brachte ihm vor allem Schiller näher, Shakespeare hatte er ja immer schon geliebt. »Die Räuber« waren es, denen nun sein Interesse galt. Er begann mit der Arbeit, legte sie aber schnell in die Schublade, als ein Angebot aus Florenz kam. Der Stoff war schnell gefunden: »Macbeth«, eine Oper, mit der er Neuland betreten sollte. Felice Varesi stand zur Verfügung, der hochberühmte Bariton, und ihm wollte Verdi die Titelrolle geben. Es sollte nicht die letzte große Verdi-Partie sein, die Varesi aus der Taufe hob – Rigoletto und der (enttäuschende) Giorgio Germont in der ersten Fassung von »La Traviata« waren andere Premierenrollen des Sängers. Da gerade keiner der guten Tenöre zu haben war (Moriani schien die Stimme verloren zu haben, Gaetano Fraschini war nicht frei), sollte die Tenorpartie nur klein werden. Wichtig war das finstere Mörderpaar.

Ein anderer Shakespeare-Stoff war bei der Planung des »Macbeth« auch wieder kurz aufgetaucht, jener Stoff, der Verdi sein ganzes Leben lang faszinierte, den er aber nie verwirklichte: »King Lear«. Den Plan griff er immer wieder auf und ließ er immer wieder fallen. Im Lichte seiner persönlichen Erfahrungen kann man, denke ich, leicht verstehen, was Verdi am »King Lear« so faszinierte. Die Geschichte eins Vaters und seiner treuen und untreuen Töchter mußte echter Verdi-Stoff sein. Vor allem die Schlußszene hatte es ihm angetan – der alte Lear mit seiner toten Tochter auf den Armen. Er vergab Aufträge für Libretti, hatte angeblich zwei fertige Textbücher in der Schreibtischschublade, schreckte aber vor der Komplexität der Vorlage immer wieder zurück. Je älter er wurde, desto weiter entfernte sich der »Lear« aus seinem Gesichtskreis. Franz Werfel, der Schriftsteller und Verdi-Kenner (er übersetzte »La forza del destino« und »Simon Boccanegra« ins Deutsche) glaubte in seinem Buch »Verdi, Roman der Oper« sogar, es gebe eine fast vollendete Partitur, die Verdi aber vernichtet habe. Das erscheint angesichts der Ökonomie, derer sich vor allem der ältere Verdi befleißigte, fast undenkbar. Unwahrscheinlich auch, daß Verdi Angst bekommen habe vor Modernismen, Vorgriffen in die Musik des zwanzigsten Jahrhunderts, in die Atonalität – dergleichen hatte er schon in früheren Werken unternommen, ohne sich zu fürchten. Man braucht dabei nur an Paganos Tod in »I Lombardi alla prima crociata« zu denken.

Mag sein, daß sich vor einem Hypochonder wie Verdi der »King Lear« wie ein unüberwindliches Gebirge aufbaute, das er sich nicht zu überschreiten traute. Äußere Umstände kamen dazu. Venedig hatte keinen geeigneten Sänger für die Titelrolle zur Verfügung, als er sich zu Zeiten von »Ernani« einmal fest entschlossen hatte. Dann starb 1852 Cammarano, der ihm ein fast fertiges Libretto geschrieben hatte, und auch mit Antonio Somma kam er wieder auseinander, nachdem der ihm eine Vorlage geliefert hatte. Aus den vierziger Jahren gibt es einen lehrreichen Entwurf von Verdis eigener Hand über einen »Re Lear«. Man müsse sich auf acht bis neun Szenen beschränken, schrieb er damals an Cammarano, das genüge und sei nicht viel. »I Lombardi alla prima crociata« enthalte sogar elf, und das habe auch niemand gestört. Er sah fünf Hauptrollen vor: Lear, Cordelia, den Narren, Edmund und Edgar. Zwei weibliche Nebenrollen: Regan und Goneril, wobei man aus der Goneril eventuell eine zweite weibliche Hauptrolle hätte machen können, wohl einen Mezzo. Kent und Gloster sollten zwei mittelgroße Baßpartien sein, vergleichbar etwa dem Walter und dem Wurm in der »Luisa Miller«. Der Rest Nebenrollen. Verdis Treatment dann ist erstaunlich. Es gelingt ihm tatsächlich, die Geschichte auf den Kern zu reduzieren, das Beiwerk zurückzuschrauben. Er fächerte sein ganzes Können auf: Die Oper sollte zwei große Bariton-Sopran-Szenen enthalten (zwischen Lear und Cordelia), Arien für die Hauptrollen, eine Racheszene, Chorszenen wie im »Macbeth«, Szenen für den Bösewicht Edmund, die schon viel von Iago vorwegnehmen – kurz, Verdi war zumindest als jemand, der im Anlegen einer Szenenfolge sein dramatisches Können unter Beweis zu stellen hatte, durchaus fähig, sich auch als Librettist selbst zu behelfen. Er hat dies ja hin und wieder getan. Liest man das ausführliche »Re Lear«-Treatment, bedauert man, daß er nie versucht hat, sich ein eigenes Textbuch zu schreiben. Wie vieles ist da schon angelegt … »È morta, è morta, come la terra è morta!« ruft Lear angesichts der toten Cordelia. Fast wörtlich findet sich das im »Otello« wieder. Überhaupt hat Verdi viel mehr, als man gemeinhin annimmt, von diesem »Re Lear« in andere Opern übernommen, in den »Otello« und vor allem in den »Rigoletto«, der ja in vielem eine Lear-ähnliche Gestalt ist. Die Schlußszene, die er sich für den »Re Lear« ausmalte, findet sich getreulich in »Rigoletto« wieder.

Ob der Verdi der vierziger und fünfziger Jahre imstande gewesen wäre, dem »King Lear« in irgendeiner Weise gerecht zu werden, kann nicht eindeutig beantwortet werden. Nimmt man den »Macbeth« als Maßstab, erscheint es eher zweifelhaft. So gut, ja streckenweise genial diese Oper ist, ihren eigentlichen Wert erhielt sie erst durch die gründliche Überarbeitung in den sechziger Jahren.

Auch für den »Macbeth« stellte Verdi eigenhändig ein Treatment her. Die Oper für Florenz sollte etwas völlig anderes werden als alles, was er bisher gemacht hatte. Diese Absicht gab er ganz klar zu erkennen, wobei ihm von Anbeginn an auch einsichtig war, daß er diesen Wunsch nicht vollständig würde verwirklichen können. »Diese Tragödie ist eine der größten menschlichen Schöpfungen«, schrieb er an Piave, als er ihm seinen Entwurf schickte. »Wenn wir nichts Großes daraus machen können, dann versuchen wir wenigstens etwas zu machen, was außerhalb der Gemeinplätze liegt! Der Entwurf ist eindeutig, ohne Konvention, knapp, kurz. Je kürzer desto höher die Wirkung.« Ceccho würde das alles nicht so liefern können, das wußte Verdi. »Denke daran, daß in den Versen kein unnötiges Wort stehen darf!« ermahnte er ihn und bat: »Vernachlässige mir den ›Macbeth‹ nicht, ich bitte dich kniefällig, wenn nicht mehr. Umsorge ihn für mich und meine Gesundheit, die eben ausgezeichnet ist, aber sofort schlecht wird, wenn du mich beunruhigst!«

Verdi prügelte Piave geradezu von Szene zu Szene, schickte ständig Entwürfe zurück, verbesserte, schimpfte, lobte. Er wollte um jeden Preis Shakespeare gerecht werden, wollte eine Musik schreiben, die dem großen Briten angemessen war – und veränderte dadurch, ohne es zu wollen und ohne sich dessen voll bewußt zu sein, die Form der italienischen Oper. Das herkömmliche Schema Rezitativ, Arie, Cabaletta, das Nacheinander von Arien, Duetten und Ensembles löste er auf, indem er versuchte, zusammenhängende musikalische Szenen zu schreiben, den Shakespearschen Rhythmus auf die Opernbühne zu übertragen. Das gelang nicht vollständig, und das nicht nur, weil Piave sich von den Schemata nicht lösen konnte. Verdi selbst war noch nicht reif dazu. Er wußte, wie man es machen müßte, aber er konnte es nicht vermitteln. »Zum Teufel, weißt du nicht, was die Hexen sagen sollen, wenn Macbeth ohnmächtig wird? Ja, steht es denn nicht bei Shakespeare? Ist denn da kein Satz, der den Geistern der Luft helfen kann, ihn wieder zur Besinnung zu bringen? Oh, ich Unseliger!« schreibt er, aber Piave kapiert nicht so recht. Für ihn ist das alles viel einfacher.

Die italienische Oper der Zeit, eigentlich bis hin zu dieser Oper, hat ihre festen Regeln, gegen die man verstoßen, die man aber nicht in ihrer Gesamtheit umstürzen darf. Es gibt einen Kanon für Komposition und für das Texten. Danach richtet man sich, und worum es in den einzelnen Werken ging, konnte den Beteiligten gleichgültig sein. Britische Puritaner und römische Offiziere, schottische Adlige und zeitgenössische italienische Ärzte drückten sich alle auf dieselbe Art und Weise aus. Es waren nicht nur Hülsen, es war schon mehr, aber man identifizierte sich mit diesen Personen nicht. Und jetzt, bei diesem »Macbeth« sollte das plötzlich anders sein. Verdi vertiefte sich in die Personen, wollte sie zu dem machen, was er sah, mit aller Macht. Und mit aller Verzweiflung erkannte er – es ging nicht. »Dein Drama will ich nicht um alles Geld der Welt!« schrieb er. Keine sehr liebenswürdigen Worte für einen Textdichter. Aber Piave wußte, wie es gemeint war; und als der Rauch sich verzog, hatte er doch ein für seine Verhältnisse anständiges Libretto zusammengezimmert.

Verdi hatte sich in jenen Tagen auch einen Schüler zugelegt, Emanuele Muzio, den »treuen Muzio«, der ihm mehr Laufbursche, Adlatus und Sekretär als Schüler war. Er sollte auch der einzige bleiben, der sich jemals rühmen durfte, bei Verdi gelernt zu haben. Muzio war sich der Ehre natürlich bewußt und machte sich schon frühzeitig Aufzeichnungen über das Leben im Hause Verdi, das damals noch ein Ein-Personen-Haushalt war. Ihm gegenüber zeigte sich der Komponist überraschend optimistisch, plante gar eine ganze Reihe von Shakespeare-Opern, wenn dieser »Macbeth« gelingen sollte. »The Tempest«, »King Lear« und »Othello« sollten die nächsten sein. Getreulich beschrieb Muzio auch Verdis Tages- und Arbeitsablauf. Wie bei einem insgesamt sehr gründlichen Menschen nicht anders zu erwarten, war er bei Verdi bestens durchstrukturiert und -organisiert. Er lebte trotz des zeitlichen Drucks äußerst regelmäßig. Am Vormittag wurde komponiert, dann wurde gut gegessen, dann spazierengegangen und des Nachmittags regelmäßig Billard gespielt. Noten schrieb Verdi nach dem Essen keine mehr auf.

Als er zur Vorbereitung der Oper in Florenz eintraf, wurde er umschwärmt wie noch nirgendwo sonst. Seine treuesten Bewunderer säßen am Arno, sagte er später einmal. Er wurde in den Salons herumgereicht, was er nicht nur genoß, und er war das Tagesgespräch der Stadt. Nur die italienischen Patrioten waren böse auf ihn. Italien brauche weitere Opern im Stile des »Attila«, schrieb ihm der Dichter Giusti, den er bei der Gräfin Maffei in Mailand kennengelernt hatte. Mit »Macbeth« habe er sich in eine Welt begeben, die den Bestrebungen des heutigen Italiens nichts nutzen könne. Verdi sah das genauso – aber gerade das wollte er, wollte gerade zeigen, daß er nicht nur patriotischen Lärm anstimmen, sondern auch den Nebel schottischer Wälder und Berge musikalisch auf die Bühne zaubern könne. Für Patriotismus bliebe später noch Zeit.

Mit den Sängern arbeitete Verdi wie ein Wilder. Es mag sein, daß damals zum ersten Mal ein Hauch von Regie durch die Probenräume des Teatro alla Pergola wehte. Sophie Löwe war für die eigentliche Hauptrolle, die Lady Macbeth, vorgesehen, hatte aber einen Fürsten geheiratet und nun anderes im Kopf, als sich die Stimme mit dieser mörderischen Partie zu ruinieren. Sie wurde durch Marianna Barbieri-Nini ersetzt, und aus deren Feder gibt es eine Beschreibung der Probenzeit: »Mehr als hundert Klavier- und Orchesterproben des ›Macbeth‹ wurden abgehalten. Verdi war nie zufrieden und verlangte, daß die Sänger ihre Rollen immer konzentrierter wiedergaben. … So unglaublich es klingt, das Duett ›Fatal mia donna‹ mit dem Bariton wurde hundertfünfzig Mal geprobt.«

Es klingt nicht nur unglaublich, es kann gar nicht wahr sein, weil Verdi für so viele Proben nicht lange genug in Florenz weilte. Aber daß ihm daran gelegen sein muß, mehr als das Übliche aus seinen Sängern herauszuholen, ist unbestreitbar. Was er wollte, beschrieb er in einem Brief an Salvatore Cammarano, als in Neapel der »Macbeth« aufgeführt werden sollte. Die Lady sollte von einer berühmten Sängerin, der Tadolini, gegeben werden, aber Verdi war dagegen. »Die Tadolini hat eine gute, schöne Erscheinung; und ich möchte die Lady Macbeth häßlich und böse haben. Die Tadolini singt vollendet; und ich möchte, daß die Lady nicht singt. Die Tadolini hat eine klare, hervorragende, helle, mächtige Stimme; und ich möchte für die Lady eine rauhe, erstickte, hohle Stimme haben.« Für die Hauptszenen, das Duett Macbeth-Lady Macbeth und die Nachtwandlerszene, verlangte er: »Diese Stücke dürfen absolut nicht gesungen werden. Man muß sie mit einer recht hohlen und verschleierten Stimme darstellen und deklamieren. Ohne das kann es keine Wirkung geben.« Felice Varesi, dem Darsteller der Titelrolle in Florenz, gab er die Anweisung, den Beginn des großen Duettes nicht zu singen, sondern zu sprechen.

Regieanweisungen dieser Art wären für Bellini oder Donizetti unvorstellbar gewesen, ihre Sänger hätten sich auch nicht daran gehalten – kaum einer vermutlich hätte es auch gekonnt. Verdi gab mit dem »Macbeth« in der Tat der italienischen Musik »eine neue Richtung«, wie er sich dem Impresario des Teatro alla Pergola gegenüber ausdrückte. Interessant daran ist, daß weder im Publikum noch bei der Kritik nach der Premiere jemand etwas davon merkte. Die Vorwürfe, er zerstöre die italienische Musik oder gebe ihr eine neue Richtung, wurden erst nach dem wesentlich konservativeren, fast rückschrittlichen »Il Trovatore« laut.

Weil er »Macbeth« für seine bislang wichtigste Oper hielt, widmete er sie seinem Schwiegervater, Freund, Gönner, Unterstützer Antonio Barezzi.

Am 14. März 1847 fand die Premiere statt. Tout Florence war anwesend, und es war der erwartete Erfolg. Obwohl die Florentiner dieser nordischen, düsteren, so ganz und gar unitalienischen und auch ungewöhnlichen Geschichte aus einem neblig wabernden mythischen Alt-Schottland nicht viel abzugewinnen wußten, zeigten sie sich begeistert. Man hatte ja nicht alle Tage einen Verdi mit einer veritablen Uraufführung in seinen Mauern. Verdi war etwas enttäuscht, er hatte sich mehr erwartet, er sah aber wohl auch, woran es lag. All das war noch zu konventionell geschrieben und gesungen und stimmte einfach nicht.

»Da sind verschiedene Stücke entweder schwach oder ohne Charakter, was noch schlimmer ist!« notierte Verdi 1865, als er den »Macbeth« wieder in die Hand nahm, um ihn nochmals gründlich zu bearbeiten. Dieser Oper hatte immer eine ganz besondere Liebe gegolten – er machte nur selten Ausnahmen mit seiner Verachtung für alles, was vor dem »Rigoletto« lag. Er fügte für Paris einiges ein, verbesserte auch manches, ließ auch das eine oder andere weg; bis auf das unsägliche Ballett, das nur die Herren vom Pariser Jockey-Club begeisterte, ist alles in die heute übliche Fassung aufgenommen worden. Besonders wichtig sind die Chornummern vor Macduffs Klage um seine verlorenen Kinder, in der das »unterdrückte Vaterland« besungen wird (das ist also kein Hinweis auf Italien, das schon geeinigt war, als diese Takte komponiert wurden!), und die Ersetzung einer unbedeutenden, banalen Cabaletta der Lady durch die große Szene »La luce lange«, einem der Höhepunkte der Partitur. Insgesamt aber macht das die Brüche der Partitur nur noch augenfälliger. »Macbeth« ist eine jener Opern, in denen sich Momente höchster, erschütterndster Wahrhaftigkeit und Genialität (wie z.B. die einzige echte Arie des Protagonisten, »Pieta, rispetto, amore«, der Ausdruck tiefster, verzweifeltster Einsamkeit und Verlassenheit, der Verdis Mitleid auch mit einem im Blut watenden Mörder deutlich macht) mit Augenblicken grenzlosester Banalität und Trivialität bunt mischen (z.B. der Schluß oder Malcolms Auftritt). Aber darin ist »Macbeth« mit dem »Fliegenden Holländer«, dem »Freischütz« oder »Fidelio« verwandt. Und genau diese Mischung macht diese Oper so erregend. Es ist kein Wunder, daß Verdi sie so sehr liebte, machte sie ihm doch seine Möglichkeiten und Grenzen so deutlich wie keine andere zuvor.

Doch jetzt drängte London immer mehr; Verdi schnappte sich wieder Andrea Maffei, frisch geschieden von der Mailänder Intima des Komponisten, Gräfin Clara Maffei. Und Maffei verfaßte das Buch zu »I masnadieri«. Eine Oper nach Schiller mit dem besten italienischen Kenner des Deutschen als Textdichter, das zeigt, wie hoch Verdis Ansprüche inzwischen geworden waren. »Die Räuber« waren schon einmal 1836 zu einer Oper verarbeitet worden – Mercadante war der Komponist von »I Briganti«, einer mittelmäßigen, konventionell gestrickten Oper. Maffeis Libretto ist wesentlich besser, dennoch bleibt es nach »Macbeth« ein Rückschritt, auch, weil Verdi musikalisch wieder hinter seine Shakespeare-Vertonung zurückgeht, und das nicht nur, weil er sich mit den deutschen Wäldern schon vor den schottischen Hochebenen beschäftigt hat. Lumley und Her Majesty's Theatre können mit einer Luxusbesetzung prunken. Luigi Lablache, der napoletanische Baß, als Buffo und ernster Sänger gleichermaßen einsetzbar und bejubelt, sollte den alten Moor singen – und die primadonna assoluta war die »schwedische Nachtigall« Jenny Lind, ein leichter Sopran mit sicheren Koloraturen, die, laut Muzio, »dazu neigte, ihre Technik in Fiorit“uren, Gruppetti und Trillern zu demonstrieren«, was etwas old fashioned, aber immer noch beliebt war. Verdi machte seine artige Verbeugung vor dem Star, indem er an einer Stelle die Kadenzen für die Amelia der Sängerin überließ – Jenny Lind durfte ihre eigenen erfinden und als ihr Eigentum betrachten.

Verdi reiste über Paris an; er blieb dort nur zwei Tage, nutzte diese aber, um Giuseppina Strepponi wiederzusehen und nachzufragen, was sie zu seinem Brief zu sagen hatte. Wenn das, worüber alle spekulierten, nicht schon vor fünf Jahren passiert war, passierte es jetzt. Jedenfalls reiste der Komponist erheblich erleichtert nach London weiter. Die Stadt gefiel ihm, trotz des miserablen Wetters und des Smogs. Verdi wird gefeiert, das königliche Opernhaus von Covent Garden setzt, Lumley zum Possen, »I due Foscari« (mit der Ouvertüre von »Giovanna d'Arco«!) und »Ernani« auf den Spielplan. Die Königin will Verdi sehen, doch der drückt sich davor und schützt eine Krankheit vor. Als bekannt wird, daß Verdi die ersten Vorstellungen selbst dirigieren wird, stürmen die Londoner die Kassen.

Dieses Dirigat wird für ihn eine Premiere – er dirigiert zum ersten Mal mit dem Stab, was in Italien noch völlig ungewöhnlich war, da saß der Komponist, wenn er nicht leitete, neben dem Kontrabaß, um schnell zum Ver-

111

beugen auf die Bühne zu springen, wenn es gewünscht wurde. Verdi sollte sich die neue Art schnell angewöhnen. Am 22. Juli 1847 fand die Premiere statt, in Anwesenheit des gesamten britischen Parlaments, das in vollem Ornat gekommen war, so daß niemand, der hinter den ehrwürdigen Herren saß, auch nur ein wenig von dem sah, was sich da auf der Bühne abspielte. London reagierte enthusiastisch, obwohl »I Masnadieri« von der Presse zu recht nicht gerade als Meisterwerk hingestellt wurde. Seitdem aber ist die britische Hauptstadt einer der festesten Stützpfeiler in Verdis Empire. Lumley bot ihm einen glänzenden Kontrakt an, wenn er für immer in London bliebe. Verdi versprach, es sich zu überlegen, aber Lumleys Interesse ließ nach, als Covent Garden, die Konkurrenz, mitten in diese Denkpause hinein pleite ging.

Die Oper war seither nicht besonders erfolgreich, und dies nicht zu unrecht. Die Geschichte ist zu kompliziert, um ein logisches Libretto zu ergeben, und die Rücksicht, die Verdi auf Jenny Lind nahm, hat der Amalia zwar Gelegenheit zum Prunken gegeben, den Charakter aber auch eindimensionaler gemacht. Ihre Arien sind brillant, bestehen aus schnellen Läufen und Koloraturen, aber da die Lind unterhalb der Mittellage nichts mehr zuwege brachte, mußte Verdi große Teile des Stimmumfangs eines Soprans außen vor lassen. Auch in den anderen Partien ist einiges banal und konventionell, beispielsweise die große Szene des Massimiliano Moor oder das Liebesduett Carlo-Amalia. Daneben aber stehen Stücke von hohem Reiz: Francescos erste große Szene weist mehr als deutlich in die Richtung des Iago, seine Heuchelei und Verworfenheit werden mit ähnlichen musikalischen Mitteln dargestellt, und vor allem die Finali zeigen, in welche Richtung sich dieser Komponist noch entwickeln wird. Sie verlassen die herkömmlichen musikalischen Formen und werden zu völlig eigenständigen Gebilden. Beachtenswert noch das Cello-Solo im Vorspiel – dergleichen sollte man erst beim reifen Verdi wieder hören.

Nach der zweiten Vorstellung der »Masnadieri« verläßt Verdi London. Seine Gesundheit, sagt er, aber es ist etwas anderes. Er reist nicht heim nach Italien, sondern nur bis Paris. Sein Ziel heißt Giuseppina Strepponi, und vom Sommer 1847 bis zu ihrem Tode leben sie nun gemeinsam, zunächst in einem kleinen Häuschen in Passy, das beide mit viel Liebe in diesem Sommer ausstaffieren. Doch zur Ruhe kommen sie nicht. Lucca quengelt aus Italien, er will endlich die ihm vertraglich zugesicherte Oper. Verdi verspricht, ihn mit ›Il Corsaro‹ zufriedenzustellen. Und da er sich schon in Paris befindet, machen ihm zwei Herren von der dortigen Oper aufdringlichst den Hof. Die Messieurs Roqueplan und Duponchel wollen auch einen echten Verdi haben. Den beiden kann schnell geholfen werden. Er nimmt sich »I Lombardi alla prima crociata« noch einmal vor. Der Text wird geändert, das Werk spielt jetzt unter französischen Kreuzrittern, aus dem Sarazenen Oronte wird der Ritter Gaston, die Rolle wird vergrößert, er taucht schon im ersten Teil auf, aber ansonsten bleibt alles fast unverändert, auch die Noten. Verdi fügt ein neues Vorspiel, einen Sonnenaufgang und etwas Schlachtmusik ein, sonst tut er nicht viel. »Jérusalem« heißt die Oper nun. Vergleicht man sie mit »I Lombardi alla prima crociata«, stellt man eindeutig fest, daß sie zwar gekonnter, glatter und weniger aufdringlich patriotisch ist, aber es fehlt ihr der brutale, unwiderstehliche Reiz, den die kreuzfahrenden Lombarden hatten. Das Ungeschlachte, Naiv-Elementare ist so weit zurückgeschraubt worden, daß die Oper kühl und effektlos wirkt. Der Vorwurf, »I Lombardi« wirke nur, weil das Werk so pathetisch und patriotisch sei, ist eben doch nicht von der Hand zu weisen.

Die Premiere von »Jérusalem« fand am 26. November 1847 statt und war kein Erfolg. Kein Geringerer als Gilbert Duprez, der Erfinder des hohen Brust-Cs, sang den Gaston. Aber das Publikum war mit ihm höchstlichst unzufrieden, übrigens auch mit Verdi. Paris hätte es verdient, fand man, wenn der Komponist etwas Exklusives für das Opernhaus geschrieben hätte. Das hatte allerdings noch seine Zeit …

Unterdessen verhandelte Verdi heftig mit der Gemeinde Villanova; es ging um das Landgut von Sant'Agata, das er so schnell wie möglich beziehen wollte, weil er in Passy das Landleben wieder lieben gelernt zu haben glaubte. Und er verhandelte weiter mit Lucca. »Il Corsaro« (»Der Korsar«) scheint er auf den ersten Blick mehr als eine Pflichtübung betrachtet zu haben. Er besaß ja schon das Libretto, und aus dem ersten Teil war vieles bereits komponiert. Es ist eine typische Byron-Geschichte: Corrado, der Korsar, ist der unerbittliche Gegner der Gesellschaft – warum, weiß man nicht so recht. Er verläßt seine Geliebte Medora, um mit den Muselmanen Krieg zu führen. Die Türken unter Pascha Seid wollen die Korsaren vernichten. Verkleidet schleicht sich Corrado unter sie, die List gelingt fast, doch seine Galanterie, die Frauen aus dem brennenden Harem retten zu lassen, bringt ihn in Seids Gefangenschaft. Gulnara, die Lieblingssklavin Seids, fleht vergebens um sein Leben. Seid wird eifersüchtig, mit Recht. Gulnara ermordet ihn im Schlaf und flieht mit Corrado. Sie wollen zum Felsennest des Korsaren zurückkehren, wo Medora inzwischen aus Angst, er werde nie mehr heimkehren, Gift genommen hat. Es reicht gerade noch für ein Terzett, dann stirbt Medora und Corrado stürzt sich verzweifelt von einem Felsen ins Meer.

Es mochte dem Verdi nach dem »Macbeth« unverständlich sein, wie er vor dem »Macbeth« von einem solchen Stoff begeistert sein konnte. Aber er bleibt professionell und gibt sich Mühe, auch wenn er später meinte, er habe diese Oper »ohne wirkliche Begeisterung komponiert«, um sich eines »lästigen Verlegers« zu entledigen, und daher »fehlt ihr die Inspiration«. »Il Corsaro« ist sicherlich eine der schwächsten Opern Verdis, aber einiges steht doch weit über dem Durchschnitt. Zum Beispiel der Beginn der Gefängnisszene im dritten Akt oder das Duett Corrado-Gulnara, das völlig losgelöst von konventionellen Vorstellungen nur noch die Stimmungen der Beteiligten widerspiegelt. Julian Budden weist mit Recht darauf hin, daß im zweiten Akt, genauer im Largo concertato »Audace cotanto mostrarti pur sai?«, wenn Corrado erkannt worden ist, Verdis »intimere Stilperiode« beginnt, die dann ihren ersten Höhepunkt in »Luisa Miller« findet, obwohl Verdi sich die Technik, die Szene aus einer einzigen rhythmischen Zeile zu entwickeln, bei Donizetti abgeschaut hat. Auch anderes von Bedeutung findet sich in diesem Werk: ein witziges Duett zwischen Corrado und Seid, in dem der Corsar als Derwisch verkleidet gar fürchterlich priesterlich winselt; oder das psychologisch meisterhaft gestaltete Duett zwischen Seid und Gulnara. Anderes wirkt einfach dadurch, daß man meint, es schon hundertmal gehört zu haben, altbacken und abgestanden. Was für »Nabucco« gut war, muß Jahre später nicht mehr funktionieren.

Die Premiere sollte ursprünglich im Frühjahr 1848 stattfinden, es kam aber erst am 25. Oktober im Teatro Grande in Triest dazu. Die Besetzung war hervorragend, Gaetano Fraschini, ein Tenor, den Verdi sehr schätzte, sang den Corrado, die Barbieri-Nini wechselte von der Lady Macbeth zur Gulnara, Achille de Bassini war der Seid. Verdi war nicht anwesend, was ihm die Presse sehr übelnahm. Auch das Publikum war nicht übertrieben begeistert. »Il Corsaro« verschwand schnell wieder vom Spielplan und wurde auch von anderen Opernhäusern kaum übernommen.

Allerdings hatte Italien 1848 auch andere Sorgen.

114

Musik mit Helm

»VivaVERDI« als Symbol des Widerstands gegen die Österreicher

Am 24. Februar 1848 war es in Paris losgegangen, und es schien, als habe es in weiten Teilen Europas nur dieses Anstoßes bedurft. Wie ein Lauffeuer breitete sich die Revolution aus. Die Rolle Italiens dabei darf man nicht unterschätzen. Neben der sich zuspitzenden sozialen Frage und der gigantischen Mißwirtschaft waren auch die zaghaften und weniger zaghaften Liberalisierungstendenzen in den einzelnen italienischen Staaten auslösende Momente. In Piemont und der Toscana kamen Liberale in die Regierungen; das Verkehrsnetz wurde ausgebaut, vor allem die Eisenbahn, und das förderte das Zusammengehörigkeitsgefühl der Italiener nur noch mehr. Staaten, die sich von solchen technischen Errungenschaften und den neuen Freihandelszonen fernhielten, wie Neapel-Sizilien, förderten dadurch die revolutionäre Situation, die sie vermeiden wollten, nur noch mehr. Schon im September 1847 hatte es in Messina auf Sizilien den ersten blutig niedergeschlagenen Aufstand gegeben.

Neue Zeitschriften wurden gegründet, darunter in Piemont »Il Risorgimento«, das Blatt, das der ganzen Bewegung den Namen geben sollte. Einer der Wortführer war Camillo Graf Cavour, der die italienische Einigung dann von oben nach unten herbeiführen sollte.

Es kam zu Demonstrationen. Die Stimmung wurde gereizter, die Gemäßigten fürchteten um das bereits Erreichte. Der Funke im Pulverfaß war der Aufstand von Palermo am 12. Januar. Am Geburtstag des Königs erhoben sich erstmals alle Stände, und das Königreich beider Sizilien brach wie ein Kartenhaus zusammen. Der Papst hatte sich noch nicht so recht entschieden – verbal begrüßte man die Revolution, heimlich betrieb man bereits den Rückzug und konspirierte mit den Habsburgern, die mit einem Aufstand in den italienischen Provinzen natürlich schon rechneten. In Venedig brach er am 17. März los, einen Tag später begannen in Mailand die berühmten »Cinque Giornate«, die »Fünf Tage von Mailand«. In ungeheuer blutigen Straßenkämpfen trieben die Insurgenten die Österreicher aus der Stadt, trotz der Tatsache, daß der 82jährige Feldmarschall Radetzky auf der Gegenseite das Sagen hatte. In Parma und Modena ging es nicht anders – ganz Norditalien schien plötzlich in der Hand der Aufständischen. Doch Radetzky zog seine Truppen zusammen; Piemont griff nur zögerlich auf Seiten der Städte ein, dennoch wurde das Land dadurch für die folgenden Jahre zur Führerin der italienischen Einigungsbewegung, trotz der schweren Fehler, die seine Herrscher noch machen sollten. Selbst Mazzini, wieder in Mailand, stellte sich hinter den Turiner König.

Auch Verdi hatte es nicht in Paris gehalten. Er war nach Italien, nach Busseto, zurückgekehrt. Von dort aus schrieb er an Piave, der sich im aufständischen Venedig als Nationalgardist versuchte: »Ehre sei Italien, das in diesem Augenblick wahrhaft groß ist! Die Stunde seiner Befreiung hat geschlagen, davon sei überzeugt. Das Volk will es so; und gegen den Willen des Volkes kann keinerlei Macht bestehen. Sie (die Österreicher) können alles tun, alle Anstrengungen machen, die sie nur wollen, sich da mit Gewalt durchzusetzen, versuchen, aber es wird ihnen nicht gelingen, das Volk um seine Rechte zu betrügen. Ja, jawohl, noch ein paar Jahre, vielleicht ein par Monate, und Italien wird frei sein, vereint, republikanisch. ... Es gibt, es darf nur eine Musik geben, die den Ohren der Italiener von 1848 gefällt: die Musik der Kanonen! ... Für alles Gold der Welt schriebe ich nicht eine Note: Ich hätte die größten Gewissensbisse, Notenpapier zu benutzen, aus dem man so gute Patronen machen kann. ... Ich habe jetzt nicht mehr die Miene, die dich in Schrecken versetzte! Ich bin trunken vor Freude! Stell dir vor, daß keine Deutschen mehr da sind!! Du weißt, was für eine Sympathie ich für sie hatte!«

Deutsche und Österreicher sind ihm, wie schon gesagt, eins – in der nächsten Oper, die er natürlich dennoch komponieren wird, nennt er die Deutschen nun Österreicher! Aber auch sonst ist dieser Brief interessant, weil er seine damalige politische Einstellung deutlich macht. Italien als freie, vereinte Republik – Verdi stand hier noch voll auf der Seite Mazzinis. Später wurde er dann ein gemäßigter Monarchist.

Während Frankreich versuchte, sich zum ersten Mal vorsichtig in die norditalienischen Belange einzumischen, schlug Habsburg daheim und auch in Italien ruhig und bedächtig zu. Prag fiel den Horden des Fürsten Windischgrätz in die Hände, Radetzky schlug bei Vicenza die Aufständischen und holte sich das Veneto zurück. Bei Custozza besiegte er die Piemonteser Truppen, Mailand war verloren, am 6. August zogen die Besatzer wieder ein. Mazzini und Verdi hatten sich schon vorher in Sicherheit gebracht. Ende Juli war der Komponist schon wieder in Paris und bekam dort die letzten Ausläufer des Bürgerkrieges mit. Ende Juni war es zu zwei großen Arbeiteraufständen gekommen, die unteren Klassen hatten sich erstmals organisiert gegen die oberen Klassen gewendet, die bislang ja die Revolutionen zu machen pflegten. Die Arbeiter wurden unter dem Jubel des Bürgertums von General Cavaignac zusammenkartätscht. Verdi war erschüttert über das, was er zu sehen bekam, und er gab diese Erschütterung auch in einem Brief an Piave weiter, der sich im Ton völlig von dem vorhin zitierten unterscheidet: »Ich weiß nicht, wie lange ich in diesem Chaos bleiben werde. Hast du von dieser letzten Revolution gehört? Wie viele Schreckenstaten, mein lieber Piave! Gebe der Himmel, daß alles vorbei ist! Und Italien? Armes Land!!! Ich lese die Zeitungen und lese sie immer wieder, indem ich stets auf eine gute Nachricht hoffe, aber … Ich erschrecke, wenn ich einen Blick auf Frankreich und dann einen auf Italien werfe …«

Als die Niederlage immer klarer erkennbar wurde, radikalisierte sich die Bewegung. In Rom wurde der Papst vertrieben; Pius IX. wandte sich nun, im Exil von Gaeta, endgültig von Italien ab – sein geliebtes Volk hatte ihn davongejagt! Schuld daran seien, wie es ihm sein Kardinal Antonelli immer wieder gesagt hatte, nur die Liberalen. Fürderhin würde er diese Gottesleugner bekämpfen wie die Pest. Er begann gleich damit und setzte wenigstens ihre Bücher auf den Index, auch die Schriften Rosminis. Wer sich mit der sozialen Frage beschäftigte, sollte in Zukunft im Patrimonium Petri wissen, woran er war. Die Obrigkeit würde mit harter Hand durchgreifen. Vom restlichen Italien wollte man nichts mehr wissen.

Im papstlosen Rom rief man die Republik aus; anderswo vertriebene oder frustrierte Revolutionäre fanden sich hier nach und nach ein. Auch das Theater wollte im revolutionären Taumel nicht abseits stehen. Das Teatro Argentina bestellte bei Verdi eine revolutionäre Oper. Daß er auf der richtigen Seite stand, hatte er ja erst jüngst bewiesen, als er die Hymne »Suona la tromba« von Goffredo Mameli vertonte. »Möge diese Hymne zwischen der Musik der Kanonen bald in der lombardischen Ebene erklingen!« hatte er an Mazzini geschrieben, als er ihm die Noten schickte. Er vergaß aber auch nicht, die Adresse seines Verlegers beizulegen, falls Mazzini das Werk einer Drucklegung für würdig erachtete …

Aber Hymnen waren Verdis Sache nicht. Die nationale Begeisterung, die Mameli, Dichter und Adjudant Garibaldis, in seinen Versen ausdrückt, gelang ihm auf der Bühne weitaus besser. Salvatore Cammarano schrieb ihm das Libretto; die beiden hatten eigentlich schon zu einer Produktion für das Teatro San Carlo in Neapel zusammenkommen sollen, aber Verdi liebte Neapel nicht, so verschob er das Projekt. Cammarano hatte eine französische Vorlage bearbeitet, Mérys »La bataille de Toulouse«. Verdi schrieb also in Paris eine Oper nach einem französischen Stück für die italienische patriotische Bewegung: »La battaglia di Legnano« (»Die Schlacht von Legnano«). Aus der Geschichte aus dem hundertjährigen Krieg bei Méry wird bei Cammarano eine Episode aus dem Krieg der norditalienischen Städte gegen Friedrich Barbarossa. Am 27. Januar 1849 hatte die Oper in Rom Premiere, das Publikum jubelte, die revolutionäre Begeisterung kannte keine Grenzen, das Theater wurde gestürmt. Verdi war jetzt wirklich das geworden, was Rossini einmal spöttisch-abfällig mit »Musiker mit Helm« bezeichnet hatte. Dem kosmopolitischen Komponisten aus Pesaro, der in Paris saß und seine echten und eingebildeten Krankheiten pflegte, mußte dergleichen Verhalten ja auch suspekt erscheinen. Die Welt, die Verdi da mit seiner Musik zugrunde richten half, war schließlich die Welt Rossinis. In der neuen fand er sich nur schwer zurecht.

»La battaglia di Legnano« ist eine geschickt gemachte Oper, ohne Zweifel. Sie enthält eine rührende Liebesgeschichte und viel nationales Brimborium. Mailand ist in Aufregung, aus ganz Italien strömen die Rittersleut' zusammen, um gegen Barbarossas Truppen, die hier stets »austriaci« (Österreicher) genannt werden, in den Kampf zu ziehen. Darunter ist auch Arrigo (Tenor), der für tot gehalten worden ist. Rolando (Bariton), sein Freund, ist mehr als erfreut, ihn lebend wiederzusehen, obwohl er, Rolando, Lida (Sopran), die ehemalige Verlobte Arrigos geheiratet hat. Es kommt zu einem dramatischen Auftritt zwischen Lida und Arrigo. Dennoch machen Tenor und Bariton weiterhin gemeinsame Sache, wenn es um die Freiheit geht. In Como, wohin uns der zweite Akt führt, versuchen sie die zaudernden Bürger zur Teilnahme am Kampf gegen Barbarossa zu bewegen. Dieser (Baß) tritt persönlich auf und schleudert den versammelten Bürgern seinen ganzen teutonischen Größenwahn an den Kopf. Das nächste Bild nun trieb die Römer ins revolutionäre Delirium: In der Krypta von Sant'Ambrogio, der ältesten und schönsten Kirche Mailands, schwören sich die Soldaten, ihre Heimat zu befreien. Das Publikum brach in Hochrufe auf Verdi und Italien aus, selbst die nun folgende sehr konventionelle Ehebruchsgeschichte konnte sie nicht mehr daran hindern, denn der von Rolando vermeintlich ertappte Arrigo bricht in die Arie »Viva Italia!« aus. Erneutes Delirium des Publikums, das sich noch verstärkte, als im letzten Akt Arrigo zwar sterbend hereingetragen wird, aber kundtut, daß er eigenhändig Barbarossa erschlagen hat, die Fahne küßt und verscheidet. Der ganze dritte Akt mußte bei der Premiere wiederholt werden.

Das ist natürlich historischer Unsinn, schließlich ist Barbarossa beim Kreuzzug ertrunken, aber Verdi/Cammarano erreichten, was sie damit erreichen wollten. Verdi war plötzlich *der* politische Komponist der Revolutionsjahre. Damals entstand der Brauch, den Ruf »Viva Verdi!« als patriotisches Bekenntnis zu benutzen – damals wurde er noch nicht, wie später, auf Vittorio Emanuele gemünzt. Aber es bleibt festzuhalten, daß Verdi auch hier, trotz der pathetischen Vorlage, niemals sich selbst verrät und billige Mittel benutzt. Er kontrollierte seine Arbeit stets. Dennoch konnte er nicht verhindern, daß die Oper auseinanderfällt – in das private Drama der beiden Männer um dieselbe Frau und in den patriotischen Teil. Beide Teile sind zwar miteinander und ineinander verwoben, stehen aber auch musikalisch oft eher nebeneinander. Was ihm später in der »Aida« gelingen sollte, Politik und Privates zu vermischen, erreichte er hier noch nicht. Dennoch birgt die Oper viele Detailschönheiten, wie sie auch insgesamt ruhiger und ausgeglichener, eben »französischer« ist als die anderen revolutionären Werke. Besonders herauszuheben sind die Ouverture mit dem Thema der lombardischen Liga, die musikalische Darstellung von Lidas Unruhe im dritten Akt (man erwartet ständig eine Arie, die dann aber nicht kommt), schließlich Barbarossas Auftritt und das Duett zwischen den beiden Liebenden am Ende des ersten Aktes. Die Wildheit seiner anderen nationalen Werke ist hier geglättet durch den Verstand, ein Weg, den Verdi zunächst noch weiter beschreiten sollte.

Außerhalb Roms darf dieses Werk natürlich nicht gespielt werden, aber die beiden Schöpfer haben es von vornherein so angelegt, daß es relativ leicht umgetextet werden kann. Neuer Schauplatz werden zum Beispiel die Niederlande, die gegen die blutrünstigen Spanier des Herzogs von Alba kämpfen. Da hieß die Oper »L'assedio di Haarlem«.

Als Verdi sich in Rom feiern ließ, wußte er schon, daß Italien für jetzt verloren war. Er reiste nach Paris zu Giuseppina zurück.

Im März 1849 nahm Piemont den Krieg gegen Habsburg wieder auf, nur um ihn gleich bei Novara um so gründlicher zu verlieren. Carlo Alberto mußte ins Exil, sein Sohn Vittorio Emanuele II. durfte die Suppe auslöffeln, die ihm sein Vater eingebrockt hatte. Trotz des harten Friedensvertrages mit Österreich gelang es ihm aber, in der Verfassung klarzustellen, daß Piemont weiterhin eine führende Rolle in der Liberalisierungs- und Einigungsbewegung spielen würde.

Überall sonst kehrten die angestammten Fremdherrscher zurück. Der politische Hasardeur Louis Napoléon wurde in Paris zum Präsidenten gewählt. Trotz seiner großen Sympathien für Italien fühlte er sich der katholischen Kirche verpflichtet und schickte Soldaten gen Rom, dem Heiligen Vater zurück auf den Heiligen Stuhl zu verhelfen. Giuseppe Garibaldi verteidigte die Stadt, mußte der französischen Übermacht aber dann doch weichen. Verdi und Giuseppina mochten daraufhin nicht mehr in Frankreich leben. Sie verließen Paris und richteten sich in Busseto ein.

Also war hinterher alles, wie es vordem gewesen? Mit Sicherheit nicht. Mazzinis Vorstellung »Italia farà da se« war zwar ein Irrtum, Einheit und bürgerliche Freiheit konnten sichtlich nicht auf einen Schlag verwirklicht werden, aber jetzt hatte man plötzlich in Piemont eine Art Führung, der man sich anschließen konnte. Anders als im revolutionären Deutschland wurde die gemäßigte demokratische Bewegung nicht auf Jahre und Jahrzehnte hinaus zerschlagen.

Die wirtschaftliche Entwicklung ging weiter. Der Norden wurde zu einem modernen Industriestaat, wobei sich besonders Genua, Turin, Mailand und Triest hervortaten. Die Toscana modernisierte sich langsam auf dem Gebiet des Bankwesens, mit Venedig ging es wieder aufwärts. Auf der anderen Seite aber bestimmte wirtschaftlicher Niedergang vor allem das Schicksal des Südens. Der zwar nicht reiche, aber doch wohlhabende Norden mit nur wenigen Inseln der Armut (Como, Bergamo, Udine) driftete immer weiter vom völlig verarmenden Süden ab. Politisch war es ähnlich. Trotz der Österreicher, die bis 1856 den Norden mit dem Mittel des Belagerungszustandes regierten, wurden nach und nach Reformen verwirklicht; im Süden stagnierte alles. Resignation aber gab es eine Zeitlang auch im Norden. Verdi war in der Tat einer der wenigen, die die revolutionäre Fahne noch hochhielten, obwohl auch er mit seinen beiden nächsten Opern mehr aufs Private zu zielen schien.

Jetzt mußte er nämlich endlich die Oper für Neapel schreiben. Ein Stoff namens »Die Belagerung von Florenz« wurde ihm von der Zensur schroff abgelehnt. Im heutigen Italien, so der Bescheid, sei für dergleichen kein Platz mehr. Also griff er wieder auf Schiller zurück. Salvatore Cammarano machte aus dessen bürgerlichem Trauerspiel »Kabale und Liebe« in bester napoletanischer Operntradition »Luisa Miller«. Er eliminierte alle Details, vor allem die politischen, und schuf eine geradlinige Liebesgeschichte mit letalem Ausgang zwischen der Tochter eines Musikus und einem jungen Mann der Oberschicht. Die Handlung wurde nach Tirol verlegt, in ein Gebirgsdorf, die Personen zum Teil ihres sozialen Humus beraubt – Wurm und der Präsident sind nur noch schlechte Menschen, sie haben keine politischen Motive mehr.

Trotz der Tatsache, daß mit Cammarano der führende Operndichter der Hafenstadt beteiligt war, spielten sich einige Tragödien und Tragikomödien vor der Premiere ab. Die napoletanische Komponistenschule hatte Verdi immer noch nicht vergeben, und er liebte die Stadt auch nicht besonders. Sie blieb für ihn immer so etwas wie afrikanisch-asiatisches Ausland, eine Empfindung, die viele Norditaliener heute noch befällt, wenn sie in den Süden kommen. Einer der eingeborenen Komponisten hat, erzählt man, den »bösen Blick«; man hält ihn mit Gewalt vom Theater fern, es gelingt ihm aber doch einzudringen, er wirft diesen »bösen Blick« auf Verdi, dem daraufhin beinahe ein Kulissenteil auf den Kopf fällt. Das sind allerdings Randerscheinungen gemessen an der Tatsache, daß das Theater pleite ist und nicht zahlen kann. Verdi will es darüber überhaupt nicht zu Auseinandersetzungen kommen lassen: Kein Geld, keine Partitur, stellt er lakonisch fest. Der Direktor des Hauses, Autokrat in einem autokratischen Staat, will Verdi daraufhin verhaften und ihm die Partitur gewaltsam entreißen lassen. Der schnappt sich seine Noten und flieht auf ein französisches Kriegsschiff, das im Hafen liegt. Dort bittet er für sich und »Luisa Miller« um Asyl, das beiden gerne gewährt wird. Nach diesem Vorfall versucht er bei Ricordi zu erreichen, daß sein Bannfluch auch auf Neapel ausgedehnt wird und man seine Opern dort nicht mehr aufführen darf.

Aber alles ließ sich wieder einrenken, Verdi bekam sein Geld und der Direktor ohne Polizeigewalt seine Partitur. Am 8. Dezember war Premiere, und das napoletanische Publikum war von diesem stillen, sehr leisen und melancholischen Werk sehr angetan. Die Liebesgeschichte von Luisa und Rodolfo, die Sorgen des alten Miller um seine Tochter, die Intrigen des Schloßverwalters Wurm »kamen an« – das Publikum merkte, daß Personen von heute auftraten und keine kostümierten Theaterpuppen. Und daß es Verdi zum ersten Mal von Anfang bis Ende gelungen war, Charaktere auf die Bühne zu bringen. Nach »Macbeth« ist »Luisa Miller« die Oper, in der er seine musikalische Sprache fand. Die Geschichte ist intimer, die Figuren werden individueller. Ab hier ist es so, daß praktisch jede Note nur von der Person, für die sie geschrieben wurde, gesungen werden kann. Die Oper, in vielem noch Donizetti verhaftet, nimmt eine Menge dessen vorweg, was dann später in »La Traviata« vollendet werden wird. In nuce zeigt das die Ouvertüre. Der Gesang hat absoluten Vorrang. Das Terzett am Ende zwischen Luisa, Rodolfo und dem alten Miller läßt gewissermaßen die Zeit stillstehen, ein musikalischer Moment, wie er später in »Il Trovatore« und »Aida« zur Perfektion gebracht wird. Das Sterben in Schönheit, die Liebeserfüllung im Tod, aber ohne das »Tristan«-Pathos, wie es vollendet die

»Aida« zeigen wird, ist hier bereits mehr als nur angedeutet. Der Weg bis dahin wird noch weit sein, aber das größte Stück hat Verdi bereits hinter sich. »Luisa Miller« erleidet aber das Schicksal vieler Werke, die erste Spuren der Meisterschaft zeigen: Was hinterher kommt, deckt sie zu. Die Oper wird leider nur noch sehr selten aufgeführt.

Doch wie immer, wenn Verdi ein Stückchen (und in diesem Fall ist es sogar ein beträchtliches Stück) vorangegangen ist, bekommt er Angst vor der eigenen Courage und geht wieder ein paar Schritte zurück. Nie so weit, um hinter das Erreichte zu treten, aber manchmal kommt er nahe dran. So geschieht es auch mit der auf »Luisa Miller« folgenden Oper. Verdi weist Cammarano zunächst auf ein spanisches Drama hin, »El Trovador«, geht mit ihm nochmals den »King Lear« durch, begeistert sich für Victor Hugos »Le roi s'amuse«, um dann bei einem anderen französischen Stück hängenzubleiben, bei »Le Pasteur« von Souvestre und Bourgeois. Inzwischen hat er Sant'Agata bezogen und beginnt, daraus ein kleines Mustergut zu machen. Aber Ricordi drängt, und da Verdi für Venedig etwas anderes im Sinn hat, an der Scala di Milano und dem Teatro San Carlo keine Premieren mehr haben will, wird das Teatro Grande in Triest zur Uraufführungsstätte ausersehen. Ceccho Piave schreibt das Libretto.

Aus »Le Pasteur« wird »Stiffelio«, eine schon von der Handlung her sehr eigenwillige Oper. Es ist eine Ehebruchsgeschichte aus der Welt protestantischer Pastoren, aus einer Welt also, die weder Piave noch Verdi kannten. Dennoch war es für den Komponisten interessant, zu versuchen, sich dieser Welt zu nähern, und das nicht nur, weil die Vorlage in Paris großen Erfolg auf der Bühne gehabt hatte. »Stiffelio« ist die erste Verdi-Oper, die wirklich in seiner Gegenwart spielt. Die Titelfigur (Tenor), das Haupt einer protestantischen Sekte, muß erfahren, daß Gattin Lina (Sopran) Ehebruch begangen hat. Linas Vater Stankar (Bariton) tötet den Ehebrecher, nachdem der Pastor selbst lange überlegt hat, ob er seinem Glauben untreu werden und die Tat eigenhändig begehen soll. Von Gewissenszweifeln gequält, findet er bei einem Gottesdienst in der Bibel die Stelle von Christus und der Ehebrecherin. Daraufhin vergibt er seiner untreuen Frau. Die Moral der Geschichte mußte dem Moralisten Verdi gefallen. Auch diese Oper liebte er immer sehr und versuchte später, sie umzuändern (zu »Aroldo«). Aber diese Änderung bekam ihr nicht – die Verlegung in die Welt von Rittern nahm ihr Intimität und Stille.

Das Thema entsetzte natürlich die Zensur. Zahlreiche Änderungen wurden durchgesetzt, aus dem ursprünglichen Pfarrer wurde ein »Sektierer«, das Evangelium durfte nicht zitiert werden, die Gläubigen durften beim Beten nicht niederknien, in der Kirche durfte sich kein Kreuz befinden usw.. Dennoch bietet auch diese Oper wichtige Neuerungen und musikalische Schönheiten. Am interessantesten ist der Schluß: Stiffelio zitiert aus der Bibel, es fällt kein Wort mehr als das, was im Evangelium steht. Nur die Musik macht deutlich, daß er in diesem Moment seiner Frau vergibt. Über dieser Szene wie über der ganzen Oper liegt ein Schleier von einfacher, sehr tief empfundener Frömmigkeit, die sich allerdings nie klerikal geriert, ähnlich wie später in »La forza del destino« (an die auch ein kleines Bariton-Tenor-Duett erinnert). In der Titelgestalt taucht zum ersten Mal ein Tenortyp auf, wie er in »Otello« zum Zuge kommen wird: ein nicht mehr ganz junger Mann, sehr ruhig, sehr gefaßt, scheinbar selbstsicher, der plötzlich vor Leidenschaft geradezu explodiert.

Bei der Premiere am 16.11.1850 sang Gaetano Fraschini diese Rolle. Das Triestiner Publikum war sehr angetan. In der Folgezeit wurde das Werk aber fast überall übel verstümmelt (zu den zahllosen anderen Titel, die es erhielt, zählt z. B. »Guglielmo Wellingrode«) und verschwand vom Spielplan. Einige Aufführungen, die zu tiefe Eingriffe gewagt hatten, wurden von Verdi persönlich verboten.

Der Komponist hielt den wesentlich klischeehafteren »Aroldo« für die endgültige Fassung und wollte vom Original danach nichts mehr wissen. Verdi hatte die Angewohnheit, Geändertes als so endgültig anzusehen, daß er die Vorlagen wegwarf. Er überklebte oder vernichtete alles, was er verändert hatte. Deshalb auch weiß man nicht so ganz genau, was er wirklich an »La Traviata« verändert hat, nachdem die erste Fassung durchgefallen war. Hier war es ähnlich. Die Originalpartitur von »Stiffelio« war verschwunden, es gab nur noch Klavierauszüge. Am Ende der sechziger Jahre tauchten im Konservatorium von Neapel zwei vollständige Partituren auf, und so gab es am 26.11.1968 die zweite »Erstaufführung« von »Stiffelio« in Parma, und auch sie hatte großen Erfolg. Jüngst wurde die Oper an der Metropolitan Opera in New York, in Covent Garden und in Wien gespielt. Verdi hätte seinem Pastor ruhig etwas mehr zutrauen sollen.

Ein Narr, der singt? Warum nicht?

Francesco Maria Piave

Würde man Opernfreunde in aller Welt nach ihren liebsten Verdi-Opern fragen, bekäme man mit Sicherheit die unterschiedlichsten Antworten. Aber fast alle werden wahrscheinlich eine Oper zu ihren musikalischen Lieblingskindern zählen: »Rigoletto«. Jeder Opernbesucher fühlt irgendwie, daß mit diesem Werk eine neue Epoche des Musiktheaters begonnen hat. Alles, was sich in »Macbeth«, »Luisa Miller« und »Stiffelio« andeutete, bündelte Verdi hier zu einem atemberaubenden Musikdrama. Der berühmte Rigoletto-Darsteller Tito Gobbi berichtet, wie er einmal in einem kleinen Provinztheater eine geradezu unglaublich schlechte Vorstellung dieser Oper erlebte und sich darüber entsetzte, daß das Publikum am Schluß geradezu in Raserei ausbrach. Wochenlang machte er sich daraufhin Gedanken darüber, ob eventuell alles, was er über Werk und Rolle bislang geglaubt habe, falsch gewesen sei – bis ihm klar wurde, daß die Zuschauer nicht der dilettantischen Vorstellung, sondern dem Werk zugejubelt hatten.

Schon im September 1849 war Verdi auf Hugos Drama »Le roi s'amuse« gestoßen, hatte es zunächst für das Teatro San Carlo und Cammarano vorgesehen, dann aber den »King Lear« und »El Trovador« vorgezogen, mit denen sich der Librettist nun beschäftigte. Hugos Stück schien Verdi für Venedig interessant, und folglich geriet die Vorlage an den zu allen Schandtaten bereiten Piave. Ceccho mußte ihm wieder allerlei Hilfsdienste leisten, er fungierte auch bei den finanziellen Verhandlungen quasi als Stellvertreter des Komponisten, der in Busseto weilte, während Piave ja in Venedig wohnte. Verdi war vertraglich nicht mehr so leicht zufriedenzustellen. Er prüfte jedes Papier ausführlichst Punkt für Punkt, bis er es unterschrieb.

Obwohl ihm zahlreiche andere Vorschläge gemacht wurden, blieb Verdi bei »Le roi s'amuse«. Die Hauptrolle des buckligen Narren Triboulet, wie er bei Hugo hieß, sei »eine der größten Schöpfungen des Theaters aller Länder und aller Zeiten«, das Stück selbst »der größte Stoff und vielleicht das größte Drama der Gegenwart«, Triboulet gar »eine Schöpfung, die Shakespeare würdig ist!« Höheres Lob konnte der Komponist nicht vergeben, und er konnte es kaum erwarten, mit der Arbeit anzufangen. »Laufe in der ganzen Stadt herum und suche irgendeine Person, die uns die Erlaubnis geben kann, ›Le roi s'amuse‹ zu machen. Schlaf nicht ein: Spute dich: Mach schnell!« schrieb er an Piave. Seine Naivität ist schwer verständlich. Victor Hugo mußte gerade in einem besetzten Land ein alles andere als willkommener Autor sein. Auch der Stoff konnte wohl kaum dazu angetan sein, sich das Wohlwollen der Zensurbehörden zu erringen.

Hugos Drama gab sich historisch aufgeputzt. Sein »Held« ist ein veritabler König, Franz I. von Frankreich, der als Wüstling, Lustmolch und Verbrecher gezeigt wird; sein Hofnarr Triboulet, dessen Tochter Blanche er verführt hat, schmiedet gar mit dem Banditen Saltabadil zusammen ein Mordkomplott gegen seine Majestät. Man bedenke, gegen ein regierendes Haupt, zwar kein besonders sympathisches, aber immerhin … Wie Verdi glauben konnte, mit diesem Stoff durch die Zensur zu kommen, bleibt sein Geheimnis. Ein schlechtes Gefühl muß er gehabt haben, denn während er über den Titel nachdachte (Die Oper sollte »La Maledizione«, »Der Fluch«, heißen.), trieb er Piave zur Eile an: »Zeig das alles der Leitung des Theaters und der Polizei«, schrieb er ihm, »mach schnell, aber laß dir Zeit dabei!« Er betont in diesem Brief auch ganz besonders die »moralische Wirkung« der eigentlich unmoralischen Geschichte. Und der Theaterleitung schreibt er, Piave habe die Frage der Zulassung ja wohl geregelt. Verdi schien immer noch nicht zu merken, mit welchem Sprengstoff er hier handelte. Übrigens zunächst auch nicht, was er künstlerisch würde Neues bieten müssen. Beides sollte sich schnell ändern.

In Venedig herrschte General Gorzkowski, und die allgemein etwas tolerantere Atmosphäre der Lagunenstadt mag Verdi und auch Piave zunächst getäuscht haben über das, was sich wirklich abspielte. Denn der General und sein Regiment waren in Wirklichkeit alles andere als tolerant, und die Abwiegelungsversuche Piaves, die er machte, als er merkte, daß die Zensur wohl dem Stück nicht ohne weiteres die Freigabe erteilen würde, nutzten nicht viel. Verdi arbeitete in Busseto inzwischen fleißig weiter, obwohl Piave mit dem Libretto ganz gegen seine Gewohnheit nachhinkte und sich merkwürdig unentschlossen zeigte. Vorsorglich schob der Komponist ein mögliches Verbot auf den armen Librettisten, der ihm versichert habe, »daß es für dieses Sujet keinerlei Hindernisse geben werde«. Das Theater ließ sich aber auch durch Verdis Andeutungen, er habe bereits so viel an der Oper getan, daß auch im Falle eines Verbotes das vereinbarte Honorar fällig werde, nicht beeindrucken. Im Gegenteil: Man macht Verdi Vorwürfe, daß er verschwiegen habe, daß das Sujet in Frankreich und Deutschland eine »negative Aufnahme« gefunden habe. Man bittet ihn, das Libretto einzureichen. Damit ist alles klar, auch Verdi konnte sich über die Mitteilung nicht mehr wundern, die das Teatro La Fenice am 28. November 1850 erhielt. Die Militärregierung bedauert darin, »daß der Dichter Piave und der berühmte Maestro Verdi kein anderes Feld für ihre Begabungen zu finden gewußt haben als die widerwärtige Unmoralität und die obszöne Gewöhnlichkeit des Librettos.« »La Maledizione« wurde schlicht und einfach verboten.

Verdi bekam einen Tobsuchtsanfall und lud alle Schmach und Schuld auf das Haupt des bedauernswerten Piave, sicherlich auch weil er sich über die eigenen Naivität ärgerte. Er griff zum Hausmittel und wurde krank. Doch das Theater gab nicht auf. Piave wußte, daß der Vertreter der Zensurbehörde ein Opernfreund und speziell ein Bewunderer Verdis war. Man wäre ja nicht in Venedig, wenn sich da nicht doch etwas arrangieren ließe … Piave machte sich daran, das Libretto zu ändern, vor allem tilgte er die Schandbarkeit, einen König als Lüstling auf die Bühne zu stellen. Diese Bearbeitung schickte er an Verdi, der sich furchtbar darüber erregte und einen bösen Brief an die Theaterdirektion schickte, in dem er auf der einen Seite bereits den Ausweg aus der verfahrenen Situation aufzeigte (man könne ja aus dem König Franz I. eine Phantasiefigur machen), andererseits sich aber gegen jeden Eingriff zur Wehr setzte. Die Zensurbehörde hatte sich aus nur ihr bekannten Gründen auch gegen den Sack ausgesprochen, in dem am Ende die sterbende Gilda (damals noch Blanche) verstaut wird; indem Verdi sich darüber und über andere Veränderungen ausließ, sprach er eigentlich das einzige Mal ausführlich brieflich über die Grundlagen seiner Arbeit.

»Was geht die Polizei der Sack an? Hat sie Angst vor dem Effekt? Warum glaubt sie in dieser Sache mehr zu wissen als ich? Wer kann hier der Maestro sein? Wer kann sagen, was Effekt macht und was nicht? … Außerdem hat man Triboletto nicht häßlich und ohne Buckel gemacht!! Ein Buckliger, der singt? Warum nicht! … Wird das Effekt machen? Ich weiß es nicht. Aber wenn schon ich es nicht weiß, dann kann es derjenige, der diese Änderung vorgeschlagen hat, auch nicht wissen. Ich finde es geradezu wunderschön, diese Figur äußerlich mißgestaltet und lächerlich, innerlich aber leidenschaftlich und voller Liebe darzustellen. Wegen dieser Eigenschaften und dieser originellen Züge habe ich das Sujet nämlich gewählt; nimmt man sie weg, kann ich keine Musik mehr dazu machen. Wenn man mir sagt, daß meine Noten auch zu diesem (veränderten) Drama passen könnten, antworte ich, daß ich das nicht verstehe. Ich sage offen, daß ich meine Noten nicht zufällig schreibe, seien sie schön oder häßlich, sondern daß es immer meine Absicht ist, ihnen einen präzisen Charakter zu geben. Kurz und gut: Aus einem originellen und starken Thema ist eine äußerst banale und kalte Szene geworden … Ich kann es mit meinem künstlerischen Gewissen nicht vereinbaren, dieses Libretto zu schreiben.«

Schon Victor Hugo hatte seinen Narren mit fast denselben Worten verteidigt – Triboulet, so der Franzose, sei der böse Narr des Königs und er sei zugleich der Mensch, der Vater, der seine Tochter liebe. Der Fluch treffe aber nicht den Narren, sondern den Vater. Das sei, stellte Hugo fest, der Kern des Stückes.

Nun, nicht alles wurde so heiß gegessen, wie man es angerichtet hatte. Die Zensurbehörde ließ mit sich reden. Wenn der Komponist, so der Kompromiß, die Namen und die Orte des Geschehens ändere, könne das Stück aufgeführt werden. Am historischen Umfeld der Geschichte lag Verdi aber nun gar nichts; wie später im Streit um »Un ballo in maschera« war es ihm gleichgültig, ob Rigolettos Schicksal sich am königlichen Hof von Paris, irgendwo in der Tartarei oder in Mantua erfüllte. Die Geschichte wollte er, nicht die Historie. Am 30. Dezember einigten sich Verdi, Piave und Guglielmo Brenna, der Sekretär des Teatro La Fenice in Busseto, am 26. Januar 1851 stimmte die Zensurbehörde den Änderungen zu. »Seit fünf Tagen laufe ich von der Regierung zur Polizei, vom Ortskommandanten zur Intendanz, bis zum Teufel! Wenn alles zuende ist, werde ich einen großen Sportplatz umrundet haben!« jammerte Piave, der die ganzen Lautereien hinter sich zu bringen hatte, aber er jubelte, als die Zensur klein beigab: »Te deum laudamus! Gloria in excelsis Deo! Alleluja, alleluja!« Nur, um sich von Verdi wieder an die Arbeit hetzen zu lassen: »Der ›Rigoletto‹ wird ein Meilenstein in meinem Leben sein!« Recht hatte er.

Erst während des Streites mit der Zensurbehörde war Verdi wohl völlig klar geworden, was er wollte. Zunächst war »Le roi s'amuse« nur ein packender Stoff für ihn gewesen, aber als er gezwungen wurde, sich damit auseinanderzusetzen, zu formulieren, was er wollte, sah er die ganzen Möglichkeiten. Und erst von diesem Moment an kämpfte er mit aller Verbissenheit um sein Drama. Daß Triboulet nun zu Rigoletto wurde, Blanche zu

Gilda und Franz I. zu einem namenlosen Herzog von Mantua, war ihm gleichgültig. Ansonsten konnte er sich ja an Hugos Vorlage halten. Piave übernahm sogar einzelne Formulierungen fast wörtlich.

Trällert Franz I. schlaftrunken: »Souvent femme varie, / Bien fol est, qui s'y fie. / Une femme souvent / N'est qu'une plume au vent!« So singt der Herzog von Mantua: »La donna è mobile / Qual piuma al vento …«

Verdi soll, erzählt die nicht belegbare Legende, von Anfang an diesem Lied von den Frauen, die so schnell ihre Richtung änderten wie eine Feder im Wind, die Rolle des »Schlagers« der Oper zugedacht haben; deshalb habe er sie auch erst am Tag der Aufführung an den Tenor und das Orchester ausgegeben, damit niemand sie vorher bekanntmachen könne. Das mag stimmen, denn einen Tag nach der Premiere vom 11. März 1851 gab es keine Caféhauskapelle auf der Piazza San Marco und keinen Gondoliere oder Straßensänger, der nicht »La donna è mobile« spielte oder sang …

Dabei macht gerade diese scheinbar abgedroschene Arie deutlich, was sich bei Verdi geändert hatte. Sicher, es war ein Lied herkömmlicher Art, aber es war eben nicht mehr austauschbar: Nur der Herzog von Mantua konnte dieses Lied singen, und auch nur in der speziellen Situation in Maddalenas Schenke, keine andere Figur irgendwo anders. Das war eine tiefgreifende Neuerung. Verdi machte das einer Sängerin, die um eine neue Arie für die Gilda bat, brieflich klar. Sein Talent sei begrenzt, schrieb er ihr, er habe den »Rigoletto« eben nicht anders machen können, als er ihn gemacht habe, deshalb könne es keine neue Arie geben. »Wo wollen Sie einen Platz dafür finden?« fragte er rhetorisch. Eine Arie könne es auch gar nicht werden: »Auf jeden Fall würde es ein Duett sein … Lassen Sie mich sagen, daß ich ›Rigoletto‹ mit Arien konzipierte, ohne Finales, aber mit einer beinahe unendlichen Reihe von Duetten.« Damit ist alles klar. Das war »revolutionär« an »meiner besten Oper«, wie er sich ausdrückte. Jede Figur, auch die Nebenrollen wie der Bandit Sparafucile, seine Schwester Maddalena oder die korrupte Dienerin Giovanna haben ihre ureigene, unverwechselbare Melodie gefunden. Der Herzog darf nur so singen, wie er singt, Rigoletto genauso und Gilda ebenfalls … Gilda, dies sei en passant bemerkt, wurde zu Verdis Zeiten stets von einem schweren »Soprano spinto« gesungen und nicht, wie heute üblich, vom leichteren Koloratursopran.

Auch seine Arbeitsweise sollte sich nun endgültig ändern. Bislang hatte Verdi meist, wie schon vor ihm üblich, die Instrumentierung seiner Werke erst während der Klavierproben vorgenommen, oft gemeinsam mit den Sängern. Zwar sollte er seine Rücksichtnahme auf Stimmen stets beibehalten; aber von nun an waren es der Stoff und das, was er sagen wollte, allein, nach dem er sich richtet. Das Werk stand im Mittelpunkt, sonst nichts. Damit ging eine große (und zu oft alles andere als positive) Tradition der italienischen Oper zuende.

Die Begeisterung des Publikums war ungeheuer. Die Presse wußte nicht viel damit anzufangen. Diese Oper könne nach dem Besuch einer einzigen Vorstellung nicht beurteilt werden, meinte einer der Rezensenten. Alles sei neu, fast revolutionär, der Stil, die Musik, Verdi habe formal die klassische Form verlassen, die Instrumentierung sei ungewöhnlich. Ein anderer nannte die Oper »kindisch und lächerlich, voller Gewöhnlichkeit, Verdis schwächste Oper«. »Archaisierend«, schrieb ein Dritter, eine Oper eher aus der Zeit Mozarts. »Geschmacklos« tauchte als Vokabel ebenso häufig auf wie die Behauptung, »Rigoletto« enthalte keine neuen Ideen. All diese Einwände sind nicht falsch, es ist an allen etwas dran. Verdi mischt Altbekanntes mit Neuem und setzt traditionelle Elemente zu etwas völlig Neuem zusammen, das ist fast revolutionär – und typisch für »Rigoletto«.

Die Partitur ist reich an großen Momenten. Es ist wahr, sie enthält kaum nennenswerte Ensembles und herkömmliche Arien. Sie ist aufgelöst in Szenen – Rigolettos bekanntes »Cortiggiani«, wenn er die Höflinge verflucht und anfleht, ist eigentlich ohne seinen Auftritt, in dem er Lachen und Weinen, Hoffnung und Verzweiflung zu einem gespenstischen geträllerten Lied mischt, nicht denkbar. Die anderen berühmten Arien sind nur Ausschnitte aus Szenen, »Pari siamo« mündet in ein großes Duett Rigolettos mit seiner Tochter Gilda, »Questa o quella« des Herzogs in den ersten grellen Auftritt des Narren usw... Es gibt kaum Haltepunkte, alles fließt ineinander, die Personen sind scharf getrennt. Das Quartett des letzten Aktes gilt vielen, darunter auch dem Autor, als bestes jemals geschriebenes Opernquartett, so meisterhaft sind die vier Akteure Maddalena, Herzog, Gilda und Rigoletto unterschiedlich, in ihren Beziehungen untereinander und auch zugleich zu einem Ensemble vereinigt. Oder läßt sich ein gespenstischeres Duett als das zwischen dem Banditen Sparafucile (aus dem italienischen Bravo in Frankreich bei Hugo wurde ein französischer in Italien bei Piave!) und Rigoletto denken, in dem der Profikiller seine mörderischen Dienste in schnellem Piano-Parlando anbietet, als handle es sich um kleine, harmlose Gefälligkeiten? Oder der geniale Einfall, den Chor nur summen zu lassen, um das herankommende und wieder verglimmende Gewitter zu charakterisieren?

Detail reiht sich an Detail, eine Oper ohne Leerlauf, eines der wenigen wirklich vollendeten Meisterwerke der Opernliteratur mit einer besonders hell glänzenden Perle am Schluß. Niemals vorher und niemals nachher sind väterliche Liebe und Verzweiflung, sind Schmerz und Güte musikalisch so ergreifend dargestellt worden wie in Rigolettos flehendem »No, non morir, mia colomba!«, mit dem er seine Tochter aus dem Schattenreich zurückrufen will. Hier ist aus Rigoletto endgültig der König Lear geworden.

Verdi hatte seinen Weg gefunden. Die Lehr- und Gesellenjahre, die »Galeerenjahre« waren beendet.

Lodernde Flammen, glühende Liebe

Verdis Landgut in Sant'Agata

Man sollte meinen, nach einem derartigen Triumph würde sich ein Komponist erst einmal in seinem Ruhm sonnen oder zumindest die Tatsache genießen, ein Meisterwerk geschrieben zu haben. Verdi war da anders. Er baute sein Landgut regelrecht zu einer Festung aus. Auch als er jetzt endgültig an die Ongina zog, an ein winziges Flüßchen, hörte er mit An- und Umbauten nie auf. So wie das geplante Mustergut wurde auch sein Haus nie fertig. Nur eines lehnte er kategorisch ab – eine noch so kleine Brücke über die Ongina, die direkt vor dem Eingang vorbeifloß, bauen zu lassen. Es sollte möglichst unbequem sein, zu ihm zu gelangen. Leute wollte er möglichst wenige sehen, vor allem keine aus Busseto.

Den Ort begann er nachgerade zu hassen, auch unter dem Einfluß Giuseppinas, die die Kränkungen, die man ihr dort angetan hatte, nicht verzeihen wollte und konnte. Barezzi und ein, zwei enge Freunde waren die einzigen Bussetaner, die den Fluß über die Schwelle von Sant'Agata setzen durften. Muzio wohnte oft bei den Verdis, manchmal kam auch der Verleger aus Mailand. Er wurde dann, wie die anderen Gäste, in Borgo San Donnino (dem heutigen Fidenza) von der Bahn abgeholt, damit der Verdische Wagen nicht nach Busseto mußte. Selbst seine Post ließ Verdi stets dort und nicht im näheren Busseto einwerfen.

In die Ablehnung der Bussetaner bezog er auch seine Eltern ein. Sein Verhältnis zu seinem Vater war nie sehr gut, aber auch seine Mutter, die er mehr schätzte, besuchte er kaum. Man vermutet Giuseppina auch hier als treibende Kraft, und das mag nicht falsch sein. Vielleicht aber hatte er auch die nicht ganz untypische Abneigung von Leuten aus kleinen Verhältnissen, die es zu etwas gebracht haben, durch die eigenen Eltern an ihre Herkunft erinnert zu werden. Wenigstens war Verdi bereit, seine Eltern in die Nähe von Sant'Agata, nach Vidalenza zu holen, wo sie auch besser wohnten. Als Ende Juni 1851 seine Mutter starb, war es dennoch ein gewaltiger Schock für ihn.

Er fühlte sich schuldig – und es mag sein, daß einiges von diesem Schuldgefühl in die Oper einfloß, die er gerade schrieb. Denn plötzlich taucht bei ihm, dem auf Vatergestalten spezialisierten, eine überlebensgroße Mutterfigur auf: die alte Zigeunerin Azucena.

Verdi schrieb damals zwei Opern praktisch gleichzeitig, eine für Rom, eine für Venedig. Seine Vorlieben wechselten dabei ständig; mal gefiel ihm die eine besser und stachelte seine Arbeitswut an, mal die andere. Der Einfachheit halber wollen wir uns den beiden Werken in chronologischer Reihenfolge nähern.

Beide sind ein schönes Beispiel für Verdis schon erwähnte kompositorische »Springprozession« – zwei Schritte vor mit dem »Rigoletto«, wieder ein Schritt zurück mit »Il Trovatore«, dann wieder zwei nach vorn mit »La Traviata«.

»Il Trovatore« ist vielleicht Verdis verrufenste Oper. Das kommt teilweise von einer sehr freien, stark vom Original abweichenden deutschen Übersetzung her, teilweise daher, daß viele nicht begreifen oder begreifen wollen, um was es hier wirklich geht, zum dritten schließlich von der Unkenntnis der historischen Situation her, in der dieses Werk spielt. Und natürlich hat das Textbuch enorme Schwächen; aber weniger und andere, als immer behauptet wird. Unbestritten auch bei den Gegnern dieser Oper ist, daß »Il Trovatore« zu den musikalisch reifsten und vollkommensten Opern Verdis gehört und daß er kaum anderswo so aus der Fülle der Einfälle schöpft wie hier. Wenn es eine Perfektion der klassischen Opernform gibt (vereinfacht: Rezitativ, Arie, Cabaletta), dann hier. Verdi verläßt diese klassische Form an keiner Stelle. das macht »Il Trovatore« zu einer strengen, streckenweise fast starren Oper. Es steht zu vermuten, daß das genau die Absicht des Komponisten war, denn die Oper spielt in einer strengen und starren Welt.

Vor einiger Zeit schon hatte Verdi Cammarano auf das spanische Erfolgsstück »El Trovador« eines gewissen Senor Gutiérrez aufmerksam gemacht. Das Werk sei reich an Einfällen und Situationen und vor allem: Da gebe es eine »Zigeunerin, ein Weib von besonderem Charakter. Nach ihr will ich die Oper nennen.«

Antonio García Gutiérrez (1813-1884) hatte mit dem historisch-romantischen Drama »El Trovador« einen gigantischen Erfolg gehabt. Das Stück in der Art Victor Hugos schrie geradezu nach einer musikalischen Dramatisierung. Allerdings sollte es vom Komponisten und vom Librettisten politisch-historisch stark amputiert werden. Um das Jahr 1400 gab es in Spanien, nachdem die Vertreibung der Mauren, die Reconquista, fast abgeschlossen war, zwei voneinander unabhängige Teilstaaten, Kastilien und Aragon. Im rückständigen, feudal beherrschten Aragon hatte der König nichts zu sagen, die Barone und Grafen plünderten das Land nach Gutdünken aus. Am schlimmsten trieb es der mächtigste dieser Herren, ein Graf von Luna. Nach dem Tode des Königs erhoben sich die Adligen unter Luna und stürzten das Land in einen blutigen Bürgerkrieg – auf der einen Seite stand der frühere Generalstatthalter Graf von Urgel (von Luna unterstützt), auf der anderen Seite der Infant Ferdinand von Kastilien. In diesem Bürgerkrieg spielt das Drama »El Trovador«. Eine der wichtigsten Personen der konkreten politisch-historischen Situation ist auch eine der Hauptfiguren des Stückes. Wie hätte nun eine musikalische Bearbeitung eines solchen Stoffes aussehen können? In der Art einer großen heroisch-historischen Oper à la Meyerbeer? Vielleicht, aber Verdi und Cammarano gingen anders vor, denn das genau interessierte sie nicht. Verdi wollte den privaten Konflikt herausarbeiten. Ihn interessierte eben vor allem das Mutter-Tochter-Tier Azucena. Zwar behielt die Oper letztlich dann doch den Titel des Dramas, aber die Titelfigur, der Troubadour Manrico, steht nicht im Mittelpunkt des Geschehens. Dort hat die Zigeunerin Platz genommen, und weder Leonora, die Frau, die Manrico und Luna lieben, noch Luna haben da etwas zu suchen. Der Graf, der nicht weiß, daß Manrico sein totgeglaubter Bruder ist, ist eine der typischsten Baritonschöpfungen Verdis, einmal was die fast ausschließliche Verwendung der hohen Lage der Stimme betrifft, zum anderen macht er deutlich, wieviel Vorwärtsdrang und Aktion der Komponist diesem Stimmfach zuordnet. Er ist der Aktive, Manrico der Passive.

Der Dichter war 23 Jahre alt, als er sein Drama verfaßte. Es ist deshalb nicht frei von pubertären Zügen, vor allem in der Verbindung erotischer und religiöser Momente. Dennoch ist es dramaturgisch klarer als Cammaranos Text, wenn auch wesentlich umständlicher. Cammarano strich einige wichtige Figuren, faßte zwei Akte zu einem zusammen und eliminierte den politischen Hintergrund bis auf ein paar Randbemerkungen fast vollständig. Schwerer noch wiegt, daß der dramaturgische Kniff des Dramas, alle wichtigen Aktionen nicht zu zeigen (Das Duell Manrico-Luna, Manricos Gefangennahme etc. geschehen zwischen den Akten!), die Oper, deren Text ja knapper zu sein hatte, wirrer macht. Die Schuld daran trifft nicht die Vorlage von Gutiérrez.

»Verdi will alles andere als eine Historien-Oper à la Meyerbeer. Grundzug seiner Kunst ist, aus der Geschichte der Menschheit menschliche Geschichten zu machen. Dieser Grundzug erhält seine spezielle Prägung durch die Bindung der ›Troubadour‹-Vorlage an den literarischen Typus der Romanze: Erzählungen aus alter, zumindest nicht ›gegenwärtiger‹ Zeit, oft abenteuerlich-phantastischen Charakters, die aus Geschichtlichem Geschichten werden lassen, im Volk und für das Volk erzählt.« So beschrieb der Regisseur Götz Friedrich den Kern des Problems in einem lesenswerten Aufsatz über seine »Trovatore«-Inszenierung von 1966. Verdi wollte kein historisierendes Drama, er wollte ein Stück über einen Bruderkonflikt (zwischen Luna und Manrico), ein Stück über Mutterliebe (zwischen Azucena und Manrico), über Kindesliebe (zwischen Azucena und ihrer hingerichteten Mutter, aber auch zwischen Manrico und Azucena), über Eifersucht und Liebe (Leonora und Manrico, Luna und Leonora), auch über die freie Selbstentscheidung einer Frau (Leonora – die im Drama vorhandene Rolle ihres Bruders, der sie zur Heirat mit Luna zwingen will, wurde interessanterweise gestrichen). In einer solchen Konstellation können menschliche Verhaltensweisen in einer Gesellschaft deutlicher werden als in einem bloß historischen Stück. Hinter dem scheinbar Bloß-Menschlichen, lediglich auf den Einzelfall Bezogenen verstecken sich tiefe Einsichten auch über die Rolle der Gesellschaft. In diesem Sinn, mehr noch als im vordergründig patriotischen, ist Verdi ein politischer Komponist.

Um diese Ziele zu erreichen, mischt sich Verdi wieder sehr stark in Cammaranos Arbeit ein. Er verbessert dessen Treatment, sichtet eigenhändig wichtige Zeilen und macht ihm genaue Vorschriften, wie er die einzelnen Rollen, vor allem die der Azucena anzulegen habe. Cammaranos Text gefällt ihm nicht. Vor allem die Zigeunerin behalte darin »ihren fremden, völlig neuen Charakter« nicht, schreibt er ihm. »Es scheint mir, daß die beiden großen Leidenschaften dieser Frau, Kindes- und Mutterliebe, nicht mehr in aller Kraft vorhanden sind. Ich würde es zum Beispiel auch nicht gern sehen, wenn der Troubadour im Duell verwundet würde. Dieser arme Troubadour hat so wenig für sich: Wenn wir ihm die Geltung nehmen, was bleibt ihm? Wie könnte er eine so hochgeborene Dame wie Leonora interessieren?« Verbissen arbeitet Verdi an »Il Trovatore«, obwohl ihn inzwischen »La Traviata« schon ganz gefangen genommen hat.

Am 17. Juni 1852 starb Salvatore Cammarano nach einer langen und schweren Krankheit. Verdi war erschüttert. »Ich habe von diesem Tode nicht durch den Brief eines Freundes erfahren, sondern durch die Lektüre einer dümmlichen Theater-Zeitschrift!! Sie, die Sie ihn genauso geliebt haben wie ich, werden all das verstehen, was ich nicht ausdrücken kann. Armer Cammarano!! Welcher Verlust!!« Schrieb er an seinen Freund Cesare de Sanctis, denn das Libretto von »Il Trovatore« war alles andere als fertig. De Sanctis brachte ihn in Kontakt mit einem anderen Napoletaner, mit Leone Emanuele Bardare. Bevor der sich mit den vom Komponisten gewünschten Änderungen beschäftigen konnte, versorgte Verdi erst noch die Witwe Cammaranos.

Bardares Aufgabe war nicht leicht. Wie üblich hatte Verdi bereits einiges komponiert, ohne im Besitz des Textes zu sein. An einem Beispiel kann man diese Arbeitsweise besonders deutlich erkennen: Azucenas große Arie stammt fast wörtlich aus seiner Feder. »Anstelle der beiden Strophen von ›Stride la vampa‹, zu denen man nur schwierig eine volkstümliche Melodie setzen kann, würde ich zwei Strophen zu je sechs Versen begrüßen, wie z.B.:

Hell lodern Flammen!
Laut johlt vor Vergnügen die Menge zum Himmel!
Schon naht das Opfer im weißen Gewande,
Von Schergen umgeben, mit bloßen Füßen und fliegendem Haar!
Lache, scherze; laut johlt vor Vergnügen
Die Menge zum Himmel!

… So jedenfalls müßten Form und Versmaß etwa aussehen.«

Verdis Textvorschlag für diese Kernszene der Oper wurde fast vollständig übernommen.

»Il Trovatore« war die erste Oper, die Verdi nicht als Auftragsarbeit schrieb. Endlich war er frei, konnte er tun, was ihm beliebte, konnte er sich seine Stoffe ohne Zeitdruck aussuchen und die Theater auswählen, die seine Opern uraufführen sollten. Im Fall von »Il Trovatore« war es das Teatro Apollo in Rom.

Verdi leitete selbst die Proben, obwohl ihn wieder einmal heftige psychosomatische Schmerzen quälten, die er für Rheuma hielt. Aber er hatte Sant'Agata nur zu gern verlassen – dort gab es im Moment nur Ärger. Mit seinem Vater ging es nach dem Tod der Mutter immer schlimmer. Der alte Carlo hängte sich an seinen Sohn und spielte sich als Verwalter des Landgutes auf. Als Verdi ihm das untersagte, stänkerte er in der ganzen Gegend herum. »Ich wünsche mit meinem Vater in häuslichen und geschäftlichen

Angelegenheiten nichts zu tun zu haben. ... Vor der Welt muß Carlo Verdi einer sein und Giuseppe Verdi ein anderer!« schrieb er an einen Bekannten, den Bussetaner Notar Ercolano Balestra. In einem ähnlichen Brief aus derselben Zeit nannte er das Verhalten seines Vaters »beschämend« und warf ihm »üble Machenschaften« und »ständiges Geschimpfe« vor. Seine Adoptivtochter Maria wies er später an, sich von der Familie seiner Eltern fernzuhalten, um ihr »häßliche Reibereien und tiefe Bitternisse« zu ersparen. Von »Banden des Blutes« könnte in dieser Hinsicht keine Rede sein. »Ja um Gottes Willen, das sind krankhafte und dumme Sentimentalitäten, die nie zu etwas Gutem führen werden«, schrieb er ihr.

Obwohl er folglich psychisch und physisch nicht in Form war, arbeitete er wie ein Besessener jede freie Minute in Rom an »La Traviata«. Nach dem eher konventionellen »Il Trovatore« wollte er etwas Neues, Unerhörtes machen. »Ich wünschte nichts mehr als ein gutes Opernbuch zu finden und damit einen rechten Dichter. ... Aber es ist unmöglich oder fast unmöglich, daß jemand anderer erraten soll, was ich mir wünsche. Ich will neue, schöne, große, abwechslungsreiche, kühne Stoffe. Kühn bis zum Äußersten, neu in der Form und bei allem gut komponierbar. Wenn jemand sagt, ich habe das so und so gemacht, weil es Romani, Cammarano und andere so gemacht haben, ... dann verstehen wir uns schon nicht mehr. Gerade weil es diese Großen so gemacht haben, müssen wir etwas anderes bekommen.« Das Neue, Kühne, Abwechslungsreiche sollte nun diese Oper aus der Gegenwart werden. »Il Trovatore« war es nicht, das wußte er. Bei aller musikalischen Perfektion (manchmal hat man den Eindruck, Verdi wollte einfach beweisen, was man alles mit ein paar einfachen Harmonien anstellen kann) bleiben die Charaktere bis auf Azucena unscharf und leicht verwaschen. Im »Rigoletto« noch waren selbst die comprimario-Rollen wie beispielsweise die Höflinge Marullo und Borsa ausgefeilte Charaktere. Graf Luna, Leonora, auch Manrico sind Klischeefiguren – nur Azucena bricht da aus. Das Vorbild der Fides aus Meyerbeers »Le Prophète« ist nicht zu übersehen und zu überhören, aber die Zigeunerin ist wesentlich rauher, brutaler, weniger nobel und auch weniger herkömmlich als die Mutter des Wiedertäufers aus Meyerbeers Großer Oper. Ihre Musik mit den motivisch immer wieder auftauchenden »Lodernden Flammen« hat das, was den anderen fehlt. Mit dieser Figur treten in der italienischen Oper die Altistinnen und Mezzos endgültig aus dem Schatten der Hosenrollen, Pagen etc. heraus. Der Weg zur Eboli und Amneris liegt offen vor ihnen.

»Il Trovatore« ist der Abschluß, die Vollendung der konventionell gebauten italienischen Oper. Doch Verdi, auf dem Höhepunkt seines Einfallsreichtums und seiner formalen Meisterschaft, spielt bereits mit diesen Formen. Mag sein, daß es dieses Spielen war, das einige Kritiker dazu bewogen hat, ihn als Vernichter des Belcanto zu apostrophieren – obwohl dieser Belcanto ja schon lange tot war. Mehrfach beispielsweise singt eine Figur ein Rezitativ, eine andere aber die dazugehörende Arie (so bei des Troubadours hinter der Bühne gesungenem Auftritt »Deserto sulla terra«). Oder Verdi trennt Cabaletta und Arie durch eine kurze Szene. Aber er schreibt auch die vollendetste klassische Sopranarie, die er je verfaßt hat: »Tacea la notte« ist einer jener Momente, in denen das Verdische Ideal, die Stimme als wichtigstes Instrument zu gebrauchen, auf das Eindringlichste erreicht wird.

Azucena bietet auch die Gelegenheit für einen kleinen Exkurs in die Welt der damaligen Sänger. Als »Il Trovatore« für Venedig adaptiert wurde, zeigte sich die Sängerin der Leonora nicht sehr einverstanden mit ihrer Rolle. Sie verlangte einige Änderungen, die Verdi natürlich ablehnte. Aber er schrieb ihr, wenn die junge Dame ihr schon nicht zusagen, ob sie sich dann nicht für die Rolle der alten Zigeunerin erwärmen wolle? Für uns gibt es kaum Unterschiedlicheres als diese beiden Figuren. Aber Verdis Anerbieten war nicht ironisch gemeint. Daß die Stimme eines Sängers von der Höhe bis zu den tiefsten Tönen ebenmäßig zu klingen habe, ist eine Forderung unserer Zeit. Zu Verdis Zeiten waren Brüche beim Übergang von der Tiefe zur Höhe üblich und wurden auch nicht als unangenehm angesehen wie heute. Hohe Töne wurden in der Regel im Falsett gesungen. Auch nachdem Duprez das »hohe C« erstmals in der uns vertrauten Weise geschmettert hatte, änderte sich daran nicht viel. Was die sogenannten Opernkulinariker heute fast ausschließlich als Maßstab für Schönheit und Kraft einer Stimme ansehen, galt damals wenig. Weder Manricos Stretta-C noch das G in Lunas Arie sind in Verdis ursprünglicher Partitur enthalten; der hohe Ton des Tenors (zum ersten Mal gesungen von Carlo Baucardé) allerdings wurde vom Komponisten nachträglich autorisiert. Die ungeheure Wirkung des Aktschlusses übrigens wird durch den fehlenden hohen Ton nicht beeinträchtigt. Einiges, was damals sängerisch an der Tagesordnung war, finden wir heute nur noch in der Popmusik wieder. Einen »Jodel-Effekt« hat man die Registerwechsel des letzten Jahrhunderts genannt; und mancher, der heute den vergangenen Zeiten nachjammert, würde sich vermutlich sehr gewundert haben, wäre er am

19. Januar 1853 in Rom im Teatro Apollo bei der Premiere von »Il Trovatore« dabeigewesen.

Das Publikum war begeistert – die Presse weniger. Sie beklagte vor allem die vielen Toten am Ende auf der Bühne (in »Hamlet« liegen noch viel mehr herum). Verdi machte dazu die trockene Anmerkung: »Schließlich ist doch im Leben alles Tod. Was bleibt sonst noch übrig?« So wie er im Mißerfolg ruhig blieb (er sollte diese Fähigkeit bald unter Beweis stellen können), wurde er auch im Erfolg nicht übermütig. Kritik interessierte ihn kaum, die Haltung des Publikums dagegen um so mehr. Die Spaltung der Urteile über »Il Trovatore« hat sich bis heute ja nicht geändert. Die Oper ist populär, Leierkästen und Caféhaus-Kapellen können ohne sie immer noch kaum auskommen; die Parodien, die sofort nach der Premiere Italien und Europa überschwemmten, zeigten schnell den Bekanntheits- und Beliebtheitsgrad der Oper an. Selbst in amerikanischen Vaudevilles wurde die Melodienflut von »Il Trovatore« verulkt.

Götz Friedrich hat in dem schon zitierten Aufsatz versucht, diese Beliebtheit zu erklären: »In kaum einer anderen Oper gibt es eine so häufige und zugleich variantenreiche Benutzung des Dreivierteltaktes in Kombination mit solch ausgeprägter Melodik. Es scheint, als triebe Verdi gerade im ›Troubadour‹ die Musik oft an die Grenze der Trivialität, um die Schranken, die das bürgerliche Zeitalter damals zwischen ›hehrer Kunst‹ und Volkstümlichkeit errichtete, von vornherein einzureißen. Wie, wenn der Vorwurf der ›Leierkasten-Musik‹ sich ins Gegenteil umkehren ließe? Wenn wir erkennen würden, daß Verdi im höchsten Sinne der ›Leierkastenmann‹ von Geschichten über den Menschen war? Zweifellos würden sich dann auch die Eigenschaften seiner Libretti, die bisher als Mängel angesehen wurden, als spezifische Voraussetzungen für die Dramaturgie von Opern erweisen. Wir würden auch erkennen, daß dieser ›Leierkastenmann‹ gerade durch die Unerbittlichkeit seines Rhythmus' der antiken Archaik z.B. eines Homer ebenso wie heutiger Klarheit und Sachlichkeit mindestens so nahesteht wie der romantischen Umwelt des damaligen Operntheaters. Zu welchen außergewöhnlichen Dimensionen er die von ihm so populär gehandhabte Opernkunst führen kann, erweist im ›Troubadour‹ der 4. Akt, besonders wenn durch das Miserere die Opernbühne in den Vollzugsraum eines Requiems für die Geschlagenen verwandelt wird.« Mit diesen Sätzen beschreibt Götz Friedrich (und deshalb werden sie so ausführlich zitiert) nicht nur die Bedeutung von »Il Trovatore«, sondern des gesamten Schaffens von Verdi.

Für die Geschlagenen nahm Verdi auch in seiner nächsten Oper Partei, für »die vom Wege Abgekommenen« (»Tra-viata«) gegen Bürgertum, Heuchelei und Klassenstolz. »La Traviata« ist seine populärste Oper geworden, neben Bizets »Carmen« das am häufigsten aufgeführte Werk der gesamten Opernliteratur.

»La Traviata« war ein gewagter Stoff, gewagt in vielerlei Hinsicht. Verdi brachte eine Dame der Halbwelt, gar eine Kurtisane auf die Bühne, er zeigte medizinische Details – und alles sollte in der Gegenwart spielen! Wir vergessen heute angesichts der großen Toiletten und Fräcke gern, daß »La Traviata« in Verdis eigener Zeit spielen sollte. Das war eine ungeheure Provokation der Zensur und des Publikums, es mußte ein Schock sein, Menschen in normaler Alltagskleidung auf der Bühne zu sehen, keine Götter oder zumindest Renaissancefürsten, Hofnarren, Ritter oder Zigeuner. Machen wir uns doch klar, wie verstört viele von uns heute noch reagieren, wenn eine moderne Oper in unserer Zeit spielt oder ein Regisseur die Handlung eines Werkes in unsere Gegenwart verlegt! Daß die Zensur einschritt, nimmt nicht Wunder. Es sollten noch über dreißig Jahre vergehen, ehe Violetta Valéry im Reifrock auf die Bühne kam; meiner Kenntnis nach passierte das zum ersten Mal 1886, aber damals waren die Kleider von 1850 eben auch schon – Kostüme. Der Rest der Sänger dieser Aufführung soll zudem, wie es das Libretto eigentlich vorschreibt, wie zum Ludwigs XIV. Zeiten gekleidet gewesen sein.

Es ist oft vermutet und noch öfter abgestritten worden, daß Verdis private Lebensumstände zur Stoffwahl dieses Werkes beigetragen haben. Dafür spricht, daß Verdi das Theaterstück »La dame aux camélias« seinerzeit zusammen mit Giuseppina in Paris gesehen hatte, als er zum ersten Mal zu ihr reiste. Doch mehr spricht dagegen. Eine plumpe Übereinstimmung zwischen Violetta (respektive Marguerite Gautier) und Giuseppina hat er sicherlich nicht gesehen; Giuseppinas zeitweilige Krankheiten sind mit ebensolcher Sicherheit nicht mit Violettas Schwindsucht zu vergleichen. Aber gewisse Ähnlichkeiten in der Behandlung beider durch die bürgerliche Gesellschaft sind nicht zu übersehen. Das dürfte Verdi zumindest bei der Stoffwahl beinflußt haben; die Bussetaner Bürger und das Benehmen Barezzis (der bereits zitierte Brief Verdis an ihn wurde damals geschrieben!) haben ihren Niederschlag mit Sicherheit in der puritanischen Härte Giorgio Germonts gefunden. »La Traviata« aber ist keinesfalls, wie oft behauptet wird, eine »autobiographische Oper«, so wie es auch keine sozialkritische in der

Schule Zolas ist. Die Musik, die Verdi für die Titelfigur schrieb, macht deutlich: Motor der Oper ist sein Mitleid mit einer verlöschenden Existenz, nicht Kritik an einer Gesellschaft, die Frauen wie sie benutzt und dann wegwirft. »La Traviata« transportiert zuvörderst eine humane, weniger eine politische Botschaft.

Wann genau Verdi die Idee zu dieser Oper faßte, ist nicht bekannt. Er hatte das Stück gesehen und auch den Roman von Alexandre Dumas fils gelesen; Vermutungen, er habe sich sofort nach der Lektüre an die Vertonung gemacht, lassen sich nicht belegen. Warum auch sollte er so lange mit Piave und dem Teatro La Fenice, für das er seine neue Oper schreiben wollte, herumspielen, Pläne diskutieren und verwerfen, wenn er schon gewußt haben sollte, was daraus werden würde? Zunächst verlangte er, ehe er zu schreiben beginnen wollte, eine »donna di prima forza«, also einen bravourösen Sopran, und eine comprimaria der ersten Güte für einen Stoff, der »einfach und zart« sei. Das kann »La Traviata« noch nicht gewesen sein. Eine comprimaria der ersten Güte ist für diese Oper nicht vonnöten, Violetta ist keine »donna di prima forza«, und »einfach und zart« ist der Stoff der Oper auch nicht. Was immer es gewesen sein mag, Piave hatte das Libretto für diesen Stoff schon fast fertig, als Verdi ihn nach Sant'Agata zitierte, wohin er äußerst ungern reiste. Er war ein Städter, ein Venezianer, und das Landleben langweilte ihn äußerst. Und dann kam der verrückte Verdi noch damit an, alles umzuschmeißen! »Ich hatte das Libretto fast fertiggestellt«, berichtete er an den Theatersekretär Guglielmo Brenna, »als Verdi plötzlich von einer neuen Idee gepackt wurde und ich das bereits Geschriebene wegwerfen und von vorne anfangen mußte. Jetzt, da ich Verdi so aufgewühlt gesehen habe, glaube ich, daß er eine gute Oper schreiben wird.«

Verdi arbeitete wie besessen. Doch es gab Probleme über Probleme. Das Teatro La Fenice weigerte sich entschieden, sich auf das Abenteuer von Kostümen der Gegenwart einzulassen. Heftige Briefe wurden gewechselt. Lasina, der venezianische Impresario, reiste nach Rom, wo Verdi sich in einem Palazzo eingemietet hatte, um »Il Trovatore« vorzubereiten. Er konnte Verdi nicht umstimmen. Der Komponist habe sich schlicht und einfach geweigert, einen Koloritwechsel vorzunehmen. Sonst müsse er ein paar Nummern streichen und durch neue ersetzen, die aber sehr stark an »Rigoletto« erinnerten. »Er sei bereit, die Verantwortung dafür zu übernehmen, soweit es die Öffentlichkeit betreffe, und werde die Presse zur Bekanntmachung der genannten Gründe veranlassen.« Doch Lasina war, trotz dieser geradezu erpresserischen Versuche Verdis, in der besseren Position. Der Vertrag zwischen dem Komponisten und dem Theater war eindeutig. Verdi mußte nachgeben. Nur eines erreichte er: Perücken mußten die Sänger keine tragen, das hatte er sich vertraglich zusichern lassen.

Als erneute Probleme dazu kamen, regierte er wie gewohnt. Eine »junge Sängerin mit anmutiger Figur und leidenschaftlicher Stimme« hatte Verdi sich für die Violetta gewünscht. Dergleichen wünscht man sich ja auch heute noch für diese Rolle. Das Theater aber zwang ihm Fanny Salvini-Donatelli auf, eine stattliche Dame mit walkürenhafter Figur, sicherlich niemand, der eine an Schwindsucht leidende Schönheit mit Überzeugungskraft würde darstellen können. Bäuerliche Gesichtszüge, rote Backen und eine kräftige Konstitution zeichneten sie aus. Verdi verweigerte sich. Rheuma gab er als Grund an. Er könne nicht mehr schreiben, diktierte er Piave in die Feder. Er könne es nicht verantworten, die Salvini singen zu lassen, sein Renommée sei es schließlich, das an dieser Vorstellung kaputtginge. Außerdem habe er gehört, daß die beiden anderen Sänger, die das Theater unter Vertrag hatte, stimmlich ebenfalls am Ende seien. Weder Felice Varesi (der Vater Germont) noch der Tenor Graziani hätten auch nur noch ein Restchen Stimme. Die Direktion aber ließ sich auf nichts ein. Es gebe einen Vertrag, Verdi habe sich daran zu halten, die Salvini sei in Venedig außerdem sehr beliebt. Seufzend erholte sich der Maestro von seiner Krankheit und stellte die Partitur fertig. Allerdings war sie, als er in Venedig eintraf, noch nicht instrumentiert.

Das tat er dann in wenigen Tagen in der Lagunenstadt. Als kleines, nicht unwichtiges Detail sei vermerkt, daß Verdi nur die ersten paar Takte der Arie »Sempre libera«, also der großen Szene der Violetta, skizziert hatte mit der Anmerkung: »Et cetera, et cetera …«. So sicher war sich Verdi in seinem Kopf dieser schwierigen Stelle, daß sie ihm nachgerade selbstverständlich erschien …

An »La Traviata« hatte er hart gearbeitet, so hart, daß sich Giuseppina darüber bei ihm beklagte. »Zuweilen fürchte ich, daß die Liebe zum Geld in dir wiedererwachen und dich zu weiteren Jahren der Sklavenarbeit verdammen wird. Mein lieber mago, damit hättest du sehr unrecht. Siehst du es nicht ein? Ein großer Teil unseres Lebens ist vorüber, und du wärst recht verrückt, wolltest du schwitzend und ächzend Geld anhäufen, statt den Lohn deiner großartigen und hochgeachteten Arbeiten in Frieden zu genießen …«

Da ihnen, fuhr sie in diesem Brief fort, »als Strafe für meine Sünden« Kinder versagt seien, sollten sie doch wenigstens ihr Leben ruhig leben. Geld allerdings spielte nun, da er es hatte, für Verdi wirklich keine Rolle mehr. Doch die Oper für Venedig hatte ihn gepackt. Es sollte allerdings die letzte sein, für die er sich so treiben ließ. Und alles ohne Erfolg, wie sich bald zeigen sollte. Ganz Venedig regte sich über die neue Oper auf. Wilde Gerüchte gingen um, allen voran war es Theatersekretär Brenna, der sich als schlimmstes aller Klatschmäuler betätigte, was nebenbei in Venedig eine durchaus geachtete Eigenschaft ist.

Am 6. März 1853 hob sich der Vorhang im Teatro La Fenice zum ersten Mal vor einer »La Traviata«. Es war eine Katastrophe. War es eine? »›La Traviata‹ war ein Fiasko. Ist es meine Schuld oder die der Sänger? Nur die Zeit wird es an den Tag bringen«, schrieb Verdi am Morgen nach der Premiere an Emanuele Muzio nach Busseto. Und an den Dirigenten Angelo Mariani, mit dem er sich anzufreunden begonnen hatte: »›La Traviata‹ war ein absolutes Fiasko; schlimmer noch war, daß sie lachten. Nun, was soll man dazu sagen? Ich werden mir jedenfalls keine Gedanken darüber machen. Entweder irre ich mich oder sie. Ich persönlich glaube nicht, daß mit dem Urteil des gestrigen Abends das letzte Wort gesprochen worden ist.«

Die Frage, ob die Premiere wirklich ein Fiasko war, ist nicht mehr zu klären. Wahrscheinlich ist, daß Verdi, der stur war und gern recht behielt, einfach übertrieb. Die Aufführung war sicherlich kein Erfolg, aber auch keine Katastrophe. Die Kritiken waren durchaus nicht unfreundlich. »Der erste Akt erzielte den größten Triumph für den Maestro; man begann ihn zu rufen, sobald der Vorhang sich gehoben hatte, nach der süßen Harmonie der Geigen, mit denen das Stück anhob«, notierte Tommaso Locatelli in der »Gazetta« von Venedig. Verdi soll im ersten Akt noch mehrere Male hervorgerufen worden sein. Locatelli lobte die Salvini, die die schwierigen Läufe »mit Sachverstand und Vollendung« gesungen habe: »Sie eroberte das Theater, das sie mit Applaus zudeckte.« Erst ab dem zweiten Akt scheint die Stimmung umgeschlagen zu haben, und alles, was nicht von der Salvini gesungen wurde, kam nicht an. Verdi hatte mit seiner Angst vor der Hauptdarstellerin also unrecht gehabt, wogegen die beiden Männer vollständig versagten, wie er es befürchtet hatte. Der Bariton Felice Varesi war am Ende seiner Karriere; die ruhige Rolle des völlig undramatischen Vaters Germont lag dem verdienten Verdi-Sänger überhaupt nicht. Der Tenor Graziani, der Verdi später noch gute Dienste leisten sollte, befand sich in einer persönlichen und gesundheitlichen Krise. Es kam an jenem Abend eben alles zusammen. Daß es hauptsächlich an den Sängern lag, die Verdi auch nicht richtig eingesetzt hätte, war die vorherrschende Meinung. Ab dem zweiten Akt zeigte das Publikum eine ermüdete Gleichgültigkeit, nicht mehr. In den auf die Premiere folgenden Vorstellungen scheint es besser gelaufen zu sein – Verdi wurde da auch in den übrigen Akten häufiger hervorgerufen. Dennoch blieb er bei seiner Behauptung, es sei ein Fiasko gewesen, wobei er auch stets betonte, wie nebensächlich für ihn die Publikumsreaktion sei. Jedenfalls glaubte er an die Oper.

Woran lag der relative Mißerfolg von »La Traviata«, auch wenn es kein Fiasko war? Es kann nicht nur an den beiden nicht zufriedenstellenden Sängern gelegen haben, wenn die Darstellerin der Violetta gut war; dazu sind die beiden Männerrollen nicht bedeutend genug. Es kann auch nicht, wie viele vermuten, daran gelegen haben, daß die Versetzung in die Zeit des Sonnenkönigs die Unmittelbarkeit der Geschichte so sehr störte, daß sie die Zuschauer plötzlich nichts mehr anging. Zum einen waren sie das ja nicht anders gewöhnt, und zum anderen spielte man bei der Wiederaufnahme, als »La Traviata« dann plötzlich Erfolg hatte, immer noch in den Kostümen des alten Frankreich. Es kann auch nicht daran gelegen haben, daß die Musik zu neu, zu modern, das Sujet zu gewagt gewesen sei – bei »Ernani« und »Rigoletto« war das alles auch der Fall und beide Opern hatten gewaltigen Erfolg in Venedig. Intrigen sind bei Verdis Popularität an der Lagune völlig auszuschließen. Vielleicht war die Inszenierung schlecht, zu prunkvoll; ein Fehler, an dem auch manche moderne »Traviata«-Regie scheitert, weil sie übersieht, daß die Oper zwar nicht im Bordell, aber auch nicht an Fürstenhöfen, sondern in einer bürgerlichen Welt spielt. Doch kann man gerade diese Verdi-Oper in kostbaren Stoffen, Tapeten, Geschirr und Kostümen ersticken? Ich glaube nicht. All das kann es, auch zusammen, nicht gewesen sein. Ich vermute, es lag daran, daß die Oper nicht gut genug gewesen war.

Verdi hat später immer wieder behauptet, für die zweite Fassung nichts, aber auch gar nichts, und wenn doch, dann nur ein klein wenig verändert zu haben. »Die ›Traviata‹, die man jetzt im Teatro San Benedetto aufführt, ist genau die gleiche, die man im vorigen Jahr im ›La Fenice‹ gespielt hat, mit Ausnahme weniger Tonveränderungen, die ich vorgenommen habe, um den Singstimmen entgegenzukommen«, schrieb er wütend an Cesare de Sanctis, als ihm zu Ohren gekommen war, daß man behauptete, er habe das Werk stark verändert. »Sonst ist kein einziges Stück verändert, nichts hinzugefügt, nichts gestrichen, kein musikalischer Einfall angetastet worden!«

An anderer Stelle gibt er zu, fünf Stücke herausgenommen und umgeschrieben zu haben. Da, wie schon erwähnt, Verdi alles, was er geändert hatte, vernichtete – er trennte die Seiten in Partituren heraus und ersetzte sie durch neue – ist das nicht mehr leicht festzustellen. Anhand einer Partitur der Fassung von 1853, die man im Teatro La Fenice fand, kann man allerdings doch schließen, daß Verdi einige wesentliche Änderungen vorgenommen hat, vor allem im ersten Teil des zweiten und im letzten Akt, also genau dort, wo ihn das Publikum die Schwachstellen sehr deutlich spüren ließ. Besonders das große Duett Violetta-Giorgio Germont, das eigentliche Zentrum des Werkes, und Violettas Sterbeszene »Ah, morir si giovine!« wurden tiefgreifend geändert. Jetzt erst machten auch Orchestrierung und Harmonik deutlich, um was es hier geht – in der ersten Fassung scheint diese Aufgabe doch weitgehend dem Text überlassen worden zu sein.

Vermutlich war es diese Arbeit an der Oper, die Verdi lange bewogen hatte, seine Einwilligung für eine neue Produktion von ›La Traviata‹ zu verweigern, obwohl sich die italienischen Theater, allen voran Neapel und Rom, trotz der schwachen Premiere darum rissen. Das Rennen machte dann schließlich eine kleinere Bühne – wieder in Venedig. »Damals fiel sie durch, heute macht sie Furore!« konnte der Komponist nach dieser zweiten Premiere stolz feststellen. Der Familie Gallo gehörte ein Theater, das den Namen Teatro Gallo führte, aber der Nähe zur Kirche San Benedetto wegen in der Regel Teatro San Benedetto genannt wurde. Toni Gallo, der Impresario, hätte schon früher gern eine Oper von Verdi gehabt. Jetzt gelang es – Piave hatte die Drähte gesponnen. Er übernahm sogar die Regie, und Gallo engagierte ein geradezu ideales Ensemble, aus dem vor allem Maria Spezia in der Titelrolle herausragte. Am 6. Mai 1854 kam es zu einer »Wiedergutmachung«, wie die »Gazetta« schrieb; ein sicherlich mit dem ersten Mal identisches Publikum jubelte der »neuen Traviata« frenetisch zu. An diesem Tag begann der Siegeszug der schwindsüchtigen jungen Frau, der »vom Wege Abgekommenen«. Alphonsine Plessis oder Marie Duplessis, wie sie sich dann in Paris nannte, das historische Vorbild der »Kameliendame« ist ebenso vergessen wie die Marguerite Gautier aus dem Roman und dem Drama des jüngeren Dumas. Am Leben geblieben allein ist Violetta Valéry.

Verdi übrigens war bei dieser zweiten Premiere nicht dabei. Er eilte mit Giuseppina wieder einmal in Paris. Es machte ihm nicht viel aus; zu Premieren ging er ohnehin nicht besonders gern. Paris lockte ihn da mehr – er hatte stets ein sehr gutes Verhältnis zu dieser Stadt, sicher auch, weil sich dort seine Verbindung zu Giuseppina endgültig gefestigt hatte. Im Moment aber lockte ein Vertrag mit dem damals wichtigsten Theater der Welt, der Grand Opéra. Und die Weltausstellung stand ins Haus, die große Show des zweiten Kaiserreichs, die Inkarnation des Fortschrittsglaubens, den Verdi allerdings nur sehr bedingt teilte.

Die Menschenwüste, die sich Paris nennt

Der Pariser Theaterpapst Eugène Scribe

»La Traviata« ist eine Oper von seltener Einheitlichkeit und Geschlossenheit, was einen großen Teil ihrer Schönheit ausmacht. Dieser Eindruck entsteht dadurch, daß einmal das Vorspiel zum ersten Akt die Stimmung aufbaut, die über dem ganzen Werk liegt (Violettas Liebesthema wird von den Streichern auf eine Art und Weise musiziert, die gewissermaßen einen Schleier, eine Vorahnung des Todes über die ganze Oper legt), daß diese Stimmung dann durch das Vorspiel des letzten Aktes (das zu Beginn nur eine leichte Veränderung des ersten zu sein scheint) wiederaufgenommen wird; vor allem aber wird die Geschlossenheit dadurch bewirkt, daß Verdi vier musikalisch völlig unterschiedlich strukturierte Bilder wie Sätze einer Symphonie zusammenfügt – jedes Bild hat seine ganz spezifische Färbung, und alle diese Färbungen zusammen ergeben eine grandiose Oper. Zugleich ist es eine sehr private Oper – nur drei Figuren sind wichtig, deren Beziehungen zueinander spiegeln sich wieder, verändern sich und bleiben am Ende doch gleich. Violettas sinnloser Tod, in dem sie als eine der wenigen Verdi-Figuren den in Verzweifung sterbenden Puccini-Helden und -Heldinnen gleicht, macht »La Traviata« zu einer ergreifenden bürgerlichen Tragödie, weit weg von jenen monumentalen Großen Opern, wie sie damals in Paris Mode waren und wie sie jetzt auch von Verdi verlangt wurden. Der Komponist tat deshalb erst einmal einen großen Schritt zurück.

Seine Stellung und die seiner Komponistenkollegen hatte sich in den letzten Jahren wesentlich verändert. Hatte er früher für Opernhäuser geschrieben, schrieb er jetzt fast ausschließlich für seinen Verleger, so unzufrieden er oft mit ihm war. Ricordi habe seine letzten Werke ziemlich schlampig ediert, fand er. Der Verleger sorgte für die Aufführungen und auch dafür, daß die Komponisten zu ihrem Geld kamen. Jedenfalls in der Theorie. Die Praxis sah noch lange anders aus; Verdi mußte um Tantiemen mit Theatern prozessieren, er unternahm sogar immer wieder Reisen, um Aufführungen zu verhindern oder Geld einzutreiben.

In Frankreich hatte Verdi einen Agenten sitzen, Léon Escudier, der ihm auch den Kontrakt mit der Pariser Oper vermittelt hatte. Die Vorstellung, an dieses Haus und in die geliebte französische Hauptstadt zu kommen, mag Verdi bestimmt haben, den ihm vorgelegten Vertrag zu unterzeichnen. Er sollte das schnell bedauern – trotz seiner Verehrung für Paris. Seinen Ruf als Musikstadt hatte Paris von den zahllosen Komponisten, die dort lebten. Rossini hatte es an die Seine gezogen, Chopin und Cherubini, Meyerbeer hatte für Paris die »Große Oper« perfektioniert, Wagner war hier gescheitert (und hatte sich eine treue Gemeinde geschaffen!), hier lebten Berlioz und Gounod, Bizet und Bellini. Die Oper zahlte gut, das Publikum war dankbar (»Andere Völker lieben die Musik, die Franzosen haben nichts gegen sie«, sollte Tucholsky später einmal feststellen) – Hauptsache, der Rahmen stimmte, man bekam etwas geboten, laut, prunkvoll, schon war der Erfolg gesichert!

Neben dieser Großen Oper begann sich gerade etwas anderes zu etablieren, die kleine Oper, die Operette, die man damals »opéra bouffe« nannte. Da gab es einen Cellisten an der Opéra Comique, einen gewissen Jakob Offenbach aus Köln, der von einem eigenen kleinen Theater träumte. Eine solche »Bonbonnière«, eine Pralinenschachtel, fand er dann am Rande des Weltausstellungsparks, winzig, durch Behördenauflagen behindert, aber die Lage war großartig, jeder, der zur Ausstellung wollte, mußte vorbei. Und Jakob Offenbach war einer, der wußte, was gefragt war. Er schrieb kleine witzige Einakter satirischen Inhalts, wie zum Beispiel die Geschichte von zwei Blinden, mit der er die Armut in Paris und die Armen verspottete, etwas, was ankam bei denen, die nicht arm waren, aber ein schlechtes Gewissen hatten (»Les deux Aveugles«). So wurde er schnell reich und berühmt und Sinnbild einer ganzen Epoche, jener des Hasardeurs Louis Napoléon, der nun Napoleon III. und Operettenkaiser einer Operettenzeit war, die in Blut und Feuer enden sollte. »Bereichert euch!« lautete das Schlagwort, Faillancen und Konkurse, schnelles Geld und schnelle Armut, öffentlicher Prunk und private Armut bestimmten dieses zweite Kaiserreich, dazu machte Offenbach intelligente, überlegen-zynische Musik. Das zweite Kaiserreich stand auf tönernen Füßen; der Kaiser war abhängig von seiner Camarilla, er war wichtigtuerisch, prahlerisch und hohl. Seine Regierung saß nur deshalb fest im Sattel, weil sie von den Bajonetten geschützt wurde. Präfekt Haussmann schlug riesige Schneisen in die Stadt Paris, angeblich um Durchblicke zu schaffen, in Wirklichkeit aber um gegen eventuelle Arbeiteraufstände schnell mit Militär vorgehen zu können.

Für den Touristen war von alledem aber nicht viel zu bemerken. Der sah nur die Hallen des Fortschritts, die Bahnhöfe, die eher an Tempel gemahnten denn an funktionelle Nutzbauten. Er sah die Passagen und Galerien, die Schaufenster des Warenangebots, bunte schillernde Luxusecken, in denen man das, was man nicht bezahlen konnte, wenigstens anschauen durfte. Oder er ging ins Theater – neben den schlüpfrigen Salonstücken genoß man die repräsentativen Aufführungen der Großen Opern.

Die Form der Großen Oper stand unverrückbar fest. Sie mußte Anlaß für Haupt- und Staatsaktionen bieten, für große und laute Musik, man durfte Menschen nicht und nicht Maschinen schonen, man mußte zur rechten Zeit ein Ballett einbauen, nicht zu früh, da waren die feinen Herrschaften noch nicht da, und nicht zu spät, da waren sie schon wieder weg. Meisterhaft beherrschte das alles eben Meyerbeer, wie er in »Robert le Diable« (1831), »Les Huguenots« (1836) und »Le Prophète« (1849) gezeigt hatte. Wagners Hetze gegen Meyerbeer hat dessen Musik etwas in Verruf gebracht, doch neuere Aufführungen seiner Opern zeigen, daß ihr theatralischer und musikalisch-dramatischer Schwung weiterhin ungebrochen ist. Meyerbeer fand eine eigene Tonsprache, die sich nur heute im Lichte Wagners und Verdis kaum mehr erschließt – sie ist zu nobel geworden, um dem Brio, der Wucht und der Brutalität Verdis widerstehen zu können. Aber er hat Wagner und Verdi weitgehend beeinflußt (was Wagner stets, Verdi nie abgestritten hat).

Als man Verdi nach Paris bat, schien Meyerbeer ausgeschrieben. Auf jeden Fall war mit einer neuen Großen Oper nicht mehr zu rechnen (»L'Africaine« wurde erst postum aufgeführt). Also bat man Verdi, den berühmten Mann aus Italien. Der hatte eigentlich nach Neapel gewollt, verschob diese Reise in die ungeliebte Stadt aber mit Freuden und entschied sich für die Seine. Als er ankam, wußte er noch nicht, daß seine längste Abwesenheit von Italien begonnen hatte: Zwei Jahre blieb er in Paris. Schuld daran war der Mann, der ihm den Text für seine neue Oper schreiben sollte, Eugène Scribe.

Scribe war ein Vielschreiber. 76 Bände füllte sein Werk nach seinem Tode im Jahre 1861, 26 mal wurden seine Libretti vertont. Darunter sind einige berühmte Opern berühmter Komponisten. Für Rossini schrieb er »Le Comte Ory«, für Donizetti »L'elisir d'amore« und »Il Duca d'Alba«, für Boieldieu »La dame blanche«, für Halévy »La Juive«, für Auber »La Muette de Portici« und »Fra Diavolo«, für Meyerbeer die Texte aller Großen Opern. Für Verdi hatte Scribe gemeinsam mit seinem Mitarbeiter Charles Duvreyrier seine alten Texte durchgewühlt und auf den »Duca d'Alba« zurückgegriffen. Man textete auf ein historisches Ereignis hin um. Am 30. März 1282, am Ostermontag, hatten sich französische Truppen der einheimischen sizilianischen Bevölkerung gegenüber Freiheiten herausgenommen, vor allem in bezug auf die Frauen. Die Messer blitzten, ein sizilianischer Aufstand gegen die Truppen der französischen Besatzer war die Folge, die berühmte »Sizilianische Vesper«. Ob es gerade von feinem Geschmack und vollendetem Takt zeugte, für Frankreich eine Oper zu komponieren, deren Inhalt das Niedermeucheln französischer Soldaten durch Italiener darstellte, scheint fraglich. Aber niemand nahm Anstoß daran, und schließlich hatte ja auch nicht der Italiener Verdi das Sujet ausgesucht, sondern der Franzose Scribe. Es paßte Verdi aber in die patriotische Richtung, denn die »Sizilianische Vesper« gehörte in jenen Jahren zur Tradition italienischer Vaterlandsfreunde, zu denen sich Verdi immer noch rechnete.

Einer Einigung war Italien jetzt langsam näher gekommen. Denn ins Zentrum der italienischen Politik trat ein Mann, den man als den Schöpfer des italienischen Nationalstaates bezeichnen muß. Die Muttersprache dieses Mannes war allerdings französisch, italienisch fehlerfrei schreiben sollte er sein ganzes Leben nicht lernen. Er war nur ein einziges Mal in Florenz und nie in Rom gewesen. Graf Camillo Benso di Cavour war ein typischer Savoyarde. »Mein Vaterland wird mein ganzes Leben besitzen, nie werde ich ihm untreu werden«, schrieb er einmal. Nach seinem Selbstverständnis war dieses Vaterland Italien. Für den 1810 geborenen Cavour wurde England das große Vorbild; er wollte seine Heimat nach britischem Muster organisieren. Sein Verständnis von Parlamentarismus war das eines aufgeklärten, aber durch Geld und Besitz beherrschten Parlaments – Republik nein, konstitutionelle Monarchie ja, aber vor allem keine Teilhabe unterer Schichten. Verdi sah das völlig anders, aber weil Cavour die Einigung durchführte, wurde er neben Manzoni der zweite große italienische »Santo«. Die nüchterne, unpathetische Haltung des Grafen, seine große, aber nur äußerliche Kälte, daneben die innere Begeisterung, die aus jedem Wort sprach, das alles mußte einem Menschen wie Verdi gefallen. Dieselben Charaktereigenschaften führten aber dazu, daß die meisten anderen Menschen Cavour zwar achteten, aber nicht mochten. 1850 trat er in das Turiner Kabinett ein, sorgte dort für liberale Reformen, beschnitt die alten feudalen Rechte der Kirche und wurde schließlich am 4. November 1852 von König Vittorio Emanuele zum Ministerpräsidenten berufen. Das »Große Ministerium« begann –

Cavour versuchte, eine möglichst breite Basis für seine Politik zu finden. Er nannte das »connubio« (Ehe). Nur die Radikalen, die Reaktion und die Revolutionäre, blieben außen vor. Cavour machte Piemont-Sardinien zum einzigen für das Ausland akzeptablen Verhandlungspartner; außer ihm machte niemand in Italien italienische Politik. Österreich hatte für seine norditalienischen Provinzen einen unangenehmen Nachbarn bekommen; zumal der alte Feldmarschall Radetzky diese Provinzen mit harter Hand führte, wenn er auch wirtschaftlich unzweifelhaft viel für sie tat. Als Maximilian, des Kaisers ungeliebter Bruder, 1857 sein Nachfolger wurde, war es zu spät, eine neue Richtung einzuschlagen.

Cavour war klar, daß nur außenpolitische Verbündete ihn seinem Ziel näherbringen würden. Von Anbeginn an richtete er sein Augenmerk auf Frankreich. Als der Krimkrieg losbrach, sah Cavour seine Chance. Er führte Piemont-Sardinien auf Seiten der Westmächte in einen Krieg, der das Land nichts anging, es aber für Frankreich und England zu einem annehmbaren Partner machte. Als die 15 000 Mann der piemontesischen Armee auf dem Kriegsschauplatz eintrafen, waren die Kampfhandlungen übrigens schon fast vorbei.

Verdi befand sich also in diesen entscheidenden Jahren, in denen der Grundstein für die schließliche Einigung gelegt wurde, in Paris, in der Stadt des allseits umworbenen Kaiser Napoleon III.. Er scheint von den politischen Ereignissen kaum Notiz genommen zu haben, was für einen politischen Menschen wie ihn mehr als erstaunlich ist. In Italien aber faßten viele seiner Bewunderer seine Reise als Signal auf. Verdi kam in die Schlagzeilen. Man nahm ihm seinen Parisaufenthalt übel. Wollte er sich von Italien abwenden, eventuell wie andere vor ihm auf immer in der französischen Hauptstadt bleiben? Die Franzosen wiederum nahmen ihm übel, daß er die Große Oper für die Weltausstellung schreiben sollte und kein Franzose. Diese Angriffe aber interessierten ihn überhaupt nicht.

Denn er glaubte, jetzt endlich den »Re Lear« machen zu können. In Antonio Somma meinte er nach Cammaranos Tod nun endlich den Librettisten für diesen Stoff gefunden zu haben. Somma stand in regem Briefverkehr mit ihm und scheint ein vollständiges Buch verfaßt zu haben, denn Verdi monierte in einem Brief vom 6. Februar 1854, daß »das Libretto etwas lang geraten ist« und bat, einiges wegzulassen, aber »es fehlen auch ein paar Worte in einigen Versen«. Er war voller Hoffnungen. »Ich kann's nicht abwarten, mich dem ›Re Lear‹ zu widmen, der mir außerordentlich gefällt;

und ich hoffe, da etwas weniger Schlechtes als in meinen anderen Kompositionen zu machen.« Doch erst einmal kam die Oper für Paris, und mißlau-
nig mußte er zugeben, daß es damit nicht besonders gut lief. Am meisten
ärgerte ihn, daß er kaum Einfluß auf das Libretto hatte.

Eugène Scribe hatte eine Formel für Operntexte entwickelt, eine »sich
aus sich selbst aufbauende Geschichte«. Diese Formel erlaubte dem Komponisten, sinfonische Zwischenspiele, Gewittermusiken, Ballette etc. einzu-
bauen, wann und wo er wollte. Für die Dramatik des Geschehens war das
natürlich nicht besonders hilfreich. Der Text zu »Les vêpres Siciliennes«
schien Verdi vier Akte lang zwar nicht hervorragend, aber brauchbar zu sein.
Der fünfte Akt aber war unannehmbar. Er komponierte daher nur vier Akte
und nicht mehr – aber Scribe weigerte sich, Veränderungen vorzunehmen.
Deshalb zögerte sich die Premiere immer mehr hinaus. »Ich weiß, M.Scribe
hat tausend andere Dinge zu tun, die ihm vielleicht mehr am Herzen liegen
als meine Oper!« schrieb Verdi zornentbrannt an François-Louis Crosnier,
den Verwaltungschef der Opéra. »Wenn ich diese souveräne Gleichgültigkeit bei ihm hätte voraussehen können, wäre ich in meiner Heimat geblieben, wo es mir wahrhaftig nicht schlecht ging!« Dann listete er auf, was
Scribe alles nicht getan hatte oder nicht tun wollte, äußerte den Verdacht,
die Oper würde die Italiener beleidigen, was er nicht zulassen könne – und
bat um die Lösung des Vertrages. Ein Erfolg könne sich nicht einstellen bei
diesem Werk, dazu sei der Text zu schlecht, die Probenbedingungen zudem
seien miserabel, wie er es noch nie erlebt habe – »Versuchen wir also, die
Angelegenheit ohne Lärm beizulegen.« Die Opéra ging darauf natürlich
nicht ein.

Es war nicht Verdis erster Versuch, aus dem ungeliebten Vertrag zu kom-
men. Schon vor diesem Brief hatte es einen großen Skandal gegeben. Sophie
Cruvelli, eine berühmte deutsche Sopranistin, vorgesehen für die weibliche
Hauptrolle, verschwand plötzlich während einer Vorstellung von »Les
Huguenots« von der Bühne und ward mehrere Monate nicht mehr gesehen.
Ohne den Star sei seine Oper nicht aufzuführen, befand Verdi, aber da
tauchte die Cruvelli leider wieder auf. Sie hatte sich heimlich auf ihrer Hoch-
zeitsreise befunden, nahm ihre Rolle als Valentine in Meyerbeers Oper wie-
der auf und freute sich, wie sie erklärte, sehr auf die Rolle der Elena in der
Verdi-Premiere.

Die Arbeit daran aber ging immer langsamer voran. Der Plan, »den
Juden auszustechen«, wie Giuseppina wenig erfreulich formulierte, also

Meyerbeer erfolgreich Konkurrenz zu machen, schien zum Scheitern verurteilt. Verdrossen schimpfte Verdi auf die Franzosen und komponierte weiter, wohl wissend, daß es kein Meisterwerk werden würde. Er reagierte auf diese Schwierigkeiten mit den üblichen Magenbeschwerden und Halsschmerzen. Nicht einmal die berühmte Pariser Küche konnte ihn freundlicher stimmen.

»Les vêpres Siciliennes« sind denn auch eine merkwürdige Oper geworden. Sie wird immer mal wieder neu entdeckt, jedermann befindet, sie enthalte zahllose Schönheiten, aber dann wird sie stets schnell wieder aus dem Repertoire katapultiert. Das liegt sicherlich zu großen Teilen am Libretto. Die Scribe-Fabrik hatte ja nichts weiter getan, als eine Geschichte von der Unterdrückung der Niederlande durch die Spanier in eine Geschichte von der Unterdrückung der Sizilianer durch die Franzosen zu verändern. Und dadurch gerieten manche logischen Fehler, Brüche in den Charakteren und verschwommene Handlungszüge in das Sujet. Der junge Sizilianer Arrigo (Tenor) liebt die Gräfin Elena (Sopran), die sich die Befreiung Siziliens von den Franzosen wünscht. Gemeinsam mit dem aus dem Ausland heimgekehrten Giovanni da Procida (Baß) will sie einen Aufstand auslösen; Arrigo will behilflich sein. Doch der französische Befehlshaber Montfort (Bariton) erkennt in Arrigo seinen Sohn. Nach mehreren Mißverständnissen, die zahlreiche der Beteiligten gar unter das Henkersbeil führen – das Beil fällt aber nicht – scheint sich alles zum Guten zu wenden. Arrigo und Elena sollen heiraten, doch das Läuten der Hochzeitsglocken ist zugleich das Signal für den Ausbruch des Aufstandes. Der Vorhang fällt, ehe der Aufstand begonnen hat. Was mit den Hauptfiguren passiert, bleibt dem Regisseur überlassen. Manchmal sieht man im Fallen des Vorhangs noch, wie Procida Montfort ersticht, manchmal werden auch Arrigo und Elena gemeuchelt, manchmal stürzt sich nur der Chor ins Getümmel – kurz, es geht recht unentschlossen und vage zuende. Dann ist die Oper zu lang – hin und wieder wird sie von fünf auf vier Akte gekürzt, dabei muß aber eines der schönsten Ensembles des Werkes geopfert werden; dafür bleibt einem die Pseudo-Hinrichtung erspart. Sie enthält zudem ein schwaches Ballett an einer handlungsmäßig völlig unsinnigen Stelle – gerade haben Montfort und Arrigo sich gefunden und dieses Wiederfinden in einem der reifsten Bariton-Tenor-Duette Verdis besungen, schon geht die Tanzerei los. Neben betörend männlicher Musik stehen inhaltslose, banale Passagen. Im Ohr bleiben außer dem erwähnten Duett höchstens noch die große Baß-Arie »O tu Palermo«, in der Procida die wiedergefundene Heimat, Elenas Bolero und Arrigos große Szene

»Giorno di pianto«. Die Ouverture hört man hin und wieder bei Eislauf-Veranstaltungen. Nein, die Große Oper war Verdis Sache nicht. Zu wenig Situationen gab es in ihr, die ihn reizen konnten. Was man später bei ihm »Große Oper« nannte, den »Don Carlos«, die »Aida«, das waren eher selbständige Weiterentwicklungen. Die Formalismen, in denen Meyerbeers Erfindung erstarrte, legten Verdi Fesseln an, die er nicht abzustreifen vermochte.

Am 13. Juni 1855, mitten im Trubel der großen Weltausstellung, war die Uraufführung allerdings ein Erfolg. Publikum und wenigstens ein Teil der Presse jubelten. »Verdis Musik hat sich der vom französischen Genius erdachten Handlung angepaßt, ohne etwas von ihrer italienischen Inbrunst zu verlieren«, schrieb »La Presse« und konstatierte damit genau etwas, was nicht passiert war. In »La France Musicale« erklärte Adolphe Adam, »Les vêpres Siciliennes« hätten ihn zum Verdianer gemacht, und Héctor Berlioz gar verstieg sich im »Journal des Débats« zu wahren Hymnen: »Die ergreifende Intensität der melodischen Ausdruckskräfte, die kostbare, klug dosierende Mannigfaltigkeit der Instrumentation, die Größe und der poetische Wohlklang der mehrstimmigen Stücke, die warme Farbigkeit, die überall durchschimmert – sie alle verleihen den ›Vêpres‹ einen Eindruck von Größe, einer besonderen Art souveräner Erhabenheit, die in den früheren Werken des Komponisten noch nicht erkennbar war.« Berlioz betonte in diesem Artikel besonders, daß er damit den Wert von, meinetwegen, »Il Trovatore« nicht schmälern wolle. Die Überschätzung dieser Oper vor allem in bezug auf ihre Stellung im bisherigen Werk Verdis rührte sicherlich vom nationalen französischen Stolz her, aber Verdi nahm die Komplimente nicht ungern an. Nur italienische Kritiker hätten ihn verrissen, schrieb er an Clara Maffei. Die Franzosen seien »lobend oder außergewöhnlich gut«. Und er setzte hinzu: »O nein, die Welt ist zu dumm, um niederträchtig zu sein!« Es ginge »nicht schlecht« mit der neuen Oper. »Le Siècle« allerdings schien einen Kritiker unter Vertrag zu haben, der Verdis Musik besser kannte oder einzuschätzen wußte als seine Kollegen. Es handle sich, so hieß es in dieser Zeitung, bei »Les vêpres Siciliennes« um ein solides Stück handwerklicher Fertigkeit, Spontanität und Inspiration fänden sich aber nicht darin. Das ist leider richtig.

In Italien wurde das Werk umgetextet. Man wollte von Seiten der Zensur möglichen Schwierigkeiten mit den Franzosen aus dem Wege gehen und änderte so den Titel. »Giovanna da Guzman« hieß die Oper in Verdis Heimat; eine Groteske, wenn man bedenkt, daß das Massaker an den Franzosen in Frankreich sehr wohl, in Italien aber nicht auf die Bühne gebracht werden durfte. Erst nachdem man die Franzosen nicht nur nicht mehr brauchte, sie sich sogar zum Schutz des Kirchenstaates in Rom festgesetzt und Italien damit seiner Hauptstadt beraubt hatten, hieß das Werk »I vespri Siciliani«. Unter diesem Titel wird es, wenn überhaupt, auch heute noch überall aufgeführt.

Verdi blieb noch in Paris, trotz dringender Bitten seiner Freunde, wieder nach Hause zu kommen. Es gab aber noch eine Menge zu tun. Zum einen wollte er den »Stiffelio« umarbeiten (was auch geschah), zum zweiten plante er eine Bearbeitung von »La battaglia di Legnano« (was unterblieb), zum dritten wollte er weiter am »Re Lear« arbeiten (wobei nicht viel herauskam). Außerdem hielt ihn Ärger um Bühnenrechte und Tantiemen zurück. Von Paris aus versuchte er, seine Parmenser Heimatregierung dazu zu bewegen, mit anderen Ländern Urheberrechtsverträge abzuschließen. Das gelang genauso wenig wie seine Bemühungen, die Briten dazu zu bewegen, die ihrigen zu ändern. In England waren Werke nämlich nur dann geschützt, wenn sie von einem Engländer stammten. Auch dabei hatte er kein Glück. In Paris selbst versuchten Theater, unter Umgehung von Verdis Agenten, »Il Trovatore« aufzuführen. Verdi empfindet es als bodenlose Frechheit (»typisch französisch!«), in seiner Anwesenheit ein solches Gaunerstück zu unternehmen.

Ansonsten ist er krank. Die Arbeit an »Les vêpres Siciliennes« habe ihn erschöpft, teilt er mit. Er nimmt zwar ein Angebot des Teatro La Fenice an, schiebt es aber zeitlich weit hinaus. Es soll jetzt erst einmal die inzwischen rehabilitierte »La Traviata« dort aufgeführt werden. Vor Weihnachten 1855 dann fuhren die Verdis in die Bassa zurück. Der Komponist dokterte am »Stiffelio« herum, dessen Musik er so liebte. Einige Zeit lang spielte er mit dem Gedanken, diese Bearbeitung den Venezianern anzudrehen, erkannte aber schnell, daß ein so hochgerühmtes Theater sich nicht mit einem Aufguß zufriedengeben würde. Er mußte also für den neuen »Stiffelio« – nun »Aroldo« – ein neues Theater suchen.

Während die Verdis von Paris nach Italien fuhren, reisten der piemontesische König und sein Ministerpräsident Cavour von Italien nach Paris. Sie wollten das Terrain sondieren, und Napoleon III., frischgebackener Krimsieger, zeigte sich nicht ungeneigt. Er wolle Italien helfen, sicher, aber wie? Graf Cavour öffnete den Aktenkoffer und zog ein wohlvorbereitetes Memorandum heraus; ein zurückhaltendes Papier, ohne Provokation gegen die

Österreicher, nur dazu da, um auf dem Krim-Kongreß Italien zum Thema zu machen. Der Kaiser strich über den berühmten Knebelbart und murmelte Zustimmung – und verhinderte dann, daß auf dem bewußten Kongreß über Italien geredet wurde. Schlimmer noch für die Piemonteser: England, auf das man so gehofft hatte, zeigte sich ausgesprochen feindselig. Und um das Maß voll zu machen, mischte sich auch noch der Heilige Vater ein. Die neuen Turiner Kirchengesetze behagten ihm ganz und gar nicht. Folge: Er exkommunizierte die gesamte Regierung, was Cavour überhaupt nicht, den frommen König aber mitten im gläubigen Herzen traf. Derweilen schloß Österreich ein Konkordat mit Rom. Der Papst wurde von diesen Tagen an der unerbittlichste Feind des Risorgimento, eine Belastung, die Italien bis in die Tage des Fascismus mitzuschleppen hatte.

Aber Cavour ließ den Mut nicht sinken. Er setzte immer noch auf die französische Karte.

Ein Doge aus Genua, ein König aus Schweden

Amelia fleht Renato um Gnade an
(Zeitgenössische Postkarte mit einer Szene aus »Un ballo in maschera«)

Verdi hatte zwar das Angebot aus Venedig fast angenommen; aber zunächst einmal wollte er sich in Sant'Agata von den »Magengeschwüren kurieren«, die er sich durch »Les vêpres Siciliennes« zugezogen zu haben meinte. Er widmete sich der Landwirtschaft. Francesco Maria Piave besuchte ihn, aber nicht nur, um an der Umarbeitung des »Stiffelio« teilzunehmen. Er war von der Direktion des Teatro La Fenice beauftragt worden, die Verhandlungen mit Verdi zu führen. Der wollte zwar schon wieder schreiben, war sich aber nicht sicher, was und für wen – für Neapel, wo man ein gutes Ensemble für einen »Re Lear« zur Hand gehabt hätte, oder vielleicht lieber wieder für Florenz? Doch dem Bombardement der Argumente Piaves für Venedig war er ebensowenig gewachsen wie die Theaterdirektion, die sich allen Auflagen hinsichtlich Ensemble und Honoraren aufgeschlossen zeigte. Genauso viel wie für »La Traviata« sollte Verdi bekommen, dazu ein gutes Ensemble, für das man nötigenfalls noch ein paar Kräfte hinzuholen würde. Brenna, der Sekretär, kam nach Sant'Agata, der Vertrag wurde unterschrieben, aber das Wichtigste fehlte – keiner wußte, welches Thema die neue Oper haben sollte.

Die Vorlage war dann aber doch schnell gefunden. Wieder war es ein Theaterstück des Spaniers Guttiérrez, bei dem Verdi Feuer fing, wieder war es eine historische Geschichte, diesmal über einen Dogen aus dem Genua des 14. Jahrhunderts. Und wieder hatte er Pech damit – der »Simon Boccanegra« sprach schon in der ersten Fassung eine andere, modernere Sprache als »Il Trovatore«. Deshalb blieb der Erfolg logischer- und notwendigerweise auch aus.

Ende Juli mußte Verdi noch einmal nach Paris, um seine Rechte an einer Aufführung zu sichern. Im August hätte er dem Teatro La Fenice das Libretto vorlegen sollen. Am 31. Juli bemerkte er gegenüber Piave: »Ich glaube, ich habe das Sujet für Venedig« und bat ihn, sich mit ihm in Paris in Verbindung zu setzen. Die Ankündigung der neuen Saison des Teatro La

Fenice fiel entsprechend aus: »Adelchi« von Giuseppe Appoloni, »Jone« von Enrico Petrella, »I Masnadieri« von Verdi und »eine neue Oper von Giuseppe Verdi, deren Libretto nach dem Vertrag im August fertig werden muß«. Verdi war währenddessen noch mit dem »Programm« befaßt, mit der Prosafassung, die er jetzt stets selbst herstellte, und die Piave dann in Verse gießen sollte. Der Direktion war das nicht genug, Verdi wurde ungeduldig und böse, zumal seine Rechtsgeschäfte ihn weiterhin in Paris festhielten und er den Jahreswechsel 1856/57 in der französischen Hauptstadt verbringen mußte. Da Piave fern war und die Wege der Kommunikation lang, kam es zu ernsten Schwierigkeiten zwischen den beiden.

In Paris lebte der toskanische Maler und Dichter Giuseppe Montanelli im Exil. An ihm wandte sich Verdi, allerdings ohne Piave ein Wort zu sagen. Während Montanelli mit dem Komponisten an den Versen feilte, arbeitete Piave in Venedig ebenfalls weiter am Libretto. Vermutlich im Februar/März 1857 teilte ihm Verdi kühl mit: »Hier ist das Libretto, gekürzt und insoweit verändert, als es sein mußte. Du kannst deinen Namen darüber schreiben oder nicht, ganz wie es dir gefällt. Wenn dir leid tut, daß das passiert ist, so tut es mir auch leid, vielleicht mehr als dir, aber ich kann nur sagen: Es war notwendig.« Es kam in der Folge dieses Briefes zu einer wenig schönen Auseinandersetzung zwischen den beiden, bei der auch Geld eine nicht zu unterschätzende Rolle spielte. Nachdem er nun so grob geworden war, bedauerte Verdi das Geschehene, wie es seine Art war, und bemühte sich, die Angelegenheit beizulegen, indem er betonte, wie schön das Libretto »mit Piaves Namen darüber« sei, so etwas brächte er nie fertig. Die Formulierung aber muß beachtet werden. Ein Text »mit Piaves Namen darüber« ist nicht »ein Text von Piave«. Montanellis Anteil kann also nicht geringgeschätzt werden, und auch Verdi selbst dürfte einiges zuzuschreiben sein. Da es ein Copyright auf Operntexte damals noch nicht gab, mußte der arme Ceccho sich fügen.

Viele Köche verderben oft den Brei. Und wenn die Vorlage dann auch nicht überzeugend ist, kommt leicht etwas Schlimmeres dabei heraus. Mehr noch als in »Il Trovatore« verschlimmbesserten die Texter das spanische Drama. Die Handlung, die verworren genug ist, wurde noch verworrener und vor allem in der ersten Fassung der Oper kaum zu durchschauen. Die Motive der handelnden Personen waren überhaupt nicht erkennbar. Zu den Grundfehlern gehörte, daß der Bösewicht Paolo nur ein unbedeutender comprimario ist, und daß eine zentrale Szene fehlte, in der Verdi die Botschaft dieser Oper ausdrücken konnte. Er merkte schnell, wie falsch das war. »Mein Magen ist in Stücken!« behauptete er. Diesmal zu recht, obwohl er sich persönlich um die Besetzung kümmerte. Am 12.März 1857 war Premiere im Teatro La Fenice. Eine trockene Notiz von ihm an seine alte Mailänder Freundin Clara Maffei vom nächsten Tag lautete: »Das Fiasko in Venedig war beinahe so groß wie bei der ›Traviata‹. Ich dachte, ich hätte etwas einigermaßen Passables gemacht, aber ich habe mich geirrt.«

Die Zeitungen urteilten etwas zurückhaltender über die letzte Oper, die Verdi für Venedig schrieb. »Die Musik des ›Boccanegra‹ ist im allgemeinen so ernsthaft, daß es unmöglich ist, sie nach einmaligem Anhören zu beurteilen«, schrieb der Rezensent von »L'arte«, und in der »Gazetta« hieß es: »Der erste ungünstige Eindruck kann einigermaßen hinreichend erklärt werden durch den Charakter der Musik, die zu schwer und ernst ist, und durch die düstere Färbung, welche das Werk beherrscht, vor allem im Prolog.«

»Simon Boccanegra« reussierte auch anderswo nicht, höchstens ein wenig dann, wenn Verdi selbst beteiligt war. In Mailand war das Fiasko noch größer als in Venedig, in Florenz wurde das Werk ausgelacht. Es erschien den Zeitgenossen als eine böse, verbitterte, viel zu ernste Oper. Nach dem Erscheinen von »Un ballo in maschera« verschwand sie praktisch von den Spielplänen.

Doch Komponist und Verleger liebten sie immer noch. Tito Ricordi versuchte seit 1868, Verdi zu einer Bearbeitung zu bewegen, lange vergeblich. Erst als es ihm gelungen war, den Komponisten für »Otello« und Arrigo Boito als Textdichter zu interessieren, schlug die Stunde für einen bearbeiteten »Simon Boccanegra«. Die Bearbeitung, die auch heute noch und gerade in der letzten Zeit vermehrt auf den Bühnen erscheint, soll deshalb schon jetzt beschrieben werden.

Die zentrale Szene der neuen Fassung wurde 1880 gefunden – in einem Brief an Giulio Ricordi vom 20.11.1880 taucht sie zum ersten Mal auf. »Ich erinnere mich an zwei Briefe von Petrarca, der eine an den Dogen Boccanegra, der andere an den Dogen von Venedig. Darin sagt er ihnen, sie seien dabei, sich in einen Bruderkrieg zu verwickeln, beide seien Söhne derselben Mutter Italien etc.. Wie wundervoll, dieses Gefühl für ein italienisches Vaterland in jenen Tagen! … Zum Beispiel könnte Boccanegra, angerührt von diesem Gedanken, den Forderungen des Dichters folgen wollen; er ruft den Senat und seinen Rat zusammen … Der Streit wird unterbrochen durch das Hereinstürzen von Amelia …«

Die berühmte Ratsszene »Plebe! Patrizii! Popolo!«, eine der größten Szenen Verdis für sein Stimmfach, den Bariton, entstand in jenen Tagen; übrigens gegen den Willen Boitos, der eine monumentale Bürgerkriegsszene vorgezogen hätte. Die Zusammenarbeit der beiden ist ausführlich dokumentiert, es würde zu weit gehen, jetzt noch näher darauf einzugehen. Im Prinzip gilt: Bis auf den Prolog waren die Eingriffe gewaltig, größer als in jeder anderen Bearbeitung, die Verdi bislang vorgenommen hatte. Die Motive der handelnden Personen wurden deutlicher herausgestellt, vor allem der Schurke Paolo wurde aufgewertet. »Diese Partie ist sehr wichtig, ganz besonders muß man darauf achten, daß man einen Bariton hat, der ein guter Schauspieler ist!« hatte Verdi schon zu Zeiten der ersten Fassung geschrieben, sich selbst dann aber nicht daran gehalten. Paolo bekommt jetzt fast Iago-artiges Format, auch weil Verdi ihm eine kleine, aber meisterhaft psychologisch motivierende Arie geschrieben hat und die Vergiftung Simons jetzt nicht nur angedeutet, sondern auf der Bühne gezeigt wird. Die Liebesgeschichte zwischen Gabriele und Amelia wird intensiviert, und es wird deutlicher, daß die beiden Pole, zwischen denen sich die Oper bewegt, die Gestalten von Simon und Fiesco sind. Doch die wichtigste Hinzufügung bleibt die große Ratsszene. Es mag überraschen, daß der Aufruf Boccanegras zur Einigkeit in Italien nicht aus der Zeit der ersten Fassung stammt, als diese Einheit gewissermaßen vor der Tür stand, mit Händen zu greifen war, sondern von 1880/81, als Verdi bereits keinerlei Illusionen mehr hatte über das, was da Italien hieß. Dennoch hat er hier noch einmal gezeigt, was es heißt, ein im weitesten Sinne politischer und humaner Komponist zu sein. Dem Ernst, der Würde dieses Aufrufes zu Versöhnung, Frieden und Verständigung kann man sich als Zuhörer auch heute noch kaum entziehen.

Die Partitur hat auch noch andere Höhepunkte, einige davon bereits im Prolog, so zum Beispiel Fiescos große Arie »Il lacerato spirto«, in dem der Baß die Trauer über den Tod seiner Tochter in einem jener typischen Verdischen Bögen Ausdruck zu geben hat. Zu nennen sind außerdem noch das Duett zwischen Simon und Amelia, in dem er sie als seine Tochter erkennt; die letzte Szene zwischen Fiesco und Simon, Simons Trauer um die entschwundene Zeit, eine kleine Ode an die Schönheit des Meeres, und schließlich sein verklingender Tod, eine Szene, in der ihm die beiden Frauen Maria und Amelia verschwimmen und eins werden. In der Tat, der »Simon Boccanegra« ist eine ernste, düstere, aber nicht hoffnungslose Oper. Sie hat wie alle Meisterwerke Verdis eine »tintura«, eine Färbung, die sie unverwechselbar macht. Ein paar Takte genügen, und man weiß sofort, dies kann nur Musik aus »Simon Boccanegra« sein. Der Erfolg ist in den letzten Jahren gekommen und treu geblieben, und das nicht nur, weil »Verdis Boris«, wie Tito Gobbi, einer der größten Vertreter der Titelrolle, die Oper genannt hat, eine der besten und schönsten Rollen des gesamten Bariton-Repertoires enthält.

Am 24. März 1881 fand die Premiere der Bearbeitung in der Scala di Milano statt. Verdi begegnete da auch einigen Sängern, die wichtig für ihn werden sollten.

Mit dem Bariton, den die Scala ihm zur Verfügung gestellt hatte, war er nicht zufrieden, er war ihm zu jung. »Er kann nicht die Ruhe, nicht das Gewicht oder eine Autorität auf der Bühne haben, wie sie für die Rolle des Simon grundlegend wichtig ist. Es ist eine Rolle, die so ermüdend ist wie der Rigoletto, aber tausendmal schwieriger.« Er war dann aber zu überzeugen und begann, diesen Bariton zu schätzen. Es war Victor Maurel, wenig später sein erster Iago und dann der erste Falstaff. Auch am Darsteller des Gabriele Adorno mäkelte er lange herum – und auch er sollte einer seiner großen Darsteller werden: Francesco Tamagno, der erste Otello.

Insgesamt hatte die Scala ein erstklassiges Ensemble aufgeboten, zu dem statt der von Verdi gewünschten, aber nicht abkömmlichen Adelina Patti Anna d'Angeri als Amelia und Edouard de Reszke als Fiesco gehörten. Franco Faccio dirigierte. Der Erfolg war groß, Verdi setzte sein Vertrauen in dieses Werk: »Der ›Boccanegra‹ wird seinen Weg machen durch die Theater wie so viele seiner Geschwister, auch wenn das Sujet ernst ist. Es ist traurig, weil es traurig zu sein hat, aber es ergreift.«

Zurück von diesem Ausflug in reifere Jahre in die Zeit der ersten Fassung des »Simon Boccanegra«. Verdi arbeitete gleichzeitig an drei Werken – außer an der Oper für Venedig an einer neuen Fassung von »Il Trovatore« für Paris und an der Umarbeitung des geliebten »Stiffelio«. Rimini sollte das Theater für die Uraufführung von »Aroldo« werden. Die Geschichte spielte nun nicht mehr unter protestantischen Sektierern, sondern unter englischen Kreuzrittern. Die Musik der ersten drei Akte blieb bis auf wenige Ausnahmen unverändert. Der letzte Akt fiel weg, die Szene in der Kirche, in der Stiffelio seiner Frau den Ehebruch verzeiht, wurde durch einen vollständig neuen vierten Akt ersetzt. Das Ehepaar findet auch hier wieder zueinander, aber in einer Hütte nach einem Sturm. Hier findet Verdi einige schöne neue Melodien – zum Beispiel für das Quartett, mit dem die Oper beschließt, oder für den Sturm, in dem erste Anklänge an »Otello«-Gewalten zu vernehmen sind. Insgesamt aber ist die »Stiffelio«-Fassung schlüssiger und musikalisch ausgeglichener. »Aroldo« hatte dann auch keinen Erfolg, obwohl die Bewohner von Rimini ob Verdis Premiere und seiner Anwesenheit völlig aus dem Häuschen waren.

Verdi war eher ungern ans Meer gereist und raunzte dort auch bei den Proben nur herum. Jeden Tag eilte er vor Probenbeginn an den Strand und stierte auf das Meer; solcherart seelisch ins Gleichgewicht gebracht, änderte er dann ständig an der Partitur herum, was wiederum den Dirigenten Angelo Mariani aufbrachte. Der ließ sich öffentlich zu einer abfälligen Bemerkung über »Aroldo« und einer beifälligen über Meyerbeer hinreißen, was die Verdis ihm prompt übelnahmen, vor allem Giuseppina, die ihn von Anfang an nicht besonders leiden konnte.

Die Premiere wurde flau aufgenommen, aber die gute Gesellschaft von Rimini war dennoch so begeistert darüber, daß ihr neues Theater mit einer Verdi-Uraufführung eingeweiht worden war, daß sie ein riesiges Fest feierte. Doch der Komponist floh, als man ihm einen Lorbeerkranz aufsetzen wollte, und überließ es Piave, ihn bei dem Festessen zu vertreten.

Die Galeerenjahre hatten Verdi wieder voll im Griff. Giuseppinas Angst, er denke zu viel ans Geldverdienen und zu wenig an das Leben, war sicher nicht ganz unberechtigt. Der »Bauer aus Le Roncole« brauchte aber auch das Geld, um zu bauen, planen und sich sicher fühlen zu können …

So nahm er auch das Angebot des ungeliebten Teatro San Carlo in Neapel an, eine Oper für das Haus zu schreiben. Antonio Somma sollte der Librettist sein, von ihm hatte er den fertigen »Lear«-Text in der Schublade – und dennoch suchte er sich wieder ein anderes Sujet. Das Zurückweichen vor diesem Stoff wurde immer unerklärlicher. Traute er sich letztlich doch nicht an ihn heran, auch jetzt nicht, auf der Höhe seiner Kunst? Hatte er das Thema (Vater und Töchter) zu oft komponiert? Erkannte er, wie komplex und vielschichtig der Stoff war? Es wird kolportiert, daß Verdi viel später dem jungen Pietro Mascagni abgeraten haben soll, einen »Lear« zu schreiben. Ihn selbst, will Mascagni gehört haben, habe die Szene auf der Heide davon abgehalten. In der Tat mochten die Probleme einer solchen Oper schwer wiegen in einer Zeit, die noch nicht daran dachte, Literatur-Opern zu schreiben, also Werke, in denen der dichterische Text zwar gekürzt, aber ohne Bearbeitung durch einen Librettisten komponiert wurde. An »Lear« hat man sich ja in der Tat erst spät gewagt; Aribert Reimanns »Lear« stammt aus dem Jahre 1978, ist eine Literatur-Oper und sicher ein interessanter Versuch. Dennoch hat sich auch Reimann um die eigentlichen Probleme des Shakespeareschen Textes herumgedrückt (z.B. ist sein Narr eine Sprechrolle!).

Jedenfalls, was Verdis Motive immer gewesen sein mögen, von nun an verschwindet der »Lear« aus den Notizen und Planspielen des Komponisten. Er greift ihn erst spät in den achtziger Jahren nochmals auf, mehr spielerisch, wie um sich zu erinnern, und läßt ihn dann schnell wieder fallen. Der neue Stoff, der ihn interessiert, ist ein historischer, mit dem er wieder einmal gründlich Ärger bekommen wird.

Nach dem Krimkrieg war der Ton zwischen Piemont sprich Cavour und den Österreichern harscher geworden. Man provozierte sich, wo man konnte. Rasselte Cavour in Turin mit dem Säbel, ließen sich die Österreicher vom Heiligen Vater als »Schwert der Kirche« feiern. Der Name Verdi wurde jetzt zum Symbol für *Vittorio Emanuele Re D'Italia* – die Anfangsbuchstaben ergeben »*VERDI*« – »Viva Verdi!« war ein unverfänglicher Ruf, man durfte ihn auch auf Hauswände schreiben, aber man konnte ihn auch anders deuten … Den Höhepunkt erreichte diese Form patriotischer Symbolik während der Arbeit an seiner nächsten Oper, aus der letztlich »Un ballo in maschera« (»Ein Maskenball«) werden sollte.

Ein französisches Stück war Verdi in die Hände gekommen, »Gustavo III. di Svezia« auf italienisch, von Eugène Scribe, mit dem er den großen Ärger in Paris gehabt hatte. Dennoch war es für ihn »ein grandioses und ausuferndes Stück, es ist schön, hat aber wie bei allen Opern auch viel Konventionelles – etwas, was ich immer wenig geliebt habe und nun absolut unerträglich finde.« Scribe hatte dieses Stück für Auber geschrieben; 1833 hatte dessen »Gustave III. ou le Bal masqué« in Paris Premiere, ein ganzer nachgemachter Meyerbeer und ein halber Erfolg. Die Geschichte ist auch reichlich konventionell: Der Schwedenkönig liebt die Gräfin Ankarstroem, ist aber eng mit deren Mann befreundet. Es gibt eine Verschwörung bei Hofe, der Ankarstroem auf die Schliche kommt, er ertappt nach dem Besuch einer Wahrsagerin, Madame Arvedsen, seine Frau und den König in einer scheinbar eindeutigen Situation und schließt sich daraufhin der Verschwörung an. In seinem Haus wird ausgelost, wer den König töten soll; das Los fällt auf ihn. Bei einem Maskenball verrät ihm der Page Oscar das Kostüm des Königs, er tötet diesen daraufhin. Der König hatte sich aber gerade entschlossen, der Gräfin zu entsagen. Sterbend verzeiht er seinem

Mörder. Finstere Komplotte also, wie gehabt, dazu Gelegenheit für höfische Musik und einen allerliebsten Pagen als Koloraturstimme. Die ganze Geschichte bot zwar Anlässe für Musik, war aber insgesamt nichts Besonderes. In abgewandelter Form gab es auch bereits einige andere Bearbeitungen des Stoffes: 1841 durch Vincenzo Gabussi in Venedig, 1843 durch Mercadante in Turin, wo der Texter Cammarano das Geschehen nach Schottland verlegte – »Il Reggente« erlitt also das gleiche Schicksal wie Verdis Fassung des Königsmordes. An der Oper Mercadantes würde er sich zu beweisen haben – vielen gilt sie als seine beste. Und das auch noch ausgerechnet in der Mercadante-Hochburg Neapel!

Somma sagte ohne Zögern zu, die Oper zu schreiben. Und hatte in der Folgezeit harte Wochen durchzustehen, denn Verdi korrigierte ihn Zeile für Zeile, gab ihm genaueste Anweisungen, brachte ihm regelrecht das Handwerk bei. Das sah zum Beispiel so aus: »Wenn Amelia eintritt und den Namen des Gatten zieht, ist das im französischen Drama eine furchtbare und besonders schöne Situation; in der Dichtung, die Ihr mir geschickt habt, erschüttert sie mich nicht ebenso. Vom Vers ›Poi che par‹ usw. an bis zu den Strophen ›Non piu fede ...‹ geht etwas nicht. ... Das Wort ist nicht deutlich und dieser schöne Moment geht fast unbemerkt vorbei.« Oder: »Es wäre mir lieb, wenn Ihr mir statt ›al tocco‹ ein Wort mit dem Ton auf der drittletzten Silbe finden und ›alle tre‹ sagen lassen könntet. Seht zu, daß alle die ganze Strophe singen können!«

Verdi war ein gestrenger Herr. Nicht zu Unrecht nannte er das Buch zu »Un ballo in maschera« Somma gegenüber auch immer »unser Libretto«! Amelias große Arie im zweiten Akt mußte dreimal umgeschrieben werden, bis Verdi zufrieden war. Somma fügte sich klaglos, obwohl er als Schriftsteller einen beträchtlichen Ruf besaß. Dafür konnte er sich aber auch rühmen, an einem vorzüglichen Libretto beteiligt gewesen zu sein. Als Verdi zufrieden war, schickte Somma eine Zusammenfassung an das Teatro San Carlo und harrte der Dinge, die da von der Zensur kommen würden. Die Direktion warnte gleich: Man müsse unter Umständen die Geschichte verlegen. Verdi zeigte sich ob dieses Ansinnens gnädig, wenn auch nicht besonders erfreut: »Wie traurig, den Pomp eins Hofes wie den Gustavs III. aufzugeben! ... Arme Dichter, arme Komponisten!« Doch damit war es nicht getan. Die Zensur schlug zu. Was sie verlangte, war unerfüllbar. Eine einfache Versetzung der Ereignisse irgendwo anders hin wie seinerzeit bei Mercadante war ihr zu wenig. Der König müßte ein Herzog werden, die

Geschichte müßte in eine Zeit verlegt werden, in der man noch an Zauberei glaubte, also in ein vorchristliches Jahrhundert, die dürfte überall im Norden spielen, nur nicht in Schweden, die Liebe des Helden müßte nobel bleiben, die Verschwörer müßten den Herzog der Thronfolge wegen hassen, Feuerwaffen dürften nicht vorkommen. Somma, verzweifelt, schlug das dreizehnte Jahrhundert vor. Verdi aber lehnte ab, das sei zu weit weg, ein Widersinn, in einer solchen Zeit könne man keine französisch konzipierten Personen wie den Pagen Oscar und den König auftreten lassen. »Man müßte irgendeinen Fürsten, Herzog, Teufel selbst im Norden finden, der etwas von der Welt gesehen und den Duft des Hofes von Ludwig XIV. geatmet hat«, schrieb er an Somma. Dann packte er seine Koffer und reiste persönlich nach Neapel.

Dort schaute er sich, quasi als Vorbereitung dessen, was noch kommen sollte, eine Vorstellung der Oper »Batilda di Turenne« an. Hinter diesem Titel verbargen sich seine »Vêpres Siciliennes«. Dann übergab er der Zensur ein Libretto »Una vendetta in domino«, das war der zunächst geplante Titel des »Gustavo III.«. Das Ganze spielte nun im Pommern des 17. Jahrhunderts, der Librettist hieß Tommaso Anoni – ein leicht zu entschlüsselndes Anagramm für Antonio Somma. Die Auflagen der Zensur waren wenigstens einigermaßen erfüllt worden, doch da spielte die Politik Verdi einen Streich.

Am 14. Januar 1858 war er in Neapel eingetroffen, einen Tag vorher hatte Felice Orsini, Carbonaro und Parteigänger Mazzinis, einen Anschlag auf den französischen Kaiser verübt. Seine Majestät blieben unverletzt, aber einige Personen seiner Begleitung wurden getötet. Das Attentat war eine Katastrophe für Cavours Politik. Die öffentliche französische Meinung mußte sich nun gegen Italien wenden. Der Graf handelte deshalb schnell, verbot einige Zeitungen liberaler Tendenz, darunter Mazzinis »L'Italia del popolo«, und trat in ausführliche Gespräche mit der französischen Regierung ein. Napoleon III., der manchmal das Unerwartete tat, tat es auch hier – Orsini hatte ihm im Gefängnis einen Brief geschrieben, der mit dem Satz endete: »Befreien Sie mein Vaterland und der Segen von 23 Millionen folgt Ihnen in die Nachwelt!« Der Kaiser ließ diesen Brief auf den ersten Seiten der französischen Zeitungen veröffentlichen; das mußte als eindeutige Provokation der Österreicher wirken. Napoleons Motive sind nicht ganz klar, wahrscheinlich fürchtete er sich einfach vor weiteren Attentaten (das war schon das dritte, daß ein Carbonaro ausgeführt hatte). Heimlich lud der Kaiser der Franzosen den Ministerpräsidenten der Piemontesen in die Voge-

sen ein, nach Plombières, und dort verabredete man den Krieg gegen Österreich.

»Italien frei bis zur Adria!« war das vereinbarte Kriegsziel, also ein Königreich Oberitalien unter der Herrschaft Vittorio Emanueles mit den bislang
österreichischen Besitzungen. Außerdem war ein italienischer Staatenbund
unter Leitung des Papstes vorgesehen. Dafür handelte Napoleon sich Nizza
und Savoyen ein – letzteres das Stammland der Dynastie. Ein hartes
Geschäft. Jetzt galt es für Cavour nur noch, die Österreicher zu provozieren
und zu einem kriegerischen Akt herauszufordern.

Der Vertrag blieb selbstverständlich geheim; so konnten die italienischen
Regierungen nichts davon wissen. Für sie galt es nun, jeglichen Ansatz von
Attentaten oder Carbonaritum zu vereiteln, auch und vor allem in der
Öffentlichkeit sprich auf der Bühne. Ein Königs-, Herren- oder Fürstenmord
in einer moralischen Anstalt einer musikalischen Schaubühne war undenkbar geworden. Orsinis Bombe beendete vorerst das Bühnenschicksal von
»Una vendetta in domino«. Die Polizei verbot die Oper in der bestehenden
Form und schlug Änderungen vor, die die ganze Geschichte völlig unsinnig
machen mußten. Aus der Gräfin Ankarstroem sollte die Schwester des Grafen werden, der durfte aber wiederum kein Graf sein, der Maskenball sollte
nicht stattfinden, den Mord hatte man gefälligst hinter der Bühne zu begehen usw.. Es wäre sicher interessant, die Psyche solcher Zensoren einmal
näher untersuchen zu können … »Wie Ihr Euch vorstellen werdet, sind diese
Änderungen unannehmbar; folglich ist es aus mit der Oper!« Die Theaterleitung drohte Verdi daraufhin mit einer Konventionalstrafe von 50 000
Dukaten! Und ließ ohne Wissen aller Beteiligten von einem anderen Autor
das Libretto umarbeiten. »Adelia degli Adimari« hieß die Oper nun und
spielte im Florenz des 14. Jahrhunderts. Verdi bekam den Text zu Gesicht
und schäumte. »In Fragen der Kunst habe ich meine eigenen Vorstellungen
und Überzeugungen, die klar und präzis sind und die ich nicht aufgeben
kann und werde«, schrieb er am 14. Februar 1858 an die Direktion des Teatro San Carlo.

Da er die ersten Auflagen der Zensur erfüllt hatte, stand er recht gut da,
als das Prozessieren losging. Gegenseitig verklagten sich die Vertragspar-
teien. In einem Memorandum machte er seine Position spöttisch noch einmal deutlich: »Was, Sie haben das Stück schon geschrieben? Was macht das?
Verlängern, kürzen, pfuschen Sie herum, es ist alles recht. Wir wollen Musik,
wir wollen Ihren Namen und wir wollen Sie als Komplizen, wenn es darum

geht, das Publikum hereinzulegen. Drama, Vernunft? Pah! Quatsch! Quatsch! – So ist es und das ist der Respekt, den sie vor dem Publikum, der Kunst und den Künstlern haben!«

Doch die Juristen wollten damit nichts zu tun haben. Der Fall wurde niedergeschlagen, auf Wunsch des Königs. Denn es war etwas passiert, wovon sonst kaum zu berichten ist: Die napoletanische Bevölkerung ging für Verdi und sein Recht, seine Partitur zurückzuziehen, wenn sie verstümmelt würde, auf die Straße! Die Demonstration galt dem Komponisten und Patrioten – deshalb war Vorsicht geboten. Man einigte sich auf Wunsch von oben – auf eine neue Oper, aus der nichts wurde. Schließlich blieb eine Neuinszenierung des in Neapel noch nicht gezeigten »Simon Boccanegra« übrig. Verdi hatte also eine praktisch fertige Oper in der Tasche, jetzt mußte er ein Theater für sie suchen – eines, das Mut hatte. Denn Verdi machte sich ob des Stoffes und der Zensur keinerlei Illusionen.

Die Scala di Milano zeigte sich interessiert, aber Verdi winkte ab. Er hatte eine andere Idee und fühlte bei seinem Freund Vincenzo Luccardi vor, einem römischen Bildhauer. Es reizte ihn, den Napoletanern zu zeigen, daß selbst die reaktionären römischen Zensoren das Buch genehmigen würden. Daß Rom quasi vor der Haustür von Neapel liegt, machte das Spielchen für Verdi noch attraktiver. Zudem lief in Rom mit viel Erfolg das Schauspiel »Gustavo III.« von einem gewissen Dal Testo (nicht, wie oft zu lesen, Scribes Text einfach ohne Musik). Das Teatro Apollo war sehr interessiert, aber sein Impresario warnte den Komponisten, zu glauben, die römische Zensur werde »Una vendetta in domino« so ohne weiteres durchgehen lassen. Was in der Tat auch geschah. Verdi, der nach den Verhandlungen wieder nach Busseto heimgekehrt war, zeigte sich erstaunt. Als Sprechstück dürfe man den Königsmord auf die Bühne bringen, als Operntext nicht. »Sehr seltsam!« Zu Konzessionen schien er nicht bereit. »Wenn ich in Neapel diese Oper nicht zulassen wollte, weil sie das Libretto änderten, kann ich sie in Rom nicht geben, wenn sie ebenfalls ändern wollen.«

Die römische Zensur verlangte letzten Endes nicht weniger Änderungen als die napoletanische. »Launischkeit, Dummheit, Unbildung« attestierte Antonio Somma, der diesmal auch nicht mitzumachen bereit war, der »Conte di Gothenberg« genannten von der Zensur vorgeschlagenen Fassung. Doch man ließ behördlicherseits mit sich reden. Donizettis Schwager, der Anwalt Vasselli, legte sich ins Zeug. Am 8.7.1858 konnte Verdi seinem Librettisten melden: »Sie wollen die Geschichte und die Situationen etc.

erlauben, aber sie hätten es gerne, wenn alles nicht in Europa spielte. Was sagtet Ihr zu Nordamerika in der Zeit der englischen Herrschaft? Wenn nicht Amerika, dann irgendwo anders; vielleicht der Kaukasus?«

In der Tat hatte sich Verdis Musik bereits so weit von der Vorlage entfernt (trotz einiger ausgesprochen höfischer Szenen), daß eine bloße Verlegung dem Werk nichts mehr antun konnte. Somma machte sich an die Arbeit. Viel geändert werden mußte nicht.

Im August 1858 erlitt Antonio Barezzi einen Schlaganfall. Man fürchtete um sein Leben, doch Verdis Schwiegervater genas wieder, dank der aufopfernden Pflege durch Giuseppina, die er spätestens seit dieser Zeit in sein Herz schloß und fortan behandelte wie seine Tochter. Verdi selbst mußte Busseto verlassen und nach Neapel reisen, um dort wie vereinbart »Simon Boccanegra« zu inszenieren – die Napoletaner Aufführung war übrigens die einzige der ersten Fassung, die einen großen und stürmischen Erfolg hatte. Vermutlich wollten sich die Napoletaner bei Verdi bedanken. Vom Golf reiste er per Schiff nach Rom, mietete dort einen Palast (den Giuseppina extrem scheußlich fand) und einen Koch (über den sich Giuseppina sehr freute) und machte sich an die Arbeit.

So wurde aus Gustav III. Riccardo Conte di Varvich, Gouverneur von Boston (Tenor), aus dem Grafen René Ankarstroem der Kreole Renato (Bariton), aus den Grafen Ribbing und Horn, den Anstiftern des Komplotts, wurden Samuel und Tom (Bässe), die Wahrsagerin Madame Arvedsen wurde zur zauberkundigen Indianerin Ulrica (Alt). Nur Amelia und Oscar blieben Amelia (Sopran) und Oscar (Koloratursopran). Verdi war später immer dagegen, die Geschichte wieder nach Schweden zurückzuverlegen – gerade die Zeit- und Ortlosigkeit reizte ihn nun, denn daß das britische Amerika ein grotesker Schauplatz war, wußte er auch. Mit den historischen Figuren hatten die Operngestalten auch nur noch wenig zu tun. Der echte Gustav III. war ein feudaler, absolutistischer Herumtreiber, skrupellos, homosexuell und verwahrlost – Riccardo ist sensibel, gerecht, voller Skrupel und Selbstzweifel, großzügig und edel. Graf Ankarstroem wurde zwar wie in der Oper auch in Wirklichkeit vom sterbenden König begnadigt, aber nach dessen Tod vierteilte man ihn öffentlich. Die Anstifter Ribbing und Horn kamen mit Verbannung davon. Doch darum ging es Verdi auch nicht mehr. »Un ballo in maschera« – wie die Oper nun endlich hieß – ist ein kompliziertes Geflecht menschlicher Verbindungen und eines der ganz großen Meisterwerke des Komponisten.

Wie in »Rigoletto« hat jede der handelnden Personen ihre eigene musikalische Zeichnung, auch die scheinbaren Nebenfiguren. Im Zentrum stehen zwei unglückliche Liebesgeschichten: Riccardo liebt Amelia, Amelia liebt Riccardo, Renato liebt Amelia – und Renato und Riccardo sind enge Freunde. Um diese ganz einfache Konstellation herum baut Verdi atmosphärisch ungemein dichte Szenen – den Einbruch des Unwirklichen in Ulricas Beschwörung, den zynischen Spottchor der Verschwörer, die den vermeintlichen Ehebruch entdecken, die an Edgar Allan Poe erinnernde Ballszene, in der der Tod zu Gast ist, wenn auch ohne rote Maske, dazu die nur scheinbar rokokohaft beschwingte Musik einiger kurzer Szenen höfischer Musik, die vor allem vom Pagen Oscar ausgehen, einer Hosenrolle für einen Koloratursopran, die einzige derartige Figur, die Verdi jemals geschaffen hat und die deshalb unsere besondere Aufmerksamkeit fordert, eine Aufmerksamkeit, die ihr von den wenigsten Regisseuren zuteil wird.

Die Musik Oscars ist heiter, beschwingt und scheinbar unproblematisch. Und doch ist etwas Bedrohliches an dieser Figur. Oscar ist es, der Riccardo zu Ulrica schickt. Oscar taucht zwitschernd mitten in der Runde der Verschwörer auf, gerade als Amelia den Namen ihres Mannes aus der Losurne gezogen hat, und lädt vergnügt alle zum Maskenball ein. Oscar verrät scherzend Renato, hinter welcher Maske Riccardo sich verbirgt. Und in Oscars Armen schließlich stirbt Riccardo. Von Anfang an wandelt Oscar ungerührt durch die grauenhafte Geschichte, fast unbeteiligt, setzt das Geschehen in Gang, fröhlich, vergnügt, ohne zu merken, was um ihn herum geschieht – ein heiterer Todesengel .

»Un ballo in maschera« enthält so viele brillante Szenen und Arien, daß man sie kaum aufzählen kann. In keiner anderen Oper Verdis steckt so viel tiefes Grauen, das durch Heiterkeit überdeckt wird – Riccardos angstgeschütteltes »E scherzo« sei nur als ein Beispiel für viele genannt. Der musikalische Höhepunkt ist unzweifelhaft »Teco io sto«, das große Liebesduett zwischen Amelia und Riccardo im zweiten Akt. Es wird oft als Parallele zu Wagners Liebesduett aus »Tristan und Isolde« angeführt, und das sicher nicht zu unrecht – in beiden Opern ist die Beziehung zwischen Liebe und Tod das große Thema. »Teco io sto« spielt, man vergißt es leicht, auf dem Galgenberg vor den Toren der Stadt. Selbst in »Otello« ist die Todessüchtigkeit nicht derart ausgeprägt wie hier – über dem Duett zwischen Otello und Desdemona liegt das Wissen des Todes, hier ist es fast der Wunsch danach, verbunden mit einer großen erotischen Leidenschaftlichkeit. Verdi hat nie vorher und nie nachher ein derart erotisches Liebesduett geschrieben, in dem Entstehen, Höhepunkt und Verklingen der Lust musikalisch solcherart Gestalt angenommen haben.

Die Premiere am 17. Februar 1859 in Rom wurde ein gewaltiger Erfolg. Einige konservative Kritiker schäumten; vor allem der Schluß (der uns doch heute sehr herkömmlich vorkommt) erregte die selbsternannten Hüter der klassischen Form. Doch das Publikum jubelte – und hat damit bis heute nicht aufgehört. »Un ballo in maschera« ist eine der populärsten Verdi-Opern geblieben, und selbst in jenen Jahren, in denen Verdi von den Bühnen fast vollständig verschwunden war und als medioker galt, blieb diese Oper immer auf den Spielplänen.

Überflüssig hinzusetzen, daß aus der Premiere in Rom eine patriotische Demonstration wurde. Die »Viva Verdi!«-Rufe galten gleichermaßen dem piemontesischen König. Die patriotische Erregung erreichte 1859 ja ihren teilweise erfolgreichen Höhepunkt und spülte Verdi auch mit dieser absolut unpolitischen Oper ins Zentrum. Rom als Premierenort, die Hauptstadt Italiens, die, man ahnte es, einem geeinten Land noch lange verwehrt werden sollte; Rom, die Stadt des Papstes, der sich gegen diese Einigung ausgesprochen hatte – Rom jubelte dem italienischsten aller italienischen Komponisten zu.

Verdi war's zufrieden, als er mit der Strepponi – immer noch, wenn auch nicht mehr lange, Strepponi und noch nicht Verdi – nach Sant'Agata zurückkehrte. Die schlechten Kritiken nahm er teilnahmslos auf und schrieb an Vincenzo Jacovacci, den Impresario des Teatro Apollo: »Ist die Oper schlecht oder gut? Ist sie schlecht und die Journalisten haben schlecht von ihr gesprochen, so haben sie recht gehabt; ist sie gut und sie haben sie nicht entsprechend beurteilen wollen, eigenen oder fremden Privatinteressen zuliebe oder zu welchem Ende auch immer, dann muß man sie reden lassen und sich nicht darum kümmern.«

Viva Verdi!
Die italienische Einigung

Camillo Graf Cavour

»*Ich* bedaure, daß die Beziehungen zwischen unseren Regierungen nicht mehr so gut sind wie früher«, sagte Kaiser Napoleon III. beim Neujahrsempfang für das diplomatische Corps zum österreichischen Gesandten, der wie stets in den letzten zweihundert Jahren von dieser Entwicklung überrascht wurde. Die Fronten waren damit klar. Der französische Kaiser stand auf der Seite der Italiener; seine Regierung und die Bevölkerung allerdings waren weniger kriegslüstern. Piemont rüstete in geradezu unverschämter Weise auf. Cavour versuchte, »un petit acte bien agressif« zu provozieren, durch Anstiftungen zu kleineren Volkserhebungen in Parma und Modena. Giuseppe Garibaldi stellte im Auftrag der Turiner Regierung Freischaren auf. Die Stimmung wurde immer gereizter. In Mailand machte sie sich – wie auch anders! – in der Scala Luft. Es war ausnahmsweise keine patriotische Oper von Verdi, sondern die Wiederaufführung von Bellinis »Norma«. In den Kriegschor »Guerra, guerra!« stimmten die italienischen Zuschauer begeistert mit ein. Die anwesenden österreichischen Offiziere brüllten daraufhin: »Ihr sollt ihn haben, ihr Hunde!« Beide Seiten machten auch geistig mobil.

Und Österreich machte den Fehler, auf den Cavour so lange hatte warten müssen. Wien stellte ein Ultimatum an Turin, gefälligst schnell und einseitig abzurüsten. Am 26. April 1859 »machte Cavour Geschichte und ging zum Essen«, wie er es selbst ausdrückte. Cavour rief ganz wie in Plombières für den Bündnisfall besprochen die Hilfe Frankreichs an.

Am 4. Juni wurden die Österreicher bei Magenta von den Franzosen und Piemontesern geschlagen. Nach der Niederlage am Ticino übernahm Kaiser Franz Joseph I. höchstpersönlich den Oberbefehl; der starrsinnige Monarch, zusätzlich durch Eheprobleme belastet, wurde am 24. Juni südlich des Lago di Garda bei Solferino ebenfalls geschlagen. Nicht vernichtend, obwohl Mailand aufgegeben werden mußte und diese Schlacht eine der blutigsten des 19. Jahrhunderts war. Der Kaiser aus Paris schien nun so etwas wie brüderliche Gefühle für den Kaiser aus Wien zu empfinden und bot einen Waffenstillstand an, ohne dies mit seinem Turiner Verbündeten abzusprechen. Am 12.Juli wurde in Villafranca ein Vorfriede unterzeichnet, Österreich übergab die Lombardei an Frankreich und sollte Venetien behalten. Obwohl die Franzosen natürlich die Lombardei an Piemont weiterzugeben versprachen, waren die Abmachungen zwischen Turin und Paris gebrochen. Italien war nicht frei bis zur Adria. Die Patrioten schäumten – und Verdi stimmte wutschnaubend in den Chor der Enttäuschten ein. »Statt eine Lobeshymne zu singen, scheint es mir richtiger, heute Klage zu erheben über den ewigen Unstern unseres Vaterlandes«, schrieb er an Clara Maffei. »Der Friede ist geschlossen … Venedig bleibt bei Österreich!!! Und so ist nun die so sehr ersehnte und versprochene Unabhängigkeit Italiens? Was bedeutet die Proklamation von Mailand? Ist Venedig vielleicht nicht Italien? Nach so vielen Siegen dies Ergebnis! So viel Blut vergeudet! Arme enttäuschte Jugend! … Es ist also wirklich wahr, daß wir von einem Fremden niemals etwas zu erhoffen haben, welcher Nation er auch angehöre.« Verdis Enttäuschung war auch deshalb so groß, weil seine Begeisterung so groß gewesen war – im patriotischen Taumel des beginnenden Krieges hatte er sogar (wieder einmal) überlegt, ob er nicht mit dem Komponieren zugunsten politischer Tätigkeiten aufhören sollte. Soldat konnte er nicht werden, gab er bedauernd zu – schließlich war er bereits 46 Jahre alt und gesundheitlich nicht recht auf dem Damm; seine psychosomatischen Leiden verließen ihn ja nie. Dafür hatte er sich in Busseto auf seine typische Weise engagiert. Er startete eine Sammlung für verwundete Soldaten und die Familien der Gefallenen. Die Unterschriften und die Zeichnungsliste hängen heute in der »Sala Barezzi« in Busseto. Die Liste zeigt eine mehr als großherzige Spende des Komponisten, eine ebenfalls sehr hohe Summe aus der Kasse Antonio Barezzis und eine kleinere von Giuseppina Strepponi.

Im August heirateten Verdi und Giuseppina. Über Genf fuhren sie nach Collonges-sous-Salève, in einen kleinen Ort, der damals noch zu Savoyen und folglich zu Italien gehörte. Den Pfarrer hatten sie mitgebracht: Abbé Mermillot von Notre-Dame in Genf. Der Abbé, dem eine große Karriere als Kardinal bevorstand, traute sie in der kleinen Kirche des Ortes. Trauzeugen waren der Kutscher und der Glöckner der Kirche.

Viel ist darüber spekuliert worden, weshalb Verdi so lang gewartet hat, bis er Giuseppina heiratete – warum er es denn überhaupt tat, schließlich lag ihm trotz seiner Bürgerlichkeit an manchen Konventionen nicht viel. Man hat geradezu Legenden erfunden – er habe der sterbenden Margherita gelobt, nicht mehr zu heiraten, ist nur eine von vielen. Wahrscheinlicher ist: Verdi hing an Barezzi mehr als an seinem leiblichen Vater. Barezzi hatte sich ja mit Giuseppina nie so recht anfreunden können, erst nach seinem Schlaganfall hatte sich das Verhältnis der beiden grundlegend geändert. Deshalb konnte Verdi sich jetzt mit ihr verheiraten. Auf jeden Fall waren die beiden jetzt ein »ordentliches Paar«, und nach und nach vergaß man Giuseppinas Vergangenheit und nahm ihre Gegenwart auf – eine kluge, menschliche Frau, die ihren Mann vergötterte.

Endlich einmal tat Italien nun etwas allein und aus sich selbst. In Parma, Modena, der Toscana und der Romagna wurden Regierungen und Fürsten von der Bevölkerung vertrieben, provisorische Regierungen bildeten sich, die den Anschluß an Piemont betrieben. Die britische Regierung mischte sich ein und bestand geradezu darauf, daß auch Mittelitalien sein Schicksal selbst bestimmen sollte. Cavour, der zunächst aus Zorn seinen Posten hingeworfen und sich an den Genfer See zurückgezogen hatte, erkannte die Chance und spannte die Volksbewegung für sich ein. Garibaldi und selbst Mazzini waren dabei seine Ansprechpartner. Sein Plan war einfach und skrupellos. Die Revolutionäre sollten Unruhe schüren, die bisherigen Zustände umstürzen – und dann würde die Turiner Regierung alles fein säuberlich auf Kabinettsebene wieder in die Hand nehmen. Im Norden kam es zu Volksabstimmungen, die riesengroße Mehrheiten für den Anschluß an Piemont brachten. Turin annektierte flugs diese Gebiete und schrieb Wahlen für ein Parlament eines neuen Staates aus, der noch nicht einmal einen Namen hatte!

Aber Cavour mußte Napoleons Bedingungen erfüllen. Ein Aufschrei ging durch das ganze Land, als Nizza und Savoyen an Frankreich übergeben wurden. Vor allem die Demokraten um Garibaldi waren entsetzt – Nizza war schließlich Garibaldis Heimatstadt. Manipulierte Volksabstimmungen gaben Turin und Paris recht. Cavour nahm auch in einem anderen Punkt Rücksicht auf den französischen Kaiser. Der Kirchenstaat wurde nicht angetastet. Frankreich hatte hier Verpflichtungen.

Dafür stürzten die Bourbonen. Intern wühlte der »Nationalverein« unter dem Sizilianer La Farina, von außen her näherte sich Garibaldi. Mit 1067 Mann stach er am 6. Mai 1860 von Genua aus in See – der »Zug der Tausend« hatte begonnen. Fünf Tage später landete er in Marsala auf Sizilien, neue Freiwillige schlossen sich ihm an, Sizilien fiel. Trotz der Angst Cavours vor dieser unkontrollierbaren Volksbewegung, deren Anstoß er selbst gegeben hatte, setzte Garibaldi aufs Festland über und zog am 7. September in Neapel ein. Dann begann er den Angriff auf den Kirchenstaat.

Damit allerdings war er zu weit gegangen. Piemontesische Truppen marschierten, annektierten zwar große Teile des Kirchenstaates, ließen das eigentliche Patrimonium Petri aber unangetastet. Garibaldi beschwor den König, Rom einzunehmen und ganz Italien zu vereinigen, erst dann wolle er das eroberte Süditalien hergeben. Vittorio Emanuele wandte sich an sein Parlament und die Bevölkerung im Süden – die Abstimmung ergab eine große Mehrheit für den Anschluß. Garibaldi resignierte und zog sich auf sein Gut auf Caprera, einer kleinen Insel bei Sardinien, zurück. Italien war, wenn auch ohne Rom und das Veneto, geeint – aber die Demokraten hatten verloren. Welcher Art dieser neue Staat sein würde, konnte man daran erkennen, daß Vittorio Emanuele sich auch als erster italienischer König weiterhin Vittorio Emanuele II. nennen ließ, wie es in der Chronologie der Piemonteser Fürsten verzeichnet war. Der Norden herrschte über das gesamte Land.

Viele allerdings, darunter auch Verdi, erkannten das Verhängnis dieser Einigung nicht gleich. Keines der Probleme Italiens wurde gelöst, im Gegenteil, unter den unfähigen Nachfolgern Cavours wurde vieles noch schlimmer. Zunächst aber herrschte großer Jubel. Verdi wurde begeistert gefeiert, als man in Busseto über den Anschluß an Piemont abstimmte. Man wählte ihn zum Bezirksabgeordneten für das Parlament in Parma; er sollte dem König in Turin das Ergebnis der Abstimmung in der Emilia überreichen. Bei dieser Gelegenheit suchte er Cavour auf, der sich damals in Leri befand, wohin er sich nach dem kurzzeitigen Rücktritt von seinen Ämtern zurückgezogen hatte. Wie er zu Cavour stand, wie sehr er ihn verehrte, wie schüchtern, ja geradezu devot er sich ihm gegenüber verhielt (der »Bauer« dem Grafen gegenüber?), macht ein Brief deutlich, den er ihm am 21.9.1859 schrieb: »Eure Exzellenz mögen meine Kühnheit verzeihen und die Behelligung, die ich Ihnen mit diesen paar Zeilen vielleicht verursache. Ich hatte seit langem den Wunsch, den Prometheus unserer Nation persönlich kennenzulernen; und ich gab die Hoffnung nicht auf, eine Gelegenheit für die Erfüllung dieses lebhaften Wunsches zu finden. Was ich aber nicht zu hoffen gewagt hätte, das war der offene, gütige Empfang, mit dem mich Eure Exzellenz zu beehren geruhten. Ich schied tief bewegt! Nie werde ich Leri vergessen, wo ich die Ehre hatte, dem großen Staatsmann die Hand zu drücken, dem erhabenen Mitbürger, dem Mann, den jeder Italiener Vater des Vaterlandes nennen

179

wird.« Diese merkwürdige Scheu trat bei Verdi immer dann auf, wenn er mit Leuten zu tun bekam, die er verehrte. Bei Alessandro Manzoni, dem über alles geliebten Schriftsteller, sollte er später sogar vollständig verstummen!

Cavour dankte Verdi warm für diesen Brief als einem Mann, »der dazu beigetragen hat, den Namen Italiens in Europa in Ehren zu halten«. Daß Verdi sich nicht zu schade gewesen war, auf eigene Kosten mit Hilfe des Dirigenten Mariani die Bussetaner Bürgerwehr zu bewaffnen, war ihm zu Ohren gekommen – und da er sich der Mitarbeit des Künstlers versichern wollte, bat er den Komponisten (wie auch den Autor Manzoni), sich um einen Parlamentssitz im vereinten Italien zu bewerben. Verdi hatte keine große Lust dazu und überlegte, wie er absagen könnte, ohne Cavour zu verletzen. Am 18. Januar 1861 tauchte er folglich in Turin auf, »um sechs Uhr früh bei zwölf bis vierzehn Grad Kälte«. Wie dieser Besuch sich weiter abspielte, schildert Verdi selbst: »Ich hatte mir einen ›speech‹ vorbereitet, der mich ein Meisterwerk dünkte, und kramte des langen und breiten meine Weisheit vor ihm aus. Er hörte mir aufmerksam zu, und als ich schilderte, wie wenig ich zum Abgeordneten geschaffen sei und was für Anfälle von Ungeduld mich bei den langen Reden packten, die es manchmal in der Kammer zu schlucken gibt, da habe ich's wohl auf so närrische Art getan, daß er laut lachen mußte. ›Ausgezeichnet‹, dachte ich, ›gewonnen!‹ Aber nun fing er an, meine Argumente eins nach dem anderen vorzunehmen und zu widerlegen, und dann stellte er ihnen welche entgegen, die nicht ohne Eindruck auf mich blieben. Es endete damit, daß ich sagte: ›Gut, Herr Graf, ich nehme an, aber unter der Bedingung, daß ich nach ein paar Monaten das Mandat niederlegen darf.‹ ›Einverstanden‹, erwiderte er, ›nur lassen Sie es mich vorher wissen.‹«

Verdi ließ sich bewegen, in Busseto gegen seinen Anwalt, einen engen persönlichen Freund, anzutreten. Am 30. Januar 1861 wurde er gewählt. Er hatte 298 Stimmen erhalten. Gewählt wurde nach dem piemontesischen Wahlrecht, einer Mischung aus Zensus- und Mehrheitswahlrecht. Der Zensus war so hoch angesetzt, daß nur 2,2% der Italiener (!) wahlberechtigt waren. Zum Vergleich: Im wahrlich nicht besonders demokratischen Preußen waren es über 20 %! Begeistert war Verdi nicht von dieser Wahl, aber es half nichts, er mußte nach Turin ins Parlament. Turin war damals, vor Florenz und später dann Rom, die Hauptstadt des geeinten, »piemontisierten« Italien. Wie er sich im Parlament verhielt, schilderte Verdi in einem berühmten, undatierten Brief an Piave: »In der ersten Zeit nahm ich an den Beratungen der Kammer teil. Es kam die feierliche Sitzung, in der Rom zur

Hauptstadt Italiens ausgerufen wurde. Nachdem ich dann meine Stimme abgegeben hatte, ging ich zum Grafen hin und sagte: ›Es scheint mir nun an der Zeit, den Bänken Valet zu sagen.‹ ›Nicht doch‹, gab er zurück, ›warten Sie, bis wir in Rom einziehen.‹ ›Tun wir das denn?‹ ›Ja.‹ ›Wann?‹ ›Ja, wann, wann! … Vorläufig gehe ich aufs Land. Leben Sie wohl, alles Gute. Leben Sie wohl.‹ Das waren seine letzten Worte. Wenige Wochen später war er tot … Zwei Jahre und länger bin ich nicht mehr in der Kammer gewesen und bin später nur noch sehr selten hingegangen. Mehrmals wollte ich das Mandat niederlegen. Aber bald konnten keine Neuwahlen ausgeschrieben werden, bald war es dies, bald jenes, was dazwischenkam. Und so bin ich denn jetzt (1865) immer noch Abgeordneter, sehr gegen meinen Wunsch und Willen, ohne jegliche Eignung und Begabung und ganz ohne die Gemütsruhe, welche auf diesem Gebiet so nötig ist …« Verdi schloß diese Erinnerungen mit dem Satz: »Die 450 Abgeordneten sind in Wirklichkeit nur 449, denn einen Abgeordneten Verdi gibt es nicht.«

Auch wenn der neue Staat sich schnell einzurichten begann, zu schnell und zu glatt vielleicht sogar, auch wenn er gleich von den anderen Staaten anerkannt wurde, schleppte er doch die Hypotheken seiner Entstehung mit. Weniger das Veneto – es war abzusehen, daß das geschwächte Österreich einem Anschluß nicht lange mehr würde widerstehen können. Viel kritischer war, daß die Hauptstadt fehlte. Italien ohne Rom war nicht vorstellbar. Doch daran knüpfte sich die wichtigste Frage – wie stand es mit dem Verhältnis von Staat und Kirche im neuen Italien? Auch Verdis Abneigung gegen den Klerus läßt sich daraus erklären, daß für die Patrioten und Demokraten der Papst und seine Priester eher Feinde denn Freunde waren. Schließlich konspirierte der Heilige Vater doch mit den äußeren Feinden des Landes gegen Italien! Cavour versuchte es mit heimlichen Verhandlungen, die auch von Frankreich unterstützt wurden, um Rom – ohne den Vatikan – für Italien zu gewinnen. Doch der Papst blieb starr und unversöhnlich. Die Demokraten waren für ein hartes Vorgehen – allen voran Garibaldi, der den Schwur »Roma o la morte« (»Rom oder Tod«) kreierte. Und zu allem Unglück für den jungen Staat starb mitten in diese Aufregungen hinein der einzige Mann, der Italien vielleicht ohne weitere Verschärfung der Situation aus der brausenden Stimmung des Risorgimento in die ruhigen Gefilde eines normalen Staatswesens hätte führen können. Am 6. Juni 1861 schloß Cavour für immer die Augen.

Verdi war erschüttert. Er konnte nicht nach Turin zur Beerdigung. »Welches Unglück! Welcher Abgrund von Unglück!« schrieb er an seinen Freund Arrivabene. In Busseto wenigstens konnte er an den Trauerfeierlichkeiten teilnehmen. Er weinte dabei wie ein Kind, vermerkte allerdings wohlwollend: »Der Klerus zelebrierte gratis, und das will viel heißen!« Cavours Traum war auch der Verdis – nach Rom, nach Rom, das Motto aller italienischen Patrioten. »Ich werde komponieren, was wir auf dem Kapitol singen müssen, o Rom, Rom! … Wann kommt dieser Tag! Der Traum von zwanzig Lebensjahren!«

Diese letzten Sätze stammen aus einem Brief an Enrico Tamberlinck, einen Tenor, der nicht nur über ein hohes Cis verfügte, das er mit voller Stimme singen konnte, sondern der sich auch langsam zum führenden Verdi-Tenor seiner Zeit entwickelte. Tamberlinck sang überall auf der Welt, relativ wenig allerdings in Italien. Viele Auftritte absolvierte er in Sankt Petersburg, der Hauptstadt des russischen Reiches. Dort war er maßgeblich an dem Vorhaben beteiligt, Giuseppe Verdi zu bitten, eine Oper für das Petersburger Bolschoi-Theater zu schreiben. Natürlich mit einer schönen Tenorpartie.

Verdi mußte also daran gehen, sich einen Pelz zu kaufen Der Mann, der Italiens wegen damit aufhören wollte, »kleine Häkchen auf das Papier zu machen«, schrieb eine Oper über den Krieg und das, was er aus den Menschen macht, eine Oper über den vergeblichen Versuch, der Welt die Liebe entgegenzusetzen. Dieses Thema beschäftigte ihn jetzt immer häufiger. Seine Weltsicht wurde langsam pessimistischer, ja verzweifelter. »La forza del destino« ist die erste Oper, in der diese Weltsicht triumphiert.

Bei den Eisbären

Verdi kleidet sich für Rußland ein

*E*igentlich fühlte sich Verdi mit seiner politischen Arbeit und der Umwandlung von Sant'Agata in ein Mustergut genügend ausgelastet. »Wie du weißt«, schrieb er im September 1859 an Piave, »bin ich der perfekte Landmensch. Ich hoffe, ich habe die Musen verabschiedet und werde nie der Versuchung erliegen, wieder zu meiner Feder zu greifen.« Er empfing zu dieser Zeit relativ viel Freunde, vor allem die Verbindung zu Angelo Mariani, dem Dirigenten, war wieder enger geworden – Marianis Hilfe bei der Beschaffung der Waffen aus Genf für die Bürgerwehr wurde nicht vergessen, und man besuchte sich wechselseitig in Busseto oder in Genua, wo Mariani wohnte. Giuseppina allerdings wurde ihr Mißtrauen gegen den begabten, aber eitlen Dirigenten nie los. Verdi beschäftigte sich außerdem damals mit Fragen einer denkbaren Reform des italienischen Theaterwesens – seine Vorschläge, die Theaterleitung den Impresarii zu entziehen und die Bühnen in staatliche Verwaltung zu übernehmen, wurden später begierig aufgegriffen.

Er hatte seit gut zwei Jahren nichts mehr komponiert, als die Anfrage aus Sankt Petersburg kam. Die Lust dazu packte ihn doch schnell wieder, auch wenn er es nicht zugeben wollte. Zumal man es in Rußland nicht ungeschickt anstellte. Man wandte sich nicht an Verdi, sondern an Giuseppina. Mauro Corticelli war ein alter Freund von ihr, derzeit Privatsekretär der Schauspielerin Adelaide Ristori, die sich gerade auf Tournee in Rußland befand. Corticelli schickte Giuseppina einen dicken Brief, und in diesem lag ein anderer dicker Brief von Enrico Tamberlinck. Beide Herren wollten dasselbe – Verdi überreden, für die Saison 1861/62 eine Oper für das kaiserliche Theater in Sankt Petersburg zu schreiben. Giuseppina zögerte. Sie antwortete Corticelli zwar schnell, schon am 17.1.1861, aber sie ließ alles offen. »Ich kann mich zu dem Ja oder Nein nicht äußern, das Ihr von Verdi erwartet.« Aber sie kannte ihren Mann zu gut, um ihrem Freund nicht doch Hoffnung zu machen: »Nach gewissen Andeutungen, die ihm entschlüpften, scheint er mir gar nicht mehr so abgeneigt, die Feder in die Hand zu neh-men.« Sie selbst hatte große Lust, Rußland kennenzulernen. Auch Verdi beschäftigte sich mit dem Gedanken einer solchen Reise, als ihm seine Frau den Vorschlag vortrug. Zumal das Angebot Tamberlincks verlockend klang – jedes Sujet würde angenommen, das Buch werde Verdis Eigentum bleiben (d.h. er könnte es nochmals verkaufen) und die finanziellen Bedingungen dürfe er auch nach eigener Wahl stellen.

Verdi holte nun, gewissermaßen als Versuchsballon, Victor Hugos »Ruy Blas« heraus, eine Geschichte, auf die er schon ein paar mal spekuliert hatte, ohne sie je zu verwirklichen. Doch da ließ der Kaiser aller Reußen sofort abwinken – Hugo war für den liberalen Autokraten Alexander II. doch zu starker Tobak. Verdi wurde wieder einmal böse. Tamberlinck schaltete dar-aufhin seinen Sohn ein. Der junge Achille Tamberlinck besuchte den Mae-stro, gemeinsam durchstöberten sie die Antiquariate von Turin, ohne zu fin-den, was sie suchten. Erst in Mailand wurde man fündig. Giuseppina machte sich an die Arbeit: »Ich habe schon angefangen, Kleider, Unterröcke, Unter-taillen, Hemden abfüttern, herrichten, mit Pelz besetzen zu lassen. … Der Gedanke an die Kälte, die wir im nächsten Winter ausstehen werden, läßt mich die Hitze ganz vergessen, unter der wir vermutlich diesen Sommer zu seufzen haben. Und da finden sich nach der Frostkatastrophe von 1812 noch dumme Südländer wie wir, die sich freiwillig zu den Eisbären wagen!«

In Mailand hatte sich Verdi das Schauspiel »Don Alvaro o La Fuerza del sino« besorgen lassen, ein romantisches spanisches Drama von Angel Pérez de Saavedra, Herzog von Rivas, stark beeinflußt von Byron und vor allem Hugo (zu dem er, auch auf Umwegen, immer wieder fand). Don Alvaro, Sohn des Vizekönigs von Peru und der letzten Tochter der Inkas, ist ein zer-rissener Held, der sich in die Tochter des stolzen, aber armen Marquese de Calatrava verliebt. Durch einen unglücklichen Zufall kommt der Marquese ums Leben, die beiden Liebenden werden getrennt, und die beiden Söhne des Toten, der Soldat Carlos und der Student Alfonso, jagen den vermeintlichen Mörder. Carlos und Alvaro treffen sich auf einem Kriegsschauplatz, schwören sich unbekannterweise Freundschaft und duellieren sich dann, als sie erkennen, wen sie wechselseitig vor sich haben. Alvaro tötet Carlos und muß wieder fliehen. Er wird Mönch in einem Kloster, in dessen Nähe seine Geliebte sich als Einsiedlerin niedergelassen hat. Alfonso spürt ihn auf, erneutes Duell, Alfonso wird tödlich verwundet, erkennt sterbend seine Schwester, glaubt, sie lebe unter dem Mantel der Heuchelei mit Alvaro

185

zusammen, und ersticht sie. Alvaro wird verrückt und stürzt sich, die Menschheit verfluchend, in einen Abgrund.

Neben dieser eher wirren und übertrieben dramatischen Handlung gibt es Volksszenen, die durchaus realistisch und nicht ohne Sozialkritik sind. Interessant ist, wo Verdi verändernd eingreift – er macht zum einen vereinfachend aus zwei Brüdern einen (wobei gewissermaßen als Überbleibsel der Soldat das Lied vom Studenten Pereda zu singen hat), und er variiert in der zweiten Fassung den Schluß.

Zum letzten Mal holte sich Verdi Piave als Librettisten. Er hatte den Venezianer, der dem Junggesellendasein Valet gesagt und sich eine Familie zugelegt hatte, an der Scala di Milano untergebracht. Piave schrieb ihm ein insgesamt gutes Buch – »La forza del destino« ist die Oper, in der Verdi formal seinen Vorbildern Shakespeare und Manzoni am nächsten kommt, auch schon in der ersten, heute nicht mehr gespielten Petersburger Fassung. Der vergleichsweise schlechte Ruf des (dennoch vielgespielten) Werkes rührt hauptsächlich daher, daß die Oper wegen angeblicher Überlänge in der Regel so gekürzt wird, daß sie streckenweise als zusammenhangloser Torso erscheinen muß. Zum Beispiel wird nach schlechter Theatertradition stets die auch musikalisch interessante erste Duellszene zwischen Alvaro und Don Carlo di Vargas in der 2. Szene des 3. Aktes weggelassen, so daß in diesem ganzen Auftritt (der außerdem noch die Bußpredigt des Fra Melitone und den Rataplan-Chor enthält) die beiden männlichen Hauptfiguren überhaupt nicht vorkommen. Außer dem schwer verdaulichen Zufallstod des Marchese di Calatrava (er wird durch eine weggeworfene Pistole erschossen!) gibt es nichts Unlogisches in der ganzen Oper. Was Verdi wollte, hatte Piave geliefert: bunte Genrebilder, die sich gemeinsam mit den großen Szenen der Hauptfiguren zu einem glänzenden melodramatischen Bild einer sich selbst zerstörenden Welt fügen. Verdi borgte sich – mit Erlaubnis des Freundes und Übersetzers Andrea Maffei – einige Verse aus »Wallensteins Lager« aus, nahm Einflüsse aus Meyerbeers »Étoile du Nord« auf und schuf gemeinsam mit Piave vor allem in den Nebenrollen ein paar Charaktere, die so scharf gezeichnet waren, wie ihm das bislang kaum noch gelungen war. Fra Melitone, der großmäulig-tölpelhafte, aber auch sehr menschliche und manchmal den gesunden Menschenverstand verkörpernde Klosterpförtner; Mastro Trabucco, der jüdische Händler und Trödler, der ein wenig am Krieg mitverdienen will; Preziosilla, die Zigeunerin und Marketenderin, das heitere, den Krieg als Spiel betrachtende Gegenbild zu den düsteren Hauptfiguren – das sind für comprimarii ungewöhnliche Partien. Die wichtigste davon sollte der Fra Melitone sein. Es war die erste komische Rolle, die Verdi seit »Un giorno di regno« geschrieben hatte, Verdi erkannte sehr früh, daß in ihr der Keim gelegt war für vielleicht noch etwas anderes, besseres in der Zukunft ... Deshalb forderte er von Anfang an einen guten Sänger für diese Rolle. Achille De Bassini war der Mann seiner Wahl. Der napoletanische Bariton hatte schon den Seid in »Il Corsaro«, den Dogen in »I due Foscari« und den alten Miller auf die Premierenbretter gebracht, war also ein »ernster« Sänger. Und für den hatte Verdi eine Bufforolle geschrieben? Er habe ihn persönlich damit identifiziert, schrieb der Komponist an De Bassini, und da konnte der nicht mehr nein sagen. Der Fra Melitone wurde dann auch ein ganz großer persönlicher Erfolg für ihn. Eine komische Rolle für einen ernsten Sänger – diesen Weg beschreiten dann ja auch Falstaff und Iago, dessen buffoneske, komische Seiten leider meist übersehen werden (obwohl sie musikalisch nicht zu überhören sind).

Verdi bekam zunehmend mehr Spaß an seiner Arbeit, wenn er auch wie üblich herumjammerte und schimpfte, an dem Vertrag sei falsch, daß er im Sommer (beim Komponieren in Sant'Agata) schwitzen und im Winter (in Sankt Petersburg) frieren müsse. Gut, daß Giuseppina sich um sein leibliches Wohl sorgte und Aufträge für Lebensmittelbeschaffung nach Rußland vergab. Ein Vierteljahr Sankt Petersburg (vorgesehen waren 1. November 1861 bis Ende Januar 1862), zwei Personen Herrschaft, zwei Personen Bedienung, falls ein Dolmetscher vonnöten sein würde, wären es sogar fünf Personen – dafür sollte Corticelli einkaufen: »Reis, Maccaroni, Käse, Aufschnitt und die Sachen, die es in Rußland gar nicht oder bloß zu exorbitanten Preisen gibt«. Etwas genauer wurde die Signora beim Thema Wein: »100 kleine Flaschen Bordeaux Tischwein, 20 Flaschen feinen Bordeaux, 20 Flaschen Champagner«.

Damit ließ sich im feindlich-kalten Rußland ganz angenehm leben. Die Verdis trafen via Turin, Paris und Berlin erst im Dezember in Sankt Petersburg ein, der Hauptstadt des neben dem Vatikan am autoritärsten regierten Landes der europäischen Welt. Es brodelte dort, aber davon nahm Verdi kaum Notiz. Ihm reichte die Unruhe am Theater.

Die Sopranistin Emma La Grua kam mit der anspruchsvollen Partie der Leonora nicht zurecht und erkrankte vorsichtshalber. Deshalb mußte die Premiere verschoben werden. Sie wurde dann durch Caroline Barbot ersetzt, aber an eine Aufführung vor Herbst 1862 war jetzt schon nicht mehr zu denken. Verdi, der jämmerlich fror (er wolle lieber in einer Flammenhölle als in einer Eishölle sein sündiges Leben büßen, vertraute er Arrivabene an) und insgesamt nicht sehr zufrieden war, freute sich, wieder in wärmere Gefilde fliehen zu können. »Von Petersburg, Berlin und Paris kehren wir nach Italien zurück, und zwar nach Turin, um unter den grissini gehörig aufzuräumen!« Wenn man sich so, wie Giuseppina hier, schon auf grissini freut, auf jene steinharten, knochentrockenen Stäbchen aus Mehl, Salz und Wasser, die man in Turin und Umgebung gern beim Warten auf Habhafteres knabbert, dann muß man schon sehr ausgehungert sein nach Heimat … Auf jeden Fall waren die Verdis über die Unterbrechung ihres Rußlandaufenthaltes nicht traurig, wenn sie auch der Gedanke an einen erneuten Aufbruch »zu den Eisbären« schreckte.

In diesem Moment wurde an Verdi eine Aufgabe herangetragen, die er gern-ungern annahm. Die nächste Weltausstellung fand in London statt. Und dafür brauchte es Musik. Die teilnehmenden Nationen ernannten Komponisten, die in Hymnen vom jeweiligen patriotischen Ruhm künden sollten. Frankreich schickte Auber, Deutschland Meyerbeer (da weltberühmt, sah man in ihm nun einen Deutschen, keinen Juden) und Italien – Verdi. Der haßte solche Veranstaltungen zwar, fühlte sich aber doch geschmeichelt; und als Patriot konnte er nicht nein sagen.

Den Text lieferte ihm ein junger Mann, gerade zwanzig geworden, bei dem wir uns kurz aufhalten sollten: Arrigo Boito.

Er wurde als Enrico Boito 1842 in Padua geboren, sein Vater Silvestro war Maler, von unstetem Wesen und verließ die Familie schließlich ganz. Seine Mutter war eine polnische Gräfin. Sie zog mit dem Kind nach Venedig, wo der kleine Arrigo zu komponieren begann. Unter anderem schrieb er »La donna è mobile« zur Polka um. Am Mailänder Konservatorium hatte er großen Erfolg, komponierte gemeinsam mit dem späteren bedeutenden Dirigenten Franco Faccio Kantaten. Bruder Camillo wurde Architekt und Gelegenheitsschriftsteller – seine Erzählung »Senso« über die österreichische Besatzung in Venetien wurde ein großer Erfolg (und von Lucchino Visconti unter Verwendung von viel Verdi-Musik verfilmt). Arrigo plante schon als junger Mann Opern über Goethes »Faust« und den römischen Kaiser Nero, kam aber lange mit beiden Absichten nicht zu Rande. Seine »Faust«-Oper »Mefistofele« hatte erst 1868 Premiere und mußte nach ihrem gigantischen Durchfall umgearbeitet werden. Doch auch nach der Umarbeitung blieb »Mefistofele« die längste Oper des gesamten Repertoires. »Nerone« gar wurde erst 1924, sechs Jahre nach Boitos Tod, uraufgeführt und verschwand gleich wieder von den Spielplänen. Obwohl »Mefistofele« eine durchaus sehenswerte Oper ist, die es mit Gounods vielgespieltem »Faust« aufnehmen kann, liegt Boitos Bedeutung für die Musik sicherlich nicht auf seiner kompositorischen Tätigkeit. Außer für Verdi schrieb er auch das Libretto für Ponchiellis »La Gioconda« (unter dem Anagramm Tobia Gorrio), er übersetzte Wagners »Rienzi«, Glucks »Armida« und Shakespeares »Romeo und Julia« ins Italienische; das letztgenannte Werk für seine damalige Lebensgefährtin, die Schauspielerin Eleonora Duse. Er arbeitete als Journalist, Essayist und Theoretiker, ihm ist es letztlich zu verdanken, daß deutsche Musik sich auch in Italien durchsetzen konnte. Lange galt er, ohne es im klassischen Sinne zu sein, als Wagnerianer; sein musikalischer Kampfgenosse Antonio Ghislanzoni (der spätere Bearbeiter von »La forza del destino« und Textautor von »Aida«) hielt ihm das immer wieder vor. Wagner selbst bezeichnete Boitos Kompositionen mit dem ihm eigenen Charme und der ihm noch eigeneren Loyalität Freunden gegenüber als »Stickereien einer charmanten, jungen Frau«. Verdi, mit dem Boito sich zunächst heftig angelegt hatte, war ihm gegenüber zunächst sehr skeptisch. Ihm fehle, meinte er, Spontaneität und Melodik. »Er hat eine Menge Talent, er bemüht sich um Originalität, doch das Ergebnis ist nicht überzeugend.« Und doch, fuhr Verdi anhand einer kurzen Analyse des »Mefistofele« fort, habe Boitos Musik Qualitäten, sei einem derart ungewöhnlichen Thema wie dem Mephisto durchaus gewachsen. Mit dem Nero allerdings werde es wohl einige Probleme geben ...

Daß Verdi mit diesem jungen Mann einmal eine der großen Zusammenarbeiten auf dem Gebiet der Oper beginnen würde, konnte er sich noch nicht vorstellen, als er zum ersten Mal einen seiner Texte vertonte. Der »Inno delle Nazioni« war ein textlich mediokeres Machwerk, eine Lobhudelei auf die angeblich aufgeklärt-fortschrittlichen Staaten England, Frankreich und Italien. Rußland und die deutschen Staaten fehlten. Der »scapigliato« Boito (scapigliati, Langhaarige, nannten sich die Mitglieder der Künstlergruppe, der er angehörte) griff dabei tief in die Klischee-Kiste. Verdi tat es ihm dabei nach; seine Probleme mit der Vertonung offiziöser Texte wurden bei dieser dritten und letzten Hymne, die er komponierte, überdeutlich. Aber hinter dem Kitsch steckt doch einiges mehr, was uns heute nur nicht mehr gleich auffällt. Zum Beispiel wird Frankreich musikalisch nicht wie die beiden anderen Länder durch seine Nationalhymne »Partant pour la Syrie« vertreten, sondern durch die Marseillaise ... Rouget de Lisles Musik habe ihm eben besser gefallen, kommentierte Verdi kühl, als man ihn darauf ansprach. Allerdings war die Marseillaise als Lied der Revolution im damaligen kaiserlichen Frankreich geächtet.

Besonderes Glück hatte Verdi mit dem »Inno« allerdings nicht. Das Werk war in Kantatenform geschrieben, ein Tenor war vorgesehen – Verdi hatte an Tamberlinck gedacht, der damals auch gerade in Covent Garden sang, wo der »Inno« aufgeführt werden sollte. Doch eine durchsichtige Intrige verhinderte die Aufführung im Rahmen der Feierlichkeiten. Man neidete Verdi die Berufung, Italien zu repräsentieren. In der Jury saß ein Mann, der selbst darauf spekuliert hatte, seine Landesfarben zu vertreten. Und der Tenor sei außerdem nicht frei. Und man habe doch ein Instrumentalstück verlangt, und eine Kantate sei geliefert worden, mit Gesang – nein, leider, man könne keine Aufführung ... Verdi war zunächst wütend, schaute sich dann aber die Londoner Spielpläne durch und stellte fest, daß er an der Themse genügend vertreten war: kein Opernhaus, das nicht »seinen« Verdi im Programm hatte. Und da es folglich genügend Konkurrenten für das königliche Opernhaus gab, war es nicht schwer, ein anderes zu finden, das den »Inno« mit Vergnügen aufführte. Allerdings mußte er für Sopran umgeschrieben werden. Das Publikum war begeistert. Die anderen hatten nicht alle soviel Glück: Auber kam recht gut an, aber Meyerbeers Festmarsch fiel durch. Verdi hatte unzweifelhaft den größten Erfolg, was aber seine Skepsis gegenüber dem »Inno« nicht minderte. Er nannte ihn »eine ziemlich schlechte Kantate« und legte ihn zu den Akten.

Die Zeit bis zur erneuten Reise nach Rußland brachte er ruhig in Italien zu; als Abgeordneter in Turin und häufiger als Bauer und Jäger in Sant'Agata, wobei man das Jagen bei ihm nicht so ganz ernst nehmen durfte. Er besaß zwar einige ansehnliche Jagdflinten, hatte gerade zwei aus England mitgebracht, auf die er besonders stolz war, aber im Unterschied zu Puccini, der es liebte, in der Gegend herumzuballern und das Wild in Massen zu erlegen, hatte Verdi keine Probleme mit seinem Ego und war kein richtiger Nimrod. Er war es zufrieden, mit der Büchse auf der Schulter durch die Wälder zu streifen. Die italienische Jagdleidenschaft, die heute noch zu Beginn der jährlichen Saison gerade in der Bassa stets zahllose Menschenleben und Verletzte fordert, gehörte nicht zu seinen großen Passionen. Mit dem Gewehr und Jagdhunden durch die Wälder zu strolchen, schien ihm nur zum Bild des wohlhabenden Bauern und Gutsbesitzers zu passen, das er so gern von sich entwarf.

Das (Giuseppinas wegen) kinderlose Ehepaar Verdi hing, wie man es in solchen Fällen häufig findet, an Loulou. Loulou war ein kleiner, wollknäuelartiger weißer Hund, den die Verdis sogar in Öl hatten portraitieren lassen. Während des Aufenthaltes in Sant'Agata nun geschah die Tragödie. »Ein Unglück, ein für uns sehr schweres, hat uns getroffen und erschüttert uns tief. Loulou, der arme Loulou ist tot. Das arme Tierchen! Der wahre Freund, der treue, unzertrennliche Gefährte in fast sechs Jahren des Lebens! So zärtlich, so schön! Der arme Loulou! Es ist schwer, dir Peppinas Schmerz zu schildern, aber du kannst ihn dir denken.« Dieser Brief Verdis an Angelo Mariani klingt wie der Trauerbrief über ein verlorenes Kind (und ließe sich, nebenbei, herrlich in Musik setzen). Verdi muß in der Tat aber so gefühlt haben. Dem toten Loulou ließ er im Garten hinter dem Haus eine Säule errichten, auf der die Inschrift prangt: »A un vero amico« – einem wahren Freund.

Der damals gerade in Sant'Agata weilende Tenor Fraschini wurde sechs Tage lang ob des traurigen Ereignisses überhaupt nicht beachtet und reiste vereinsamt wieder ab.

Im September 1862 kehrten die Verdis wieder nach Sankt Petersburg zurück. Die Produktion war fertig; Verdi traf einige alte Bekannte im Ensemble wieder, so z.B. Francesco Graziani, den Bruder seines ersten Alfredo, als Don Carlo di Vargas und in einer winzigen Nebenrolle (als Alcalde) Ignazio Marini, den ersten Oberto und Attila.

Die Premiere am 10. November lief gut, aber nicht überragend. Die Zeitschrift der russischen eleganten Welt, das französischsprachige »Journal de St. Petersburg« zeigte sich begeistert, die russischsprachigen Zeitungen machten in Opposition. In der dritten Vorstellung kam es sogar zu Tumulten, für die man die Anhänger der russischen und deutschen Schule verantwortlich machte. Für die russische Nationaloper war nebenbei die Premiere von »La forza del destino« sehr wichtig. Mussorgskijs »Boris Godunow« ist ohne das Vorbild der Verdischen Volksszenen nicht denkbar.

Trotz der Feindseligkeit der Presse waren die Verdis zufrieden. In der vierten Vorstellung war der Zar anwesend. Er rief Verdi mit Namen an die Rampe und bat ihn in seine Loge, wo er und die Zarin den Komponisten mit Lob überschütteten. Außerdem erhielt Verdi noch den hohen Orden vom heiligen Stanislaus. »Die Unkosten der zweimaligen Rußlandreise sind aufs großzügigste erstattet worden«, notierte Giuseppina noch. Mit gut gefüllter Börse konnten die beiden gleich eine weitere Reise unternahmen. Da Madrid das erste Opernhaus außerhalb Rußlands war, das das neue Werk nachspielte, ließ sich das mit einer Spanienbesichtigung verbinden. Verdi lernte also wenigstens Teile des Landes kennen, in dem schon »Il Trovatore« gespielt hatte und dessen finsteren König Philipp er bald musikalisch gestalten sollte. Übrigens war das Presseecho in der spanischen Hauptstadt nicht weniger unfreundlich als in der Russischen.

Verdi war mit seiner neuen Oper auch nicht ganz glücklich. Vor allem die drei Toten am Schluß machten ihm zu schaffen. Der »Friedhof« müsse sich wenigstens etwas leeren, befand er. Aber es dauerte sechs Jahre, bis er eine zufriedenstellende Lösung fand und sich dazu durchringen konnte, wenigstens Alvaro, der in der Petersburger Fassung wie in der spanischen Vorlage nach Leonoras Tod Selbstmord begeht, am Leben zu lassen. Er ging zunächst Piave, dann Achille de Lauzières, den späteren Übersetzer des »Don Carlos«, um Einfälle an, aber deren Angebote gefielen ihm nicht. Ein gutes Ende war undenkbar – die »Schicksalhaftigkeit« könne nicht zu einer Versöhnung der beiden Familien führen, meinte Verdi und fügte hinzu: »Erinnern Sie sich daran, daß Don Carlos ein Spanier ist!« Mit der außergewöhnlichen Länge der Oper hatte er auch Schwierigkeiten. Zwar lehnte er Tito Ricordi gegenüber zunächst Kürzungen ab, vor allem weigerte er sich, dem Vorschlag des Verlegers zu folgen und die Figur des Fra Melitone vollständig zu eliminieren, weil ihm deren Bedeutung schon klar war, aber bedauerlicherweise gestattete er 1865 die schon erwähnte Streichung des wichtigen Duettes zwischen Carlo und Alvaro vor deren erstem Duell.

Aber zu einer gründlichen Revision fand er sich zunächst nicht bereit. Erst nach der Beendigung des »Don Carlos« kam er noch einmal auf das Werk zurück. Tito Ricordi wollte »La forza del destino« in der Scala di Milano geben und bei dieser Gelegenheit den Komponisten mit dem Haus aussöhnen. Verdi trank damals gerade in Tabbiano sein Wässerchen gegen seine eingebildeten Leiden und war zu aller Überraschung ohne Widerrede zu jeder Schandtat bereit.

Zunächst galt es, einen Bearbeiter zu suchen. Piave stand nach seinem Schlaganfall nicht mehr zur Verfügung. Durch Vermittlung der Gräfin Maffei geriet er an einen Autor, der wie Boito zu den »scapigliati« gehörte, an den schon erwähnten Antonio Ghislanzoni. 1824 in Lucca geboren, ehemals Bariton, dann verbitterter Anhänger der Avantgarde, löste er sich nach etlichen mißlichen Vorfällen von dieser Gruppe, weil er sie doch als im wesentlichen unfähige Wichtigtuer erkannte. Zwischen ihm und Verdi entwickelte sich nun eine tiefe Freundschaft während der gemeinsamen Arbeit an »La forza del destino«.

An Heirat und ein gutes Ende dachte keiner der beiden. Verdi wollte Don Carlos hinter der Bühne, Leonora auf ihr sterben und Alvaro am Leben lassen. »Es ist ziemlich gleichgültig, ob es da ein Duett, ein Trio oder einen Chor gibt; man muß nur darauf achten, daß es ein dramatisches Spektakel wird!« schrieb er an Giulio Ricordi. Ghislanzoni wollte die Zigeuner nochmals auftreten lassen, um »nicht nur Mönche auf der Bühne« zu haben, aber Verdi überzeugte ihn von seinen Vorstellungen. So wurde das eigenartig verzweifelt-religiöse Finale gefunden – Alvaro bleibt am Leben, verzweifelnd am Schicksal dieser Welt, aber mit einem Restchen Hoffnung. Dieser Schluß macht nicht nur einen der großen Reize dieser Oper aus (sein Verklingen gehört zu den schönsten Opernschlüssen, die Verdi je geschrieben hat), sondern nutzt auch der Tektonik des Werkes außerordentlich. Die Klosterszenen des zweiten Aktes bleiben nicht isoliert, sondern finden am Ende ihre Entsprechung, was die ganze etwas auseinanderdriftende Handlung fester zusammenbindet.

Das Ende wirft aber auch Fragen auf. Der Agnostiker und Kirchenhasser Verdi schreibt plötzlich ein »frommes« Finale – wie das? Manche Biographen meinen, es könne mit dem Besuch beim verehrten Alessandro Manzoni zusammenhängen, dessen tiefe und einfache Frömmigkeit auf Verdi abgefärbt habe. Das scheint allerdings doch eher zweifelhaft. Was Verdi immer an der christlichen Religion haßte, war ja nie die Religion an sich, die ließ ihn eher kalt, es waren stets ihre Würdenträger und deren Verlogenheit. Figuren wie der einfache und schlicht fromme Padre Guardian waren ihm nie fremd. Außerdem darf man nicht vergessen, daß auch dieses »fromme« Ende eher resignativ als hoffnungsvoll ist.

Manzoni ist aber auf andere Art für diese Oper von Bedeutung. Einige seiner novellistischen Techniken sind unzweifelhaft vor allem in die Zweitfassung eingeflossen. Das Werk verdankt ihm mindestens so viel wie Shakespeare und Schiller. Wie »I promessi sposi« mit seinem reichen Arsenal von Figuren aus der lombardischen Renaissance bietet auch »La forza del destino« einen gewaltigen Bilderbogen, eine Fülle interessanter, charakteristischer und höchst lebendiger Figuren. Verdi liebte diese Oper zeitlebens, und er war stolz auf den ungeheuren Erfolg, den die revidierte Fassung am 27. Februar 1869 in Mailand hatte. Sie ist seither auch nur noch in dieser Fassung aufgeführt worden.

»La forza del destino« ist aber auch eine umstrittene Oper geblieben; hochgelobt auf der einen, als unsinnig und undurchsichtig verdammt auf der anderen Seite. Gerade das Bilderbogenhafte, Holzschnittartige, die vielen verschiedenen Welten, die auch musikalisch eingefangen werden, vom Kriegslager über das stille Kloster bis in die elegante Welt der Adelspaläste ist ja alles vertreten, all das hat viele verstört. Dabei muß man nur an »Il Trovatore« erinnern. Der »Leierkastenmann« erzählt eben wieder sein altes Lied von den Menschen ...

In Deutschland war »La forza del destino« immer sehr populär, das verdankt die Oper unter anderem dem Einsatz von Franz Werfel. Aber vielleicht auch noch etwas anderem. Der bekannte Kritiker (heute würde man ihn »Großkritiker« nennen) Filippo Filippi hatte schon bald nach der Premiere darauf aufmerksam gemacht, daß sich in der sogenannten »Friedensarie« der Leonora einige Anklänge an Schuberts »Ave Maria« fänden. Verdi reagierte darauf beleidigt. »In meiner vollständigen Unwissenheit kann ich nicht sagen, wieviele Jahre es her ist, daß ich Schuberts ›Ave Maria‹ gehört habe; so wäre es schwierig für mich gewesen, es zu imitieren. Glauben Sie nicht, daß ich scherze, wenn ich von meiner vollständigen musikalischen Unbildung spreche. In meinem Hause gibt es kaum Musik; ich war nie in einer Bibliothek oder bei einem Musikverleger, um ein Musikstück zu studieren. ... Ich wiederhole, daß ich von allen gegenwärtigen oder vergangenen Komponisten der ungebildetste bin. ... Ich meine Unbildung, nicht musikalische Kenntnis.«

Mit dieser Entgegnung log Verdi geradezu unverschämt – natürlich kannte er sich gut aus vor allem in der klassischen Musik, und da wiederum besonders gut in der deutschen, wie man aus seiner durchaus nicht kleinen Musikbibliothek in Sant'Agata entnehmen kann. Und gerade Schubert schätzte er besonders. Es ist ja schon fast eine Binsenweisheit, darauf hinzuweisen, wie sehr sich Schubert in seinen Liedern und Verdi in seinen Opern bei aller Unterschiedlichkeit ähneln. Beiden gelang es in ihren besten Stücken, die Musik aus der Situation, aus dem Wortlaut des Gedichts oder des Textes entstehen zu lassen – eine Symbiose, die nur ganz wenigen Komponisten gelang. Schubert ist übrigens nicht nur in der »Friedensarie« zu finden, sondern auch im zweiten Akt, in Leonoras »Madre pietosa vergine«, und in der Ouverture gibt es Spuren von Beethovens »Egmont«-Ouverture. Gerade diese deutlichen deutschen Einflüsse machen einen Teil des Reizes der Oper aus.

Daß Verdi sich so gegen diese Vergleiche sperrte, hatte aber einen speziellen Grund. Langsam gewann nämlich in Italien ein Komponist an Einfluß, dessen monomanischer Besessenheit Verdi mißtraute: Richard Wagner.

194

»Eine große Persönlichkeit«: Wagner

Wagner in der Karikatur

$\mathcal{D}$ie beiden Komponisten, die jeder auf seine Weise das letzte Jahrhundert musikalisch mitgeprägt haben, wußten nicht allzuviel voneinander. Das darf nicht Wunder nehmen: Noten waren teuer, Konzerte mit fremder, ausländischer Musik selten. Wagner wurde zunächst in Italien kaum gespielt, es dauerte bis in die siebziger Jahre, ehe er sich langsam durchsetzte. Verdi wiederum war auch in Deutschland populär, aber Wagner, der Gehetzte, und Wagner, der Monomane, hatten kaum Zeit und Lust, in die Oper zu gehen, um sich andere Komponisten anzuhören. Ricordi ließ Verdi zwar regelmäßig neues Notenmaterial zukommen, aber er verlegte Wagner zunächst nicht, und aus Klavierauszügen auf Instrumentation zu schließen, war sicher nicht in jedem Fall möglich.

Üblicherweise wird angenommen, Wagner und Verdi seien sich bewußt aus dem Wege gegangen; jeder habe im anderen den großen Antipoden gewittert und sich deshalb lieber nicht mit ihm beschäftigt. Das stimmt zumindest für Verdi nicht. Er war sich der Rolle Wagners durchaus bewußt, auch seines Einflusses auf die zeitgenössische italienische Musik, den er fürchtete und ablehnte. Verdis Haltung dem Leipziger gegenüber war zwiespältig, ein Gemisch aus Respekt, Furcht und Aversion. Anders Wagner.

Er nahm praktisch keine Notiz von Verdi. In seiner geschönten Autobiographie »Mein Leben« erwähnt er ihn nur einmal und dazu noch indirekt – er habe, berichtet er, bei den Vorbereitungen für seinen »Tannhäuser« den »Trovatore« gesehen und sei dabei das Gefühl nicht losgeworden, mit seiner Oper in Paris leicht danebenzuliegen. In den von Cosima geführten Tagebüchern taucht der Name Verdi ganze sechs Mal auf, und da auch mehr am Rande. Am 8. Dezember 1870 erwähnt sie einen »hübschen Brief des Verlegers Schott«, in dem dieser die Hoffnung ausdrückte, »daß im Beginn des Krieges es das Ansehen gehabt hätte, als ob man sich von Verdi und Offenbach befreien wolle«, daß aber in der deutschen Nation »nicht so viel

Kraft läge«. Am 12. Februar des folgenden Jahres bringt der Dirigent Richter in trauter Runde das Gespräch auf Gounod, welches den erlauchten Kreis »eine fürchterliche Musikliteratur durchwandern läßt, ›Faust‹, ›Prophet‹, ›Hugenotten‹, Bellini, Donizetti, Rossini, Verdi, alles durcheinander«. Cosima wird, wie sie ihrem Tagebuch anvertraut, »physisch übel«, sie nimmt »einen Band Goethe« und sucht »Rettung«. Dann tritt Bach neben Goethe und gemeinsam besiegen die deutschen Genies die Magenbeschwerden der Hohen Frau: »Die italienischen und jüdischen Gespenster sind verscheucht«, notiert sie noch, dann geht sie erbaut zu Bett. Am zweiten Dezember 1871 erhalten die Wagners die Nachricht, daß der »Lohengrin« in Bologna aufgeführt worden sei und Verdi der Vorstellung beigewohnt habe. »Vom Publikum deshalb bejubelt, jedoch nicht vom Hintergrunde der Loge hervorgegangen, um nicht (von) dem Ernst der Aufführung abzulenken«. Über das »Requiem« von Verdi sei nicht zu sprechen entschieden das beste, kann man am zweiten November 1875 lesen. Im April 1882 in Venedig wird des Rivalen das nächste Mal gedacht: »R. hat sich ein Verdisches Motiv gemerkt, welches gestern duettartig auf dem Gr. Canal gesungen wurde; er singt es mir lachend über diesen Wutausbruch, der da gestern zum besten gegeben wurde; den abgebrochenen Rhythmus – ›da soll man sagen, daß das eine Naturlinie sei‹ – hat er sich gemerkt, Rossini habe so etwas nicht.« (22.4.1882) Späterhin improvisiert R. noch etwas auf dem Klavier, à la Verdi und à la Chopin. Das ist alles.

Mehr über den angeblichen Antipoden findet sich nicht. Vergleicht man damit, wie oft die Namen Rossini, Donizetti oder Bellini auftauchen, wird man sich wundern. Hat Wagner Verdis Bedeutung wirklich begriffen? War er sich, abgesehen von den tiefgreifenden künstlerischen Unterschieden, wirklich im klaren darüber? Oder schwieg er etwa bewußt, um sich von dem anderen nicht anrühren zu lassen?

Ein Wagner, der in einem anderen einen Antipoden zu sehen glaubt und sich über diesen anderen dann nicht äußert, scheint mir unvorstellbar. Wahrscheinlicher wäre (wie bei Meyerbeer), daß er diesen anderen bei jeder sich bietenden Gelegenheit heruntermacht, mit Schmutz bewirft, beschimpft, sich über ihn lustig macht und seine eigene deutsche Kunst oder was er dafür hielt gegen ihn ausspielte. Ein Wagner, der sich aus Respekt vor einem anderen zurückhält, ist nicht denkbar. Nein, Wagner hat Verdi nicht ernst genommen, hat ihn für eine vorübergehende Erscheinung gehalten, für jemand, um den man sich nicht weiter kümmern muß.

»Rauhe Wälder im langen Winter«, »wärmendes Herdfeuer«, »hoch in die Lüfte ragende Burggemächer«, an solchen Orten pflege der Deutsche »Urvätererinnerungen«, bilde seine »heimischen Göttermythen in unerschöpflich mannigfaltige Sagen um«, er habe nichts gegen das Ausland, kehre aber stets um so lieber in die Heimat zurück, wo allein er verstanden werden: »Hier am heimischen Herde erzählt er, was er draußen sah und erlebte«. »Was ist deutsch?« heißt der Artikel, in dem es dergestalt wabert; unschwer ist zu erraten, wen Wagner mit diesem im Ausland nicht übertrieben erfolgreichen Wanderer meint. Einer, der sich um germanische Göttermythen und Weltenentwürfe kümmerte, konnte natürlich in Verdi nicht viel anderes sehen als einen Fabrikanten von Gassenhauern. Das Deutsche konnte Wagner zudem wie viele seiner Zeitgenossen fast nie positiv, sondern immer nur im Gegensatz zu etwas anderem beschreiben. Deshalb verfolgte er sein Leben lang seine vermeintlichen Gegner geradezu manisch – die Franzosen und die Juden.

Beides fand er verkörpert in Giacomo Meyerbeer, jenem Komponisten, dem er so viel verdankte als Künstler und als Mensch und den er (deshalb?) mit einem fast krankhaften Haß verfolgte. Er, von dessen Werk sich nicht nur der junge Wagner kräftig bedient hatte, der den Komponisten aus Sachsen aber auch in seiner ersten Pariser Zeit finanziell unterstützt hatte, er war für Wagner der Antipode, nicht Verdi. Frankreich, das Land, in dessen Hauptstadt er seiner Legendenbildung nach mit dem »Tannhäuser« an Intrigen gescheitert war (außer der berühmt-berüchtigten Premiere liefen die übrigen zwei Vorstellungen recht gut, ehe er sein Werk zurückzog), überzog er mit Haß, nicht Italien. An den Juden entzündeten sich seine Vernichtungsphantasien, nicht an den Italienern. Die Juden wollte er in eine Vorstellung von »Nathan der Weise« treiben und dann mitsamt dem Theater verbrennen lassen, nicht die Italiener in »Nabucco«. Die Juden sollten sich nach seiner Hausmacherphilosophie durch Selbstvernichtung erlösen, nicht die Italiener. Der Kampf gegen die italienische Musik war für ihn nicht vorrangig wichtig. Die Zusammenhänge, in denen er Verdi erwähnt, machen das ja deutlich genug. Gemeinsam mit Offenbach, dem Juden, der nun wirklich keinerlei Ähnlichkeit mit Verdi hat, soll der Mann aus Busseto bekämpft werden; der Krieg, um den es geht, ist der zwischen Frankreich und Preußen.

Auch die menschlichen Unterschiede der beiden Jahrgangskollegen waren gewaltig. Die bürgerliche Humanität des Italieners mußte dem Walhal-Apologeten unverständlich erscheinen; Verdi wiederum hätte für Wagners gelbe Schlafröcke, Duftorgien, für seine Verschwendungssucht und seine finanziellen Unregelmäßigkeiten wohl ebensowenig Verständnis gehabt. Um die Musik hat er sich bemüht, aber auch sie blieb ihm fremd.

Wagners Rang war für Verdi nicht zweifelhaft, aber auch nicht seine Andersartigkeit. Wagner – oder »Vagner«, wie er ihn gern schrieb – war, so empfand es Verdi nicht zu unrecht, auf dem Weg zu einer »sinfonisch geprägten Oper«; diese Entwicklung lehnte Verdi immer ab, später auch bei Puccini, in dem er vor allem einen Wagner-Jünger sah.

Im Juli 1863 äußerte sich Verdi in einem Brief an Clara Maffei über Arrigo Boito und Franco Faccio, mit denen er in Paris zusammengetroffen war. Er könne, schrieb er, über beider Musik nichts sagen, da er sie nicht oder kaum kenne. Und dann, wörtlich, was seine Stellung zu Wagner klar macht: »Diese beiden jungen Leute werden beschuldigt, glühende Anhänger Wagners zu sein. Daran ist nichts Schlimmes, solange aus der Verehrung nicht Nachahmung wird. Wagner ist gemacht, und es ist unnütz, ihn noch einmal zu machen. Wagner ist kein wildes Tier, wie die Puristen behaupten, und auch kein Prophet, wie seine Apostel behaupten. Er ist ein Mann mit viel Begabung, der sich auf verschlungenen Wegen gefällt, weil er die einfachen und geraden nicht zu finden weiß. Die Jungen sollen sich nicht betören lassen; es gibt sehr, sehr viele, die glauben machen, Flügel zu haben, weil sie in Wirklichkeit keine Beine haben, sich auf den Füßen zu halten.« Distanz also zu Wagners Musik, nicht konsequente Ablehnung, das war es, was Verdi empfand. Aber er ärgerte sich doch, wenn junge italienische Komponisten sich auf die Seite der Wagnerianer schlugen. Anläßlich einer Komposition des von ihm sehr geschätzten Ferdinand Hiller, die er für Ricordi prüfen sollte, machte er diese grundsätzliche Einstellung nochmals deutlich: »In diesem Stück ist er Wagner voraus, selbst Goldmark! ... Das gefällt mir bei einem Deutschen, während ich sowas bei einem Italiener bedaure. Bei den Deutschen ist es natürlich, bei uns ist es forciert und künstlich. Unter ihren Exzessen finden sich ab und zu ein paar starke Stellen, bei uns das Verdrehte, Triviale, Konventionelle. Schade, schade! Und dabei verlieren wir durch das Studium ihrer Absurditäten unsere Eigenheiten, welche die unseren, unbedingt die unseren sind!«

Wagners Schule paßt nicht nach Italien, so kann man vereinfachend Verdis Einstellung zu ihm zusammenfassen – jedenfalls dann, wenn er sich überlegt dazu äußert. 1865 hörte er in Paris die »Tannhäuser«-Ouverture und schrieb darüber an seinen Freund Arrivabene wesentlich direkter: »Er ist verrückt!«

Auf der Bühne gesehen hat Verdi relativ wenig von Wagner – 1875 den »Tannhäuser« in einem Wiener Juni, 1871 den »Lohengrin« in Bologna. Damals hatte es Wagner noch sehr schwer in Italien. Angelo Mariani, lange von Verdi als bester lebender italienischer Dirigent geschätzt, in seiner Freizeit auch als Komponist tätig, engagierte sich sehr für ihn; er war es auch, der den »Lohengrin« durchsetzte und leitete. Verdi nahm ihm das bitter übel.

Er besuchte am 19. November, den von Boito ins Italienische übertragenen Klavierauszug in der Hand, eine Vorstellung. Mariani wußte von seiner Anwesenheit, hatte aber versprochen, nichts davon verlauten zu lassen. Dennoch kam es heraus, einige Sänger hatten ihn gesehen, in der Loge 23 des zweiten Ranges. Auch das Publikum erfuhr es, rief nach dem 2. Akt laut: »Hoch lebe Maestro Verdi!« und applaudierte. Verdi war darob ausgesprochen sauer. Er reiste am nächsten Tag wütend ab.

Während dieser Vorstellung notierte er einiges an den Rand der Partitur, 114 Notizen genau, die aber oft nicht so präzis sind, daß man genau erkennen könnte, was er mit den Urteilen meint – Aufführung, Dirigent oder Werk. Das Vorspiel zum ersten Akt ist »zu lau«, was wohl die Ausführung meint; wenn Telramunds Anklage als »schlecht gemacht« bewertet wird, kann das den Sänger oder den Komponisten treffen. »Vieles interessant« ist für ihn in Elsas Vernehmung, die Verteidigung ist »schlecht«, der Heerrufer »schlimm«, hin und wieder »langweilt man sich« bei den Chören, Lohengrins Ermahnung an Elsa ist »schlecht«, weil sie »das ›Elsa, ich liebe dich‹ zu lange hinausschiebt«. Manches ist ihm ein »schauderhaftes Gebrummel«, anderes »schön und geheimnisvoll«, vieles bleibt ihm »ohne Effekt« (was für ihn persönlich ja stets wichtig war) und ist »bühnenwidrig«, der Brautchor ist für ihn »etwas leer«, das Duett »Das süße Lied verhallt« ist »schön, aber zu langsam, immer Orgelstil«, und die Gralserzählung schließlich »schön, interessant, vom Tenor schlecht vorgetragen« und »zu lang«. Sein Fazit lautet: »Eindruck mittelmäßig. Musik dann schön, wenn sie klar ist und auch etwas zu sagen hat. Die Handlung kommt nur langsam voran, ebenso der Text. Daher Langeweile. Schöne Instrumentaleffekte. Mißbrauch gehaltener Noten, wirkt schwerfällig. Wiedergabe mittelmäßig. Viel Verve, aber ohne Poesie und Feingefühl. An den schwierigen Stellen immer schlecht.«

Sicherlich wäre es zuviel verlangt, anzunehmen, Verdi sei objektiv gewesen. Er war mit Sicherheit voreingenommen sowohl gegen den Komponisten und Rivalen um die Herzen und Seelen der jungen italienischen Musiker als auch gegen den Dirigenten Mariani. Aber hier treffen auch zwei musikalische Ästhetiken zusammen, die letztlich unvereinbar sind. Vieles, was Verdi als schlecht kritisierte (von seiner Warte aus), wollte Wagner genau so haben und nicht anders. Dennoch legt Verdi den Finger auf einige Wunden des »Lohengrin«, vor allem was Bühnentauglichkeit und Bühnenwirksamkeit des Stoffes betrifft. Die Oper kommt ja tatsächlich vor allem im zweiten Akt nur schwer vom Fleck; Wagners Langatmigkeit, ja Geschwätzigkeit mußte einen auf Kürze und Prägnanz auch des musikalischen Ausdrucks so erpichten Komponisten wie Verdi stören (Das allerdings sind Werte, die Wagner nicht als solche empfand). Daß der Brautchor ein wenig hohl und die Gralserzählung vor allem dann, wenn sie inadäquat vorgetragen wird, eine langwierige Angelegenheit sein kann, haben auch ausgesprochene Wagner-Anhänger gesehen.

Natürlich hat Verdi auch vieles nicht sehen und hören wollen. Das Duett Ortrud-Telramund zu Beginn des zweiten Aktes hätte ihm eigentlich gefallen müssen, die Ähnlichkeiten mit einigen Eheszenen im Hause Macbeth sind ja nicht zu überhören. Und die von ihm monierte ständige »zu hohe Lage der Violinen« ist durchaus nicht ohne Effekt. Mag sein, daß die Aufführung in Bologna zu schlecht war, aber vermutlich hat er sich einfach dagegen gesperrt und nur jene Stellen, die in seinem Sinn arios waren (wie Elsas Vernehmung) positiv herausgehoben. Sein Fazit »an schwierigen Stellen immer schlecht« bezieht sich vermutlich auf die Aufführung, könnte aber auch die Oper meinen – es war jedenfalls zeitlebens sein Urteil über den »Lohengrin«.

Späterhin, wie z. B. im Januar 1895, vermerkte er allerdings gute und gut aufgenommene Wagneraufführungen mit einer gewissen Freude. Im speziellen Fall war es der »Tannhäuser«. Aber 1895 war Verdi schon sehr alt und sehr weit weg von allen Kämpfen. Und Wagner war schon lange tot.

»Traurig, traurig, traurig! Wagner ist tot! Als ich gestern die Depesche las, war ich, das kann ich sagen, entsetzt. Diskutieren wir nicht. – Es ist eine große Persönlichkeit, die vergeht! Ein Name, der in der Geschichte der Kunst einen sehr mächtigen Eindruck hinterläßt!« schrieb Verdi am 15. Februar 1883 an Giulio Ricordi aus Genua. Er ist, so scheint es, in der Tat schwer erschüttert, und diese oft zitierten Zeilen lassen zumindest eine Wertschätzung des Deutschen erkennen, die dieser ihm umgekehrt sicher nicht entgegengebracht hat. Allerdings sind diese Sätze nicht die einzigen des bewußten Briefes, sondern nur sein Ende. Im ersten Teil, der beim Zitieren gern weggelassen wird, läßt sich der Maestro über Notenpapier und seine Qualität aus. Erst dann wird wehgeklagt.

Sein fundamentales Mißtrauen gegen Wagner erklärt sich nicht allein aus der von ihm durchaus gesehenen Realität, sondern noch viel mehr aus der Tatsache, daß sich hier eine »Schule«, ja fast eine Religion bildete – und dagegen hatte Verdi etwas. Musik war für ihn etwas, was nicht mit Schulen zusammenhing. Am 26.4.1872 schrieb er an Cesare de Sanctis: »Nein, nein, es gibt weder italienische Musik, noch deutsche, noch türkische ... aber es gibt MUSIK!! Langweilt mich also nicht mit diesen Definitionen. Es ist zwecklos! Ich schreibe, wie mir's gefällt und wie ich fühle. Ich glaube weder an die Vergangenheit noch an die Gegenwart. Ich verabscheue alle Schulen, weil sie alle zum Konventionalismus führen, ich vergöttere kein Individuum, aber ich liebe schöne Musik, wenn sie wirklich schön ist, von wem auch immer sie sei. ›Fortschritt der Kunst‹!! Ein anderes sinnloses Wort! Der ist selbstverständlich! Wenn der Autor ein Mann von Genie ist, wird er die Kunst fördern, ohne es zu suchen und ohne es zu wollen.«

Grund dieser fast wütenden Auslassung war die Behauptung, er habe sich Wagner angenähert, eine Behauptung, die jeder Grundlage entbehrt. Die Abänderung des klassischen italienischen Opernkanons lag in der Luft, Verdi arbeitete im Grunde von Anfang an darauf hin. Wagner brauchte es dazu nicht.

Der einsame König im Escorial

Verdi und »Don Carlos« (Titelblatt der Pariser Zeitschrift »Le Hanneton« von 1867)

*E*s war auch ein Deutscher, der nun in Italiens Politik maßgeblich eingriff: Otto von Bismarck. Der sich abzeichnende preußisch-österreichische und der in nicht gar so ferner Zukunft liegende preußisch-französische Krieg, beide von Bismarck zu hauptsächlich innenpolitischen Zwecken provoziert und durchgeführt, veränderten auch das Gesicht Italiens. Verdi war diese beiden Male allerdings nur als Zuschauer dabei, wenn auch als emotional stark beteiligter.

Für den Cavour-Apologeten Verdi war natürlich Frankreich der Hauptgegner. Die Franzosen waren es schließlich, die ihre Truppen in Rom stationiert hatten, um den Anschluß der Heiligen Stadt an Italien zu verhindern. Verdi zeigte seine Abneigung gegen Frankreich hauptsächlich durch die Schwierigkeiten, die er den Theatern in Paris machte, sei es der Grand Opéra, sei es dem Théâtre Italien. Er beschimpfte die wechselnden Direktoren der Häuser als unfähige Dummköpfe und versuchte mit allen Mitteln, bestimmte Aufführungen seiner Opern zu verhindern. Dennoch reiste er in kurzer Zeit zweimal ach Paris. Einmal, um »Les vêpres Siciliennes« neu zu inszenieren, wobei er sich so mit dem Dirigenten überwirft, daß er mit lautem Krach abreist. Dieser Dirigent hörte übrigens auf den Namen Dietzsch; er hat unter anderem eine gewisse »Tannhäuser«-Premiere dirigiert und auch ein »Vaiseau Fantôme« geschrieben, nach dem Textbuch eines gewissen Richard Wagner, der sein Libretto »Der Fliegende Holländer« aus Geldnot verkaufen mußte …

Ansonsten gefällt ihm Paris aber immer noch. Er wohnt jetzt, wenn er dort weilt, in einem Haus an den Champs Elyssées, flaniert gern über die breiten Boulevards, schaut auch in die Baugruben, die von den Arbeitern des Präfekten Haussmann ausgehoben werden, stolziert durch die Galerien, sitzt in den Cafés herum und diniert mit Giuseppina und seinen zahllosen Pariser Freunden, die ihn in großen Massen aufsuchen und gern aufgenommen werden.

Auch ein Opernplan entstand. Schon 1850 hatte man an ihn den »Don Carlos« von Schiller herangetragen. Bei seinem Spanienbesuch nach der Rußlandreise hatte er außerdem den Escorial gesehen und ihn als »ernst und furchtbar« bezeichnet, so wie der Monarch gewesen sei, der ihn habe erbauen lassen. Aber mehr wurde – zunächst – noch nicht daraus.

Nach außen hin behauptete Verdi, wenn er zuhause war, er lebe nun wirklich wie ein Landmann auf seinem Gut in Sant'Agata; er bewirtschaftete es auch mit Freuden, allerdings hemmte das seine Streitsucht nicht. Er legte sich mit dem Konservatorium in Mailand an und mit allen, die in irgendeiner Form ein freundliches Wort über die musikalischen Jungtürken Italiens wie Faccio, Boito etc. sagten, selbst wenn es sich um seinen Verleger Ricordi handelte.

Auch in Busseto gab es wieder Ärger. 1864 erfüllte sich der Ort seinen Traum, ein kleines Theater bauen zu lassen. Verdi hatte Jahre zuvor, als der Plan zum ersten Mal auftauchte, seine Zustimmung geäußert und seine Hilfe angeboten – nun war das Theater fertig, hieß natürlich »Teatro Verdi«, ihm zu Ehren, aber jetzt hatte er keine Lust mehr, stritt sich mit den Offiziellen der Stadt herum, wurde von denen Geizkragen genannt und beschimpfte sie umgekehrt als Schnorrer. Hinter diesem Streit stand nicht zuletzt sein Ärger über die Behandlung Giuseppinas durch die Bussetaner Dickköpfe; aber auch die Einwohner von Busseto hielten ihm nicht ganz zu Unrecht vor, schließlich sei er ja durch ihre Unterstützung und auf ihre Kosten das geworden, was er nun war. Sie könnten es ja an einem X-beliebigen wieder versuchen, giftete er daraufhin zurück. Kurz, es war eine unerfreuliche Angelegenheit, bei der auch eine dreißigjährige Freundschaft mit seinem Schwager Giovanni Barezzi zu Bruch ging. Letzten Endes aber tat es Verdi wieder leid, er zahlte seufzend eine bedeutende Summe Geldes, kaufte eine Loge, die man heute noch besichtigen kann, und hatte so Teil am Bau eines der hübschesten kleinen Theaterchens Italiens. Seine typische Bassa-Sturheit zeigte sich aber darin, daß er zwar über 10 000 Francs spendete, sich aber im Gegenteil weigerte, je einen Fuß in das Theater zu setzen. Verdi muß damals alles andere als ein angenehmer Zeitgenosse gewesen sein.

Giuseppina erkannte das genau. Sie war ganz wild darauf, daß Verdi wieder zur Feder griffe. »Obwohl ich das Land liebe«, schrieb sie an Léon Escudier, den eng befreundeten Pariser Agenten und Journalisten, »sind 365 Tage auf dem Land zu viel – weitaus zu viel! Wir sind nie so lange inmitten dieser Idioten geblieben. Ich fühle mich wie ein wildes Tier, das seine Krallen ausfährt, und ein wildes Verlangen kommt über mich, mich auszutoben und dieser ewigen Unbeweglichkeit den Rücken zu kehren. Es ist wahr, ich bin nicht mehr jung, aber ein intellektuelles Leben kennt kein Alter, und das ist hier nicht vorhanden.« Sie flehte Escudier geradezu an, ihm einen neuen Auftrag zu verschaffen oder schmackhaft zu machen. »Ich kenne ihn. Wenn er gepackt ist, wird sich das Bild ändern. Er wird seine Bäume, sein Haus, seine hydraulischen Maschinen, seine Gewehre usw. verlassen. Wie immer wird er sich ganz dem schöpferischen Fieber hingeben.« Giuseppina also hatte sein Gehabe als Landmann und Gutsbesitzer durchaus als Getue durchschaut …

Und sie konnte sich Hoffnungen auf eine baldige Beendigung des Landlebens machen. Emile Perrin, der Direktor der Pariser Oper, schlug ein paar Stoffe vor – darunter auch »King Lear«. Verdi empörte sich brieflich. »Machen Sie Witze? Für die Opéra schreiben!!! Denken Sie wirklich, ich befände mich nicht in der Gefahr, daß man mir die Augen auskratzt nach dem, was vor zwei Jahren bei den ›Vêpres‹ passiert ist? Für die Opéra schreiben, mit diesen hübschen kleinen Geschenken, die Madame Meyerbeer verteilt, die Broschen, Schnupfdosen, Medaillons und Spazierstöcke, die sie ausgibt. Was für ein Geschäft! Die Kunst selbst ist zum Bankier verkommen, und man muß ein Millionär sein, sonst hat man keinen Erfolg!« Und in den folgenden Zeilen setzte er sich mit den angebotenen Stoffen auseinander … Die Freunde wußten, trotz der Ausrufungszeichenreichen Ablehnung zu Beginn des Briefes, daß er angebissen hatte. Nur Meyerbeer machte ihm noch Sorgen – er wollte wohl erst die Premiere von »L'Africaine« abwarten, die dann auch, nach Meyerbeers Tod und ohne dessen gründliche journalistische Vorbereitung, auf die Verdis Bemerkung über Madames hübsche Geschenke abzielte, nicht mehr so glanzvoll ausfiel (obwohl ›L'Africaine‹ eine interessante Oper ist).

Escudier besuchte ihn im Frühjahr 1865 in Sant'Agata und brachte neben einer »Cleopatra« auch einen Entwurf für »Don Carlos« mit, aus der Feder des Schriftstellers Joseph Méry und Camille du Locles, des Schwiegersohns des Theaterdirektors Perrin. »Don Carlos« tat es Verdi an, »ein wunderbares Drama« nannte er es, dem es allerdings ein wenig an aufregender Handlung mangele. Auf zwei fehlende Szenen, die in der fertigen Oper dann beide zu den Höhepunkten gehören sollten, wies er ausdrücklich hin: »Ich hätte gern wie bei Schiller eine kleine Szene zwischen Philipp und dem Großinquisitor, der letzte blind und sehr alt. Ich hätte außerdem gern eine Szene zwischen Philipp und Posa.« Wieder einmal gibt diese Bemerkung Gelegen-

heit, Verdis enormen theatralischen Instinkt zu bewundern. Escudier jedenfalls konnte mit einer Erfolgsmeldung nach Paris reisen: Verdi akzeptierte
den Auftrag einer Oper für die Wintersaison 1866/67. Noch spielt er mit
dem Gedanken an den »Re Lear«, ein letztes Mal, aber es ist nur noch Spiel.
Er redet letztlich nur über den »Don Carlos«.

Wie nebenbei zieht er sich aus der Politik zurück. Er läßt sich nicht wieder zur Wahl aufstellen, favorisiert seinen Freund, den Rechtsanwalt Piroli,
der denselben Vornamen Giuseppe trägt und von derselben bäuerlichen Herkunft ist – und auch gewählt wird. Im Sommer muß Verdi aber nochmals
nach Turin, um parlamentarischen Abschied zu nehmen.

Danach reist er nach Paris, um mit den beiden Autoren das Libretto zu
diskutieren. Als der betagte Méry starb, schrieb du Locle den Text allein fertig. Verdi kehrte wieder nach Sant'Agata zurück und machte sich an die
Komposition, trotz der mit voller Wucht wieder einsetzenden psychosomatischen Schmerzen, deren Natur ihm auch langsam klar wurde. Bei der Szene
Philipp-Posa habe er seine »halbe Lunge ausgehustet«, bemerkte er.

Verdis letzte Oper nach einem Stück von Schiller ist zugleich die beste
dieser Serie. Diesmal kannte er das Drama des Jenaer Geschichtsprofessors
ganz genau, und er versuchte gemeinsam mit seinen Textdichtern den politischen Gehalt zu übernehmen, ihn streckenweise gar noch zu verschärfen.
Zum Beispiel dadurch, daß er die Szene zwischen König Philipp und dem
Großinquisitor an eine andere Stelle rückte. Bei Schiller unterhalten sich
König und höchste geistliche Macht erst, nachdem der König Marquis Posa
als vermeintlichen Verräter hat umbringen lassen. Bei Verdi ist es der
Großinquisitor, der den König gegen dessen Willen zwingt, diesen Mord zu
begehen – der Vertreter der Kirche wird also zum Anstifter. Diese antiklerikale Tendenz wird noch durch die bei Schiller nicht vorhandene Autodafés-
szene verstärkt. Diesen politischen Ansatz zerstören die Autoren und der
Komponist allerdings teilweise durch die Figur des Mönches, der kein Geringerer ist als der abgedankte Karl V., und den Fontainebleau-Akt, in dem die
Vorgeschichte erzählt wird. Beides kommt bei Schiller ebenfalls nicht vor. So
gesehen bleibt auch der »Don Carlos« ein zwiespältiges Stück, aber er wird
die Vollendung der großen Oper. Meyerbeer wird mit seinen eigenen Mitteln besiegt, auch wenn bei der Premiere davon noch niemand Notiz nahm.

Die Premiere kam auch zunächst auch einmal in Verzug. Allerdings nicht
aus künstlerischen, sondern aus politischen Gründen. Wieder einmal herrschte Kriegszustand.

Zur vollständigen Einheit fehlten den Italienern noch das Veneto und Rom. In Rom standen immer noch französische Truppen, die allerdings, so man den undurchsichtigen Versprechungen Napoleons III. Glauben schenken konnte, bald zurückgezogen werden sollten. Bald – aber wann? Die Patrioten wurden unruhig, Garibaldi meldete sich zurück, zog Freiwillige zusammen, landete von Sizilien kommend auf dem Festland Die Regierung in Turin machte nun endgültig Schluß mit dem Anführer der Rothemden. Italienische Truppen schossen auf den Freiheitshelden. Vittorio Emanuele wollte sein Ziel als Monarch unter Monarchen erreichen. Der dritte Napoleon versprach dabei dem zweiten Vittorio Emanuele, seine Truppen würden Rom verlassen, wenn die Italiener im Gegenzug quasi dafür sorgen würden, daß mit der Revolutionsspielerei endlich Schluß sei. Vorsichtshalber verlegte der König seine Hauptstadt daraufhin schon einmal weiter südlich, nach Florenz. Die Turiner, die nur mit Rom tauschen wollten und dafür auf die Straßen gingen, bekamen piemontesische Bajonette zu spüren. Da mischte sich Otto von Bismarck ein. Er hatte Piemont schon immer für einen »natürlichen Bundesgenossen Preußens« gehalten. Wenn man Rom schon nicht gleich bekommen konnte, so lockte doch das österreichische Veneto – falls Italien sich bei einem denkbaren Konflikt Berlin-Wien auf die richtige Seite schlug. Napoleon III. hatte nichts dagegen, und so kam man am 8. April 1866 zusammen. Der natürliche Bundesgenosse, der schon wieder auf fremde Hilfe angewiesen war, blieb deshalb auch stur, als Österreich eine kampflose Übergabe des Veneto anbot, um den Rücken frei zu haben, wenn es Preußen zu bekämpfen galt. Der bewaffnete Konflikt war nicht mehr aufzuhalten.

Italien wurde dabei zweimal vernichtend geschlagen – zu Land bei Custozza auf dem alten Schlachtfeld von 1848 besonders schmählich, zur See bei Lissa vor der dalmatinischen Küste. Lediglich Garibaldis Freischaren retteten so etwas wie die italienische Waffenehre im Trentino. Aber Italien brauchte gar nicht selbst zu siegen – das taten die Preußen für die Italiener. Diese Tatsache und die Weigerung des geschlagenen Wiener Kaisers Franz Joseph, mit Italien direkt zu verhandeln, schlugen das Selbstbewußtsein südlich der Alpen ziemlich an – das Veneto kam nur auf dem Umweg über Frankreich an Italien. Dafür blieben Napoleons Truppen in Rom.

Die Verdis in ihrer exponierten Situation in der Po-Ebene waren von den beiderseitigen Truppenmassierungen direkt betroffen. Verdi dachte zunächst daran, nach Paris zu gehen, um eventuellen Kampfhandlungen auszuweichen. Doch Italien in just jener Situation zu verlassen, das brachte er nicht fertig – und was politisch aus Frankreich zu hören war, nahm ihn eher gegen Paris ein. Also entschloß er sich, lieber nach Genua zu gehen, wo er Angelo Mariani wußte, den Dirigenten und Freund. Giuseppina war froh, endlich der Kleinstadt Busseto und dem Landleben in Sant'Agata zu entfliehen; in der eleganten weltläufigen Stadt Genua, wo man gleich einen ganzen Palazzo mietete, fühlte sie sich wohl. Die ligurische Hafenstadt wurde seither gewissermaßen zur zweiten Heimat der Verdis.

Aber lang hielt dieses Leben nicht an – die Opéra mahnte; auch wenn Verdi zurückschrieb: »Das generelle Bild ist nicht gerade sehr schön, und die Zukunftsaussichten sind schwarz. In dieser Lage können Sie doch nicht das Herz haben, mich nach Paris zu bestellen?«, auch wenn er eine Lösung des Vertrags anbot – es half nichts. Rechtlich war die Situation eindeutig, Verdi mußte abliefern, was fertig war. Doch alles zu beenden, weigerte er sich. Politisch krank ging er zur Kur in ein Heilbad in die Pyrenäen.

Währenddessen spielte sich an der Opéra eine Komödie ab, wie sie nur in Paris und nur an diesem Theater möglich war. Der für die Rolle des Großinquisitors vorgesehene Sänger erregte sich darüber, daß er als erster Baß eingekauft worden, die Partie aber im Vergleich zu der des Königs eher unbedeutend sei. Die Opéra besorgte sich daraufhin unabhängige Gutachter, darunter den Komponisten Ambroise Thomas, die diese Frage prüfen sollten. Da Verdi seine Mitarbeit an dieser Überprüfung verweigerte und weitere Zornesblitze aus Italien und den Pyrenäen nach Paris sandte, blieb nichts anderes übrig – der Bassist mußte ausgewechselt werden. Doch das war noch nicht das Ende der Schwierigkeiten. Die Eboli mußte umbesetzt werden – ein Sopran ersetzte einen Mezzo; Verdi begann, an deren beiden Arien herumzutransponieren und schuf so ein Problem für alle späteren Ebolis (wer das maurische Lied gut singt, hat seine Schwierigkeiten mit »O don fatale« und umgekehrt). Zudem waren die beiden weiblichen Hauptdarstellerinnen nicht gut aufeinander zu sprechen; ein Duett Elisabeth-Eboli fiel dem zum Opfer. »Jeder will eine Meinung äußern, einen Zweifel ausdrücken; und nachdem er lange genug in dieser Atmosphäre des Zweifels gelebt hat, beginnt der Autor ebenfalls unsicher in seinen Überzeugungen zu werden und endet damit, daß er sein Werk korrigiert, einrichtet, ja, ich würde sagen: verdirbt!« schrieb Verdi wütend an Escudier. Der Bariton, der den Posa singen sollte, weigerte sich, allzulange als Toter auf der Bühne herumzuliegen, deshalb mußte die Szene nach Posas Tod gekürzt werden. Dann gab es Schwierigkeiten mit dem unerläßlichen Ballett – übrigens dem letzten, das Verdi für eine Oper schrieb (läßt man das nachkomponierte für »Otello« außer acht – die »Aida«-Ballette sind ja Teil der Handlung). Der vorgesehene Choreograph weilte in Rußland, und so kam kein Geringerer als Petipa zu der Ehre, das Ballett am spanischen Königshof einzustudieren.

Schließlich war dann noch alles zu lang. Die erste vollständige Probe dauerte bis halb ein Uhr nachts; und da es eine ungeschriebene Regel an der Opéra gab, daß keine Vorstellung bis nach Mitternacht dauern durfte, mußte Verdi wieder kürzen. Fluchend und schimpfend machte er sich an die Arbeit. Und dann hatte die kaiserliche Zensur noch etwas zum Thema Großinquisitor zu vermelden. Verdi hatte nun die Nase endgültig voll und war froh, als alles vorüber war.

Am 11. März 1867 hob sich der Vorhang über Verdis großer historischer Oper, der historischen Oper schlechthin. Doch das Publikum, das sich lieber an der (übrigens meisterhaften) »Grande Duchesse de Gerolstein« von Jacques Offenbach verlustierte, hatte mit diesem ernsten Werk seine Probleme. »Es war kein Erfolg!« schrieb Verdi nach der Premiere an Arrivabene. »Ich weiß nicht, was darauf folgt, aber ich wäre nicht überrascht, wenn die Lage sich ändern würde.« Verdi gab angeödet die Erlaubnis, zu kürzen, was man wollte, und verzog sich nach Genua. Die Theaterautoritäten mißbrauchten diese Erlaubnis schamlos und kürzten das Werk erbarmungslos zusammen. 43 mal wurde »Don Carlos« gespielt, die Pressereaktionen waren unterschiedlich. Die schlechten Sänger, vor allem eine lustlose Elisabeth und ein ständig detonierender Tenor wurden besonders hervorgehoben. Georges Bizet fand den »Don Carlos« sehr schlecht: »Keine Melodie, kein Rhythmus.« Verdi sei nicht länger ein Italiener, er möchte vielmehr wie Wagner schreiben. »Er hat keine seiner eigenen Fehler mehr; aber es fehlt ihm jetzt auch jede einzelne seiner Tugenden.« Diesen Vorwurf mußte Verdi jetzt häufiger hören. Das sei alles Quatsch, pflegte er sich daraufhin zu wehren. Die Musik des »Don Carlos« fände sich schon im »Ernani« (übrigens schon im »Oberto«!). Einer der wenigen, die den Wert dieser Oper gleich erkannten, war Gioacchino Rossini. Sein Rat – über einen Freund weitergegeben – war für ihn typisch: »Sagen Sie Verdi, wenn er nach Paris zurückkehrt, muß er sich sehr gut dafür bezahlen lassen, denn – mögen meine anderen Kollegen mir vergeben, daß ich das sage – er ist der einzige Komponist, der eine Große Oper schreiben kann.«

Rossini wußte auch, was es heißt, wenn große Opern gekürzt wurden –

seinen »Guillaume Tell« hatte man gnadenlos heruntergestrichen, streckenweise wurde gar nur der zweite Akt nebst einem Ballett aufgeführt! Gegen
derartige Manöver versuchte Verdi, sich vertraglich abzusichern; das gelang
nur zum Teil, genau wie seine Absicht, mit juristischen Mitteln gegen falsche
Besetzungen vorzugehen. Den italienischen Theatern traute er dabei am
wenigsten, deshalb fand die Premiere des »Don Carlos« in italienischer
Sprache auch in London statt. Der Erfolg war enorm, was Verdi zu einer
zynischen Notiz an die Opéra veranlaßte. Allerdings hatten die Londoner
ebenfalls brutal gekürzt – das Ballett und der ganze Fontainebleau-Akt
waren gestrichen worden. Angelo Mariani machte bei der ersten italienischen Aufführung in Bologna dagegen keinerlei Konzessionen, spielte das
Werk ohne eine einzige Kürzung – und verschaffte ihm einen gewaltigen Triumph. Die Presse schrieb diesen Erfolg allerdings fast ausschließlich dem
Dirigenten zu. Der eitle Mariani sonnte sich in diesem Ruhm – und erkannte
nicht, wie sehr er damit den in solchen Dingen sehr empfindlichen Verdi ver-
ärgerte.

Insgesamt aber stand »Don Carlos« eher unter einem schlechten Stern.
Die Oper wurde fast überall gekürzt, stellenweise bis zur Unkenntlichkeit
verstümmelt; in Reggio nell'Emilia nahm man Musik aus »Macbeth« und
sogar aus »Les Huguenots« mit hinein. Heute, wo man sich darüber einig
ist, daß »Don Carlos« eines der großen Meisterwerke der Opernliteratur ist,
scheint uns das völlig unverständlich. Aber man darf nicht vergessen: Wir
sind in der glücklichen Lage, zu wissen, was noch kommen sollte. Verdis
Zeitgenossen mußte vieles an diesem Stück und dieser Musik fremd bleiben,
jedenfalls in der Langfassung.

Schon 1875 hatte Verdi die Idee, eine gekürzte Fassung herzustellen.
Wenn schon die »Meister-Metzger«, wie er die Dirigenten nannte, die am
»Don Carlos« herumstrichen, sich ständig versündigten, wollte er die Oper
lieber selbst bearbeiten – wie einst »La forza del destino«. Nach dieser ersten
Idee dauerte es allerdings sieben Jahre, bis davon wieder die Rede war. Der
Grund für die letztendliche Neubearbeitung war eine längere Reihe von Fai-
lancen …

Da war zunächst einmal Verdis Schüler Emanuele Muzio. Er war Direktor des Théâtre Italien in Paris gewesen, hatte aber seine Stelle verloren, weil
das Theater gemeinsam mit seinem Chef Escudier pleite gegangen war. Escudier verzweifelte angeblich darüber derart, daß er schnell verstarb. Muzio,
der über rechtliche und finanzielle Fragen mit Ricordi korrespondierte,

äußerte diesem gegenüber den Wunsch, Verdi solle sich nun endlich doch an den »Don Carlos« machen; allerdings ginge das nur, wenn er gemeinsam mit dem Original-Librettisten nochmals darübergehen würde.

Da war also Camille du Locle. Du Locle hatte die Opéra-comique geleitet und war mit diesem Theater ebenfalls pleite gegangen – der Grund war, man glaubt es kaum, Bizets »Carmen«. Zudem hatte du Locle noch eine Schmutzerei bei einer komplizierten Transaktion der für die »Aida« gezahlten Gelder begangen; diese Transaktion war mißlungen. Du Locle setzte sich nach Rom und Capri ab, seine Familie ließ er zurück – und bei der das Geld, an das Verdi nun nicht mehr herankam. In Gelddingen aber verstand der Maestro keinen Spaß. Er brach mit du Locle (wie vorher noch mit Escudier, der an der Transaktion ebenfalls beteiligt gewesen war).

Während dieser leidigen Affaire lernte er Charles-Louis-Etienne Truinet kennen, einen Autor, der seinen protzig-schwierigen Namen mit Recht in das Anagram Nuitter verwandelt hatte. Dieser Nuitter machte sich nun an eine Revision des »Don Carlos«. Geplant war eine neue Aufführung in Wien. Sie scheiterte, weil Verdi nicht fertig wurde, und andere wollte er der besonderen Situation in Wien wegen nicht ans Kürzen lassen: »In dieser Stadt schließen die Pförtner die Haustüren um zehn Uhr abends. Um diese Zeit essen alle Kuchen und trinken Bier. ... Wenn meine Beine schon abgeschnitten werden müssen, möchte ich das Messer selbst schärfen und ansetzen.« Nach neun Monaten war die neue Version fertig. Man hatte das Ballett und den Fontainebleau-Akt eliminiert. Da dies dem ansonsten nicht mit besonders brillanten Nummern gesegneten Tenor die einzige Arie nähme, wurde diese in den nunmehrigen ersten Akt, vor das große Duett Carlos-Posa gesetzt. Das Duett Posa-König wurde neu geschrieben. Längere Überlegungen gab es nur über den Schluß des dritten Aktes, und ihr lag eine ganz pragmatische Frage zugrunde: Sollte man nach Posas Tod schnell den Vorhang fallen lassen, um den armen Bariton abräumen zu können und nicht zu lange auf der kalten Bühne herumliegen zu lassen? Verdi war erst dafür, entschied sich dann nach gründlichem Schiller-Studium in Maffeis Übersetzung dagegen.

Am 10. Januar 1884 fand die Premiere der vieraktigen Fassung an der Scala di Milano statt. Den Carlos sang Francesco Tamagno. Der Komponist war recht zufrieden mit dieser Version und erklärte ausdrücklich, er bedaure nicht, soviel Schönes geopfert zu haben (Philipps Totenklage an der Leiche Posas, etwas ganz besonders Schönes, fand Verwendung als »Lacrimosa« in der »Messa da Requiem«). Die Abonnenten, die aus Prinzip unzufrieden sind, klagen über den fehlenden ersten Akt, meinte er gegenüber Arrivabene. Dessen Musik sei schön gewesen. Doch die Musik des jetzigen ersten Aktes sei »sehr schön«!

Zwei Jahre später erschien noch eine Fassung auf der Bühne und im Druck. Sie bestand aus der gekürzten Mailänder Version mit dem Fontainebleau-Akt und der Tenorarie an der ursprünglichen Stelle. Sie gab sich als vom Komponisten autorisiert aus. Ob zurecht, ist nicht mehr festzustellen. Aber es ist fast undenkbar, daß sie ohne seine Billigung hätte erscheinen können. Auf jeden Fall ist es die Fassung, die sich auf den Bühnen nach und nach durchsetzte und auch heute meist gespielt wird. Sie dürfte also quasi Verdis »letzten Willen« in bezug auf den »Don Carlos« darstellen.

Insgesamt also gibt es von dieser Oper fünf Fassungen: 1. die Pariser Fassung von 1866 ohne die Striche für die Premiere (neulich in Paris aufgeführt, nicht an jeder Stelle überzeugend, aber an vielen: Vor allem das Duett Eboli-Königin vor der großen Eboli-Arie »O don fatale« macht viel Sinn); 2. die Fassung der Premiere von 1867, beide Fassungen fünf Akte mit Ballett; 3. eine für Neapel hergestellte Fassung, die mit den ersten beiden identisch ist, allerdings wesentliche Änderungen in den Duetten König-Posa und Carlos-Königin enthält; 4. die vieraktige Fassung von 1884; 5. die neue fünfaktige Fassung aus Nummer vier plus Fontainebleau-Akt.

Diese letzte Version dürfte wohl auch die »korrekteste« Fassung sein, wenn es bei dieser Oper so etwas überhaupt gibt. Die vieraktige (Nr. 4) ist sicher genauso legitim, beraubt das Werk aber eines seiner schönsten Duette. Außerdem verändert die umgesetzte und auch umgeschriebene Arie des Carlos den Charakter des Titelhelden nicht unwesentlich. Nr. 1 enthält in der Tat wichtige (und schöne) Szenen; das Duett Philipp-Posa allerdings ist in der überarbeiteten Fassung wesentlich schärfer.

Das Merkwürdigste an der Bearbeitung der Oper aber ist die Wahl des Librettisten. Es sollte ja nun eine italienisch gesungene Version werden – warum wählte sich Verdi dann einen Franzosen, dessen Texte anschließend übersetzt werden mußten, warum nicht Boito oder Ghislanzoni, mit denen er gute Erfahrungen gemacht hatte? Die Antwort ist einfach. Verdi hoffte sicherlich auch auf eine weite Verbreitung seiner Oper im französischen Sprachraum. Er schätzte damit seine Landsleute richtig ein – die Italiener haben sich mit »Don Carlos« nicht in dem Maße befreunden können wie die Opernzuschauer jenseits der Alpen. Aber wichtiger war für Verdi, daß Nuitter in engem Kontakt mit du Locle stand. Praktisch alles, was Verdi Nuitter und Nuitter Verdi vorschlug, lief über den Schreibtisch du Locles in Rom respektive Capri. So war auf diese Weise also Muzios Forderung erfüllt worden, daß der ursprüngliche Texter an der Neufassung beteiligt werden sollte …

Die Modernität dieses Werkes hatte die Zeitgenossen verstört. Es war ein »musikalisches Drama«, in dem Schöngesang nur dann noch eine Rolle spielte, wenn es dramaturgisch angebracht war. Das Publikum reagierte deshalb zunächst ablehnend. Man kannte seinen Verdi und wollte immer wieder das hören, was einem doch so gut an ihm gefallen hatte. Da der Verdi jener Jahre in gewissem Sinn fast ein Mann der Avantgarde geworden war, also immer wieder Neues, noch nie Gehörtes in seine Werke brachte, enttäuschte er sein Publikum eben oft – so auch hier. Schöne Arien, schöne Duette – das fehlt weitgehend; dafür gibt es dramatische Szenen, psychologisch auf das subtilste durchgefeilte Ensembles und wuchtige Chöre. Der Reichtum der Partitur von »Don Carlos« ist so vielfältig, daß man hier nur ein paar Stichworte geben kann.

Wieder sind es die großen Duette, die das Werk vorantreiben – zwischen der Königin Elisabetta und Carlos, zwischen Posa und Carlos, zwischen Posa und dem König und dem König und dem Großinquisitor. Wieder arbeitet Verdi mit Motiven, die er zu einem kunstvollen Gespinst verwebt. Und wieder hält er die Zeit an – zum Beispiel im großen Quartett des vierten Aktes zwischen dem König, Posa, der Eboli und der Königin. Wie im bekannteren »Rigoletto«-Quartett bekommt jeder der Protagonisten ausführlich Zeit, seine derzeitige Befindlichkeit darzulegen. Und schließlich die großen Szenen – konzentriert vor allem im vierten Akt: Philipps Klage über das Alter und die entschwundene Liebe seiner Frau, eingeleitet durch ein ausführliches Orchestervorspiel mit Cellosolo; die Verzweiflung der Eboli (»O don fatale«) und Posas Tod, ein scheinbarer Rückgriff auf Belcanto-Zeiten, dennoch aber trotz aller Bellini- und Donizetti-Anklänge, die bewußt gesetzt sind, um den Idealisten Posa zu charakterisieren, voller Dramatik. Auf eine Besonderheit soll noch aufmerksam gemacht werden, die zwar das Klischee tangiert, aber zeigt, wie Verdi nun musikalisch Stellung bezieht. In der großen Szene des Autodafés marschieren Soldaten, Mönche und die zum Feuertod Verurteilten ein. Die finsteren, fast brummenden Klänge der Mönche und ihrer Handlanger kontrastiert Verdi mit den verzweifelten Tönen der Opfer – und darüber schwingt sich eine »Stimme vom Himmel«, die klarmacht, auf welcher Seite denn der Gott, an den Verdi nur bedingt glaubte, wohl stehen würde. Diese Szene reiht sich in all jene ein, in denen Verdi Partei genommen hatte. Dies zu tun, würde er nie aufhören. »Don Carlos« ist auch hier und nicht nur in den beiden »politischen Duetten« zwischen Philipp und Posa bzw. dem Großinquisitor eine Oper über Macht und ihren Mißbrauch.

Holde Teresa

Teresa Stolz als »Aida«

Das Jahr des »Don Carlos« brachte für Verdi einige beträchtliche Veränderungen im persönlichen Bereich. Während der Proben für die Pariser Oper war am 14. Januar sein leiblicher Vater Carlo Verdi gestorben. das Verhältnis zwischen Vater und Sohn, zeitlebens getrübt, war in der letzten Zeit etwas besser geworden. Verdi war betrübt darüber, daß er Paris nicht verlassen und der Beerdigung seines Vaters nicht beiwohnen konnte.

Nach der Premiere reisten die Verdis fast überstürzt aus Paris ab. Sie fuhren direkt nach Genua, in den Palazzo Sauli, wo der Komponist die eher schlechten Kritiken seiner Oper gelangweilt überlas. Das Ehepaar war inzwischen zu so etwas wie einer kleinen Familie geworden. Verdi hatte Maria-Filomena, die Tochter eines Vetters, auf- und an Kindesstatt angenommen. Die Verdis liebten das kleine Mädchen sehr. Es wurde dann auch die Universalerbin des Komponisten. Das Gut in Sant'Agata befindet sich noch heute im Besitz der Familie Maria-Filomenas. Giuseppina begab sich im Mai auf Reisen. Sie besuchte ihre Verwandtschaft in Cremona und wollte auf der Rückfahrt in Mailand noch einiges einkaufen. Dort machte sie zwei bedeutsame Bekanntschaften.

Auf die eine war sie zunächst gar nicht erpicht. Die Gräfin Clara Maffei war ihr immer ein wenig unheimlich gewesen, sie fühlte sogar eine gewisse Eifersucht auf die alte Bekannte ihres Mannes, der er immer noch regelmäßig schrieb, die er stets sah, wenn er nach Mailand kam. Außerdem fürchtete sie, von der Gräfin abgekanzelt zu werden wie von anderen alten Freundinnen des Komponisten, deren eine, die Gräfin Appiani, sie auch nach ihrer Verheiratung stets mit »Frau Strepponi« adressierte – was im übrigen zum Bruch der Freundschaft zwischen Verdi und der Appiani führte. Das Zusammentreffen mit Clara Maffei aber verlief anders – die beiden Frauen wurden sofort Freundinnen, und die Gräfin machte Giuseppina mit Alessandro Manzoni, Verdis Abgott, bekannt. Auf die Folgen, die diese

217

Bekanntschaft noch haben sollte, wird später zurückzukommen sein. Der Komponist jedenfalls war höchstlich überrascht, als Giuseppina ihm nach ihrer Rückkehr ein Bild Manzonis in den Schoß warf und trocken mitteilte, sie habe den, den es darstellte, »übrigens« gerade kennengelernt …

Im Juli wurde der Aufenthalt in Genua durch eine traurige Mitteilung aus Busseto beendet. Antonio Barezzi lag im Sterben. Verdi reiste sofort ab und kam gerade noch rechtzeitig, um dem alten Mann die letzten Stunden zu verschönen. Er soll im Zimmer neben dem Sterbezimmer Barezzis Melodien aus »Nabucco« und »Macbeth« auf dem Klavier gespielt haben, als es mit dem Bussetaner Kaufmann zu Ende ging. Dieser Tod ging ihm viel näher als der seines Vaters. »Mein Wohltäter, mein Freund, der mich so sehr geliebt hat!« betitelte er ihn in einem Schreiben an Arrivabene. »Sein hohes Alter kann den Schmerz nicht lindern, der sehr groß für mich ist! Der arme Signor Antonio! Wenn es ein zweites Leben gibt, wird er sehen, ob ich ihn geliebt habe und dankbar bin für das, was er für mich getan hat. Er ist in meinen Armen gestorben, und ich habe den Trost, ihm niemals Verdruß bereitet zu haben.« Der Tod alter Weggefährten und Freunde sollte von nun an ständiger Begleiter Verdis werden.

Die Gemeinde Busseto ehrte den Förderer Verdis, ohne den er es ohne Zweifel viel schwerer gehabt hätte, den großmütigen Bürger und Demokraten, durch eine Ehrentafel an seinem Wohnhaus und die Wiedererrichtung seines Salons, der »sala Barezzi«.

Zu den erfreulicheren Ereignissen jener Monate gehörten das Treffen mit Alessandro Manzoni (darüber in Zusammenhang mit der »Messa da Requiem« mehr) und die Bekanntschaft mit Teresa Stolz. Diese Bekanntschaft war allerdings nur für Verdi erfreulich und nicht für Giuseppina. Teresa Stolz sollte die Frau werden, die nächst Giuseppina die größte Rolle in seinem Leben gespielt hat.

Es ist nicht ganz sicher, wann die beiden sich erstmals getroffen haben; vielleicht schon 1866 in Genua bei Angelo Mariani, wahrscheinlich aber erst bei den Proben zur revidierten Fassung von »La forza del destino«. »La Stolz«, wie man sie nannte, wurde 1834 in Elbekosteletz in Böhmen geboren. Sie debütierte in Triest und begann ihre eigentliche Karriere in Bologna. Dort fiel sie als Elvira in »Ernani« dem Dirigenten Mariani auf. Er machte sie in der Folgezeit zu einem der führenden Soprane. Ihr Name ist vor allem verbunden mit der Aida, die sie in der europäischen Erstaufführung sang. Sie war eine stattliche Frau – uns erscheint sie heute eher ein wenig walkürenhaft – und gefiel Verdi von Anfang an. Die Beziehung der beiden war sehr eng, und dabei spielt letztlich keine Rolle, ob sie nun ein Liebesverhältnis miteinander eingingen oder nicht. Diese Frage, die nicht geklärt werden kann, trifft den Kern auch nicht. Giuseppina war verstimmt der Enge dieses Verhältnisses wegen, darüber, daß Verdi nun plötzlich vieles, was er bislang ausschließlich mit ihr besprochen hatte, mit einer fremden Frau diskutierte. Darüber zerbrach die Ehe beinahe. Giuseppina hat, das ist sicher, mit dem Gedanken, Verdi zu verlassen, mehr als nur gespielt. Letzten Endes aber brachte sie es nicht fertig.

Herauszubekommen, was wirklich geschehen ist, gleicht einem Puzzlespiel, weil es kaum persönliche Äußerungen der sehr diskreten Beteiligten gibt; alle drei waren es nicht gewohnt, intime Dinge schriftlich anderen oder in einem Tagebuch sich selbst zu eröffnen. Daß etwas vorgefallen war, kann man am ehesten der Aufschrift eines Photos entnehmen, das Giuseppina ihrem Mann zum 63. Geburtstag geschenkt haben soll: »Meinem Verdi, mit meiner früheren Zuneigung und Verehrung!« Das Photo freilich hat nur Carlo Gatti, der Biograph, gesehen. »Früher« – das kann, wenn die Sache mit dem Photo überhaupt stimmt, ja nur eine Affaire meinen; kann und muß es eine mit der Stolz gewesen sein? Hat es andere Verstimmungen gegeben? Die Detektivarbeit geht weiter.

Giuseppina hielt zunächst sehr viel von Teresa Stolz. »Eine wirkliche und ganz ausgezeichnete Leistung« attestierte sie ihr, als sie die Böhmin zum ersten Mal in der Scala gehört hatte. Doch die Stimmung schlug schnell um. Als Verdi 1869 in Mailand war, um »La forza del destino« zu proben, blieb seine Frau in Genua zurück – und schrieb ihm einen eigenartig traurig-verbitterten Brief, in dem es von merkwürdigen Formulierungen nur so wimmelte. Sie erwähnte darin ein »unergründliches Schweigen« Verdis vor seiner Abreise, bat ihn, sie doch nicht »weiteren und unnützen bitteren Erfahrungen« auszusetzen, und schloß: »Möge dir Gott die schlimmste und demütigendste Wunde verzeihen, die du mir zugefügt hast!« Auch das alles ist doppeldeutig und kann vieles meinen – Verdis merkwürdige Scheu, seine Frau der Öffentlichkeit zu präsentieren zum Beispiel (er hielt sie lange sogar von seinen Premieren fern), auch die kränkende Behandlung durch seine vornehmen Freundinnen wie die Appiani. Aber eben auch möglicherweise seine Verbindung zu Teresa Stolz.

Im September 1871 traf Teresa in Sant'Agata ein. »Noch immer sehr schön« sei die Signora, schrieb Giuseppina in ihr Tagebuch. Und: »Dunkel,

Dunkel, Dunkel vor mir ... Vielleicht der traurigste Augenblick meines Lebens.« Offiziell zeigte sie davon nichts. Nach Teresas Abreise schrieb ihr Verdis Frau einen freundlichen Brief, in dem von Freimütigkeit, Offenheit und gegenseitiger Achtung die Rede war. Später sprach sie sogar von »Freundschaft« zwischen sich und ihr.

Teresa beendete ihr Verhältnis mit Mariani. Zur selben Zeit ging die nie ganz ungetrübte Freundschaft zwischen Verdi und dem Dirigenten endgültig in die Brüche. Ob beides miteinander zu tun hatte, ob die Verstimmung eher von Marianis Einsatz für Wagner herrührte, ob Mariani sich vielleicht sogar so stark für Wagner einsetzte, weil er Probleme mit Verdi wegen der Stolz hatte, ist nicht mehr eindeutig zu klären. Sicher ist nur: Giuseppina wurde immer deprimierter. »Seit einiger Zeit neige ich zu Traurigkeit, zu Tränen, beinahe zur Verzweiflung«, vertraute sie Clara Maffei an, und einen merkwürdigen Zusatz legte sie einem Brief ihres Mannes an Cesare de Sanctis bei: »Ich möchte gar zu gern wissen, ob das Gerücht über die Angelegenheit, von der man, wie Sie mir sagten, in Neapel so viel redet, bis zu den Ohren der S. gedrungen ist ... Sollten Sie ... etwas darüber erfahren, reicht es aus, wenn Sie mir zur Antwort auf ein Stück Papier schreiben: She knows it.«

Verdi, nebenbei, konnte nicht englisch ... Giuseppinas Depressionen wurden immer stärker. Sie sei bald deprimiert, bald fürchte sie sich vor sich selbst, bald gerate sie in Tränen, die »klösterliche Ruhe« tue ihr auch nicht gerade gut, schrieb sie an Clara Maffei, und in ihr Tagebuch notierte sie über Verdis Briefwechsel mit der Stolz: »16 Briefe!! in kurzer Zeit!! Wie fleißig!!« Doch auch in Momenten höchsten Ärgers und tiefster Wut blieb sie gefaßt; nie tauchte ein Name in ihren Briefen oder Notizen auf, auch wenn sie noch so verletzt oder verbittert war. Sie könne kaum noch an Gott glauben, befand sie, wenn sie sich die »Wunder der Natur« anschaue. Ihr »religiöser Enthusiasmus« sei dahingeschwunden.

Das wie auch immer geartete Verhältnis des berühmten Komponisten zu der berühmten Sängerin jedenfalls blieb der Presse nicht verborgen. Sowohl Teresa Stolz als auch Giuseppina Verdi mußten Dinge lesen, die man nicht unbedingt gern liest. Da war von Sitzmöbeln die Rede, die man auch zu anderem als zum Sitzen verwenden könne – eines der vielen Beispiele für die schlüpfrige Berichterstattung, wie sie auch heute in der Regenbogenpresse immer wieder gern aufgetischt wird. Diese Art von Presse hatte damals ihre große Zeit. Jeder Bankrotteur, jeder Ganove, jeder hergelaufene Lump durfte, wenn er auch nur ein paar Sous hatte oder einen Anzug, der ihn kreditwürdig aussehen ließ, eine Zeitung herausgeben. Im Mutterland dieser Art von Presse, in Frankreich (dort entstanden auch besonders widerliche Gerüchte über Verdi und Teresa Stolz) war dabei nur erwünscht, daß man sich politischer Kommentierungen enthielt und über die Gesellschaft schrieb. Wenn die Gesellschaft nichts verlauten ließ, erfand man, was man zu Papier brachte. Besonders schlaue Herausgeber begannen sogar, darin ein einträgliches Geschäft zu entdecken. Man kündigte möglichst reißerisch bestimmte Enthüllungen an, ließ vielleicht auch den ersten Teil erscheinen, in der Hoffnung, daß alle, die solche Enthüllungen zu fürchten hätten, es sich etwas kosten ließen, das Erscheinen weiterer Folgen zu verhindern. Solche Schundblätter gab es viele, manche haben sich in veränderter Form bis heute gehalten – der angesehene »Figaro« ist damals als Gesellschaftsblatt dubiosester Tendenz entstanden.

Derartige Artikel über Verdi mußten überall Aufsehen erregen. Der Komponist genoß ja auch außerhalb Italiens hohes moralisches Ansehen. Der Skandal war da – Giuseppina schien am Ende. Sie setzte sich hin und schrieb einen Brief an Teresa Stolz: »Daß Sie uns lieben, weiß ich, oder eigentlich: wissen wir, glauben es und freuen uns, es zu glauben, und wir sind zuversichtlich, daß wir Ihretwegen niemals eine Enttäuschung erleben werden. Für Sie werden wir dieselben bleiben, solange wir leben. Daher … ist die Furcht, im Wege zu stehen, weil Sie mich in einem Anhauch von Traurigkeit erlebten, eine Furcht, die Sie beiseitelassen können. … Uns werden Sie nie im Weg stehen, solange Sie und ich die aufrichtigen und loyalen Menschen bleiben, die wir sind.«

All diese Briefe beweisen nichts, zumal sie ja auch widersprüchlich sind oder zu sein scheinen. Sie beweisen genau so wenig wie die Tatsache, daß Teresa Stolz plötzlich von der Bildfläche verschwand, nach Rußland ging und sich lange nicht mehr bei den Verdis sehen ließ. Ich wage trotz aller Hinweise zu bezweifeln, ob Giuseppina sich sicher war, daß es zwischen Verdi und der Stolz eine Affaire gegeben hatte. Die von vielen Autoren hin und her gewälzte Frage nach möglichen sexuellen Intimitäten ist im Grunde genommen auch obsolet. Giuseppina sah in Teresa Stolz eine Rivalin; eine Rivalin auf jedem Feld, vor allem auf dem einer Vertrauten. So wenig sie es geschätzt hatte, daß die Gräfin Maffei Verdi lange näher stand als sie, so wenig schätzte sie das, was sich zwischen Verdi und der böhmischen Sopranistin anbahnte. Es enttäuschte sie gewaltig, daß es jemanden gab, der ihrem

Mann zumindest wichtiger schien als sie. Auf der anderen Seite konnte sie ihre Dankbarkeit gegenüber Verdi nie ablegen. Und letzten Endes handelte sie auch richtig, ihn nicht zu verlassen. Verdi entschied sich, wenn es einer Entscheidung überhaupt bedurft hatte, für sie. Teresa Stolz wurde und blieb eine enge Freundin des Hauses. Sie starb 1902, ein Jahr nach Verdi.

Ihr Name als Künstlerin blieb mit seinen Werken verbunden, vor allem mit der Gestaltung einer seiner größten Rollen, der Aida.

Der Mond über dem Nil

﴿ترجمة اللعبة المسماة باسم﴾

عايدة

وهى قطعة تياتريه من نوع الالعــاب المعروفة باسم الاوبيره
(أى التصوير لحادثة تاريخية شهيره) تشتمل على مناظر مجبه
ومراقص مستغرب به يتخللها الاغانى مويــــيقية مطربه
متوزعة على ثلاثة فصول وسبعة مناظر
تأليف المعلم غيرلنسونى وتوقيع الاوسته ويردى
مصنفة

بامر سعادة خد يو مصر

لقصد تصويرها فى تياترو الاوبيره
بمصر القاهره
وقد حصل اللعب بها بالفعل فى الملعب المذكور فى موسم سنة ١٨٧١

تعريب
العبد الفقير ابى السعود أفندى
محرر صحيفة وادى النيل

Titelblatt des Librettos von »Aida« in arabischer Sprache,
zur Uraufführung erschienen

$\mathcal{C}$amille du Locle, damals noch nicht gescheitert und auf der Flucht vor seinen Gläubigern, versuchte beharrlich, Verdi für eine neue Oper zu gewinnen. Er hatte sich mit der Familie ziemlich befreundet und predigte nur eines: Paris, Paris, Paris. Verdi sagte nicht deutlich nein, schien sogar wieder einiges an Lust zu einem solchen Unternehmen zu bekommen, und stöberte in leichten, unterhaltsamen Stoffen, als du Locle Direktor der Opéra-comique wurde. Das hätte allerdings keine »komische Oper« in unserem heutigen Sinn bedeuten müssen; die Opéra-comique war lediglich das Theater für Singspiele und Oper, in denen auch gesprochen wurde – im Unterschied zur »Großen Oper«. Dennoch schien die Konkurrenz zu Jacques Offenbach Verdi zu locken. Er spielte einen Augenblick lang ernsthaft mit dem Gedanken, ein »Froufrou« betiteltes Libretto der Offenbach-Texter Meilhac und Halévy zu vertonen, sah dann aber dankenswerterweise die Unsinnigkeit eines solchen Unterfangens ein. Näherliegend scheint uns, die wir wissen, daß er noch einen »Falstaff« schreiben würde, der Plan, Molières »Tartuffe« zu komponieren. Er schien sogar schon konkrete Vorstellungen über einen Textdichter gehabt zu haben, aber auch daraus wurde schließlich nichts.

Den Anstoß für seine nächste Oper sollte ein Paradeprojekt des neuen fortschrittlich-technischen Zeitalters geben. Der Suezkanal war gebaut worden, man hatte zwei Meere miteinander verbunden und den Seeweg in den Fernen Osten um ein Beträchtliches verkürzt. Französische Architekten und Geldmänner, letztere nicht nur der seriösen Sorte, waren daran beteiligt. Alle Staaten, die sich ein imperialistisches Mäntelchen umzuhängen im Begriff waren, wollten bei der Einweihung durch hohe und höchste Vertreter dabei sein. Österreich und Preußen, frisch ihre Kriegswunden leckend, versuchten einander die Schau zu stehlen, indem höchste Herrschaften abwechselnd auf schneeweißen Schiffen herumfuhren oder auf Pyramiden kletterten. Der Khedive von Ägypten aber wollte alles noch europäischer als in Europa haben. Dazu gehörte im vom Wüstensand verwehten Kairo natürlich ein richtiges, möglichst prunkvolles Opernhaus. Die Eröffnungsoper sollte kein anderer als Verdi exklusiv für den Khediven verfassen. Wenn das schon nicht ginge, dann doch vielleicht etwas Ergreifendes, einen Hymnus, eine Ode auf den Kanal oder irgend etwas in dieser patriotischen Art.

Das war nun genau das falsche Ansinnen, denn nichts haßte Verdi mehr als solche »Gelegenheitssachen«, wie er kühl dem Khediven mitteilen ließ. So mußte der Suezkanal ohne Verdi eröffnet werden, doch das tat dem Jubel keinen Abbruch. Am 17. November 1869 durchfuhr ein Konvoi den Kanal, an der Spitze der »Aigle« mit Kaiserin Eugénie an Bord, an zweiter Stelle der »Greif« mit Kaiser Franz Joseph, an dritter die »Grille« mit dem preußischen Kronprinzen. Noch spielte Frankreich die erste Geige …

Die Kairoer Oper übrigens wurde doch mit einem Werk Verdis eröffnet, aber nicht mit einem neuen. Man gab »Rigoletto«. Der Khedive aber hatte italienisches Opernblut geleckt.

Ismael Pascha wurde von einer der interessantesten Personen seiner Welt und seiner Zeit unterstützt: von Auguste Mariette. Der französische Ägyptologe hatte, eigentlich auf der Suche nach koptischen Texten, eher durch Zufall den Tempel des Serapis und die Apis-Stiere entdeckt. Er trat aus den Diensten des Musée du Louvre aus und in die des Khediven ein. Aus Auguste Mariette wurde Mariette Bey, der dem Khediven half, das Land vor der völligen Ausplünderung zu retten, so weit das damals überhaupt möglich war. Er hatte einen Stoff zur Hand, den er angeblich aus seinen archäologischen Forschungen erschlossen haben wollte. Er kannte du Locle und versuchte, ihn dafür zu interessieren. Das schien zunächst nicht zu gelingen. Du Locle hatte wohl Verdi dieses Thema vorgeschlagen, aber der zeigte sich nicht gerade begeistert. Er hatte sich noch auf eine komische Oper respektive ein Werk für die Opéra-comique versteift.

Mariette verband einige andere Interessen mit dieser Oper. Der Vizekönig hielt ihn unter der Knute, deshalb wollte er wenigstens einige Zeit aus Ägypten heraus, und eine Oper wäre ihm dazu sehr geeignet erschienen. Deshalb drängte er weiter. Wenn nicht Verdi, dann wenigstens Gounod oder gar Wagner, so sah seine Vorstellung aus, als er sich wieder an du Locle wandte: »Sie müssen mir schreiben, daß der Stoff so archäologisch ägyptisch und ägyptologisch ist, daß Sie den Text nicht ohne einen festangestellten Polizisten an Ihrer Seite schreiben können; und daß außerdem meine Anwesenheit in Paris absolut notwendig ist wegen der Kostüme und des Bühnenbildes.« Die Lichterstadt lockte – im Sommer wollte Mariette in Paris sein. Dafür war er bereit, im Grunde alle Autorenrechte herzugeben: »Es versteht sich von selbst, daß ich keine Form von Dünkel in der ganzen Sache habe. Sie können das Szenario verändern, hinzuerfinden, von oben nach unten kehren nach Belieben.« Es sei ihm gleichgültig, fügte er hinzu, wie diese Oper heißen sollte – »Aita« wäre ein richtiger ägyptischer Name, aber der sei wohl nicht recht singbar. Also solle man ihn halt in »Aida« abändern ... »Überhaupt lege ich auf den Namen keinen größeren Wert.«

Verdi blieb weiterhin desinteressiert – bis der Name Wagner in die Debatte geworfen wurde. Den Deutschen wollte er nicht in Kairo sehen. Er schaute sich daraufhin wenigstens Mariettes Entwurf an und fand Gefallen. Einiges sei nicht neu, aber recht gut. Daraus könne man etwas machen, befand er. Und schloß: »Dann wollen wir jetzt mal über die Finanzen in Ägypten reden und entscheiden.«

Du Locle jubelte, als er diesen Brief aus Busseto in Händen hielt. Er antwortete, die Geschichte stamme von einem gewissen Mariette und dem Vizekönig höchstpersönlich. Eine fromme Lüge, um Verdis Hang zum Snobismus, der nicht gering war, noch deutlicher anzusprechen. Du Locles Behauptung war eindeutig falsch, das hindert aber nicht, daß sie immer wieder in Lexika und ähnlichem auftaucht (genau wie die falsche Tatsache, »Aida« sei für die Eröffnung des Kairoer Opernhauses geschrieben worden). Das Treatment stammt eindeutig aus der Feder Mariettes und nur aus dieser. Verdi selbst wußte das nicht. Als der Sohn Auguste Mariettes in einem Rechtsstreit Tantiemen der »Aida« einklagen wollte, betonte Verdi, ihm sei der Entwurf mit der Bemerkung übergeben worden, er sei der Feder des Khediven entsprossen. Mariette jun. verlor den Prozeß.

Verglichen mit den eher gewundenen Gängen der Handlungen von »Don Carlos« oder »La forza del destino« ist »Aida« eine einfache Geschichte, in der Tat – und genau das reizte Verdi. »Ich will die Kunst in welcher Gestalt auch immer, nicht das Arrangement, das Künstliche und das System, das ihr vorzieht!« hatte er an du Locle geschrieben, als er ihm den Text von »Froufrou« zurückgab; und all diese Forderungen wurden von »Aida« erfüllt. Die Beziehungen zwischen den Personen sind scheinbar simpel, von Liebe oder Haß bestimmt. Radames liebt Aida, sie liebt ihn, er weiß aber nicht, daß sie die Tochter des ärgsten Feindes seines Landes ist. Amneris liebt Radames und haßt Aida, als sie seine Liebe zu ihr erkennt. Amonasro liebt seine Tochter, mißbraucht sie aber dennoch für seine politischen Zwecke, wenn auch mit Skrupeln. Amneris wiederum liefert Radames erst den Schergen der allgewaltigen Priesterkaste aus und versucht dann, ihn zu retten. Man sieht, die scheinbar so einfachen Beziehungen sind so einfach gar nicht; wenn man eine Oper nennen sollte, in der alle Gefühle doppelbödig sind, dann diese. Verdis Musik macht mit der Vereinigung der Liebenden im Tod (wofür er bereits in »Un ballo in maschera« und in »Don Carlos« bedeutende Vorarbeiten geliefert hatte) ein Kammerspiel in höchster Perfektion. Daß »Aida« eine Prunk- und Festoper sei, in der es darum geht, möglichst viele Statisten und Elefanten über die Bühne zu jagen, ist ein weitverbreitetes Mißverständnis. Das kann der Zuschauer selbst in Verona merken, dessen Arena jedes Jahr diesem Mißverständnis neue Nahrung bietet. Selbst dort wagen die zwanzigtausend Besucher kaum zu atmen, wenn sich auf dem Höhepunkt des Werkes Vater und Tochter auf der ansonsten leeren Bühne gegenüberstehen und ihren Kampf um Heimat und Liebe miteinander und gegeneinander ausfechten. In diesem Duett kulminieren alle anderen, die Verdi für Sopran und Bariton geschrieben hat. In dieser Szene ist »Aida«, die vielgeschmähte, vielleicht Verdis vollendetste Oper. Aber von welcher seit »Rigoletto« ließe sich das, je nach Standpunkt, nicht auch sagen?

Darum jedenfalls kümmerte Verdi sich zunächst einmal nicht. Ihm, dem kaufmännisch Denkenden, ging es jetzt erst einmal darum, herauszubekommen, was der Khedive denn zu zahlen bereit war. Er stellte eine wahnwitzige Forderung, vielleicht auch mit der geheimen Nebenabsicht, seinen Müßiggang nicht beenden zu müssen. Er verlangte 150 000 Francs, viermal so viel, wie er für den »Don Carlos« vom auch nicht gerade kleinlichen Pariser Opernhaus bekommen hatte, eine stolze Summe. Der Khedive zuckte nur mit den Achseln und unterschrieb den Vertrag. Natürlich sollte der Maestro bekommen, was er verlangte – das höchste Honorar, das jemals für eine Oper verlangt und auch tatsächlich bezahlt wurde (wenn man Wagners Mehrfachverkäufe seiner Manuskripte und das Begleichen diverser Schulden nicht zum Honorar dazurechnet!). Verdi selbst war am überraschtesten.

»Wenn mir jemand vor zwei Jahren gesagt hätte, ›du wirst für Kairo schreiben‹, hätte ich ihn für einen Verrückten gehalten, aber jetzt sehe ich, daß ich der Verrückte bin!« schrieb Verdi an seinen Anwaltsfreund Giuseppe Piroli. Inszenieren wollte er das Werk allerdings nicht selbst, »weil ich fürchten müßte, dort mumifiziert zu werden!«

Die Vorbereitungen für die Oper wurden überschattet von der Angst vor einem neuen Krieg – diesmal zwischen Frankreich und Preußen. »Ich kann keine französischen Zeitungen lesen!« klagte Verdi. »O, wie vermessen die sind!« Hätte er deutsche zu lesen vermögen, wären seine Klagen vermutlich noch eindringlicher gewesen …

Als Librettisten suchte er sich Antonio Ghislanzoni aus, mit dem er ja schon bei der Neufassung von »La forza del destino« gut zusammengearbeitet hatte. Das Haus Ricordi stimmte begeistert zu. Ghislanzoni kam nach Sant'Agata, immer in Sorge um seine Schienbeine und eleganten Hosen, die Verdis Hunde zu ihren liebsten Angriffsobjekten erwählt hatten. Und dann kam auch der Vertrag, genauso wie der Komponist ihn hatte haben wollen, sogar mit einer Klausel versehen, daß er das Recht auf eine Premiere innerhalb Italiens haben sollte, wenn sich die Uraufführung in Kairo verzögern sollte. Daß noch niemand von den genauen, vor allem finanziellen Bedingungen des Vertrages erfahren hatte, stimmte Verdi froh. Er hatte zwar keine Hemmungen, ein solches Honorar zu fordern, aber es zu erhalten, war ihm, dem zutiefst bürgerlichen Menschen, doch irgendwie peinlich – vor allem im Vergleich zu dem, was andere vor ihm erhalten hatten: »Die Zahlen würden nur dazu dienen, die Ruhe manches Toten zu stören. Man würde sicherlich die 400 Taler für Rossinis ›Barbiere di Siviglia‹ zitieren, Beethovens Armut, Schuberts Elend, das unstete Leben Mozarts!«

Verdi wurde von seiner Arbeit fasziniert und gefangengenommen – eine Oper, die er zunächst nicht schreiben wollte, packte ihn wie kaum eine andere bisher. Er hatte Mariettes Entwurf und ein ausführliches ›Drehbuch‹ von du Locle zur Hand und begann nun, eine eigene Zusammenfassung zu schreiben. Du Locle hatte schon vieles, was ihm Mariette vorgegeben hatte, verändert. Zum Beispiel begann bei Mariette die Oper mit einem Chor, du Locle brachte nach dem Öffnen des Vorhangs gleich das kurze Gespräch zwischen dem Feldherrn Radames und dem Priester Ramfis. Allerdings führte erst Verdi an dieser Stelle die Arie »Celeste Aida« ein. Auch einige andere Änderungen des Komponisten waren wichtig und drehten einiges am ursprünglichen Plot fast um: Radames war bei den Franzosen ein bewußt handelnder Landesverräter, der die ägyptischen Stellungen mit voller Absicht den Feinden bekanntgab, bei Verdi geschieht dieser Verrat unabsichtlich. Nähere Einzelheiten über diese Entwürfe, die auch einen tiefen Einblick in Verdis Arbeitspraxis geben, kann man den Büchern Julien Buddens entnehmen.

Verdi befaßte sich ausführlich mit ägyptischen Quellen, suchte vieles über die Zeit, die Kultur und vor allem die Musik der Pharaonen zu erfahren. Giulio Ricordi machte ihn mit einem Fachmann bekannt, bei dem er Details erkundete – ohne sich dann bei der Komposition darum zu kümmern. Weder stimmen die Bräuche der Zeit noch stimmt die Geographie. Memphis und Theben beispielsweise, die Städte, in denen die ersten beiden Akte spielen, liegen viel zu weit auseinander, als daß die prunkvolle Hofhaltung der Pharaonen in der einen und der Triumphmarsch in der anderen stattfinden könnte. Die alten Ägypter verehrten den Gott Vulkan nicht, sie benutzten keine Trompeten und bauten keine Triumphbögen, um nur einige der ganz offensichtlichen weiteren Fehler zu nennen. Und nicht immer entstanden diese Irrtümer durch Zufall wie die berühmten Fanfaren des noch berühmteren Triumphmarsches. Verdi instrumentierte diese Oper schon in Sant'Agata, weil er ja nicht nach Kairo reisen wollte. Er hatte gelesen, daß die Ägypter eine besondere Sorte Flöten benutzt hätten. Deshalb suchte er, um Lokalkolorit bemüht, das ägyptologische Museum in Florenz auf, nur um zu erfahren, daß es sich dabei um ganz gewöhnliche Hirtenflöten handelte. Der Plan, eine banda mit ägyptischen Instrumenten auf die Bühne zu schicken, schien sich also zu zerschlagen. Kurzfristig dachte er daran, »das Instrument des Herrn Sax«, erst 1841 erfunden, zu benutzen, ließ sich dann aber doch überzeugen, daß das Saxophon sich nicht für das alte Ägypten eignete. (Andere Komponisten hatten da weniger Skrupel – es taucht sowohl in Bizets »Arlesienne-Suite« als auch in Massenets »Werther« auf, obwohl es sich für beide Zeiten und Landschaften wohl auch nicht direkt eignet!) Doch dann fand er »Originales« für die banda – er ließ sich besondere Fanfaren herstellen, um zu zeigen, »wie die Trompeten in den alten Tagen« gewesen seien. Die Firma Pelitti in Mailand baute sie nach seinen Vorstellungen, und seither gehört der mit aller Gewalt in As-dur geschmetterte Triumphmarsch zu den Favoriten der Wunschkonzerte. Leider aber kannten die Ägypter solche Instrumente nicht – die Triumphfanfaren sind eindeutig römischen Ursprungs.

Letzten Endes aber interessierte ihn das alles auch nicht wirklich – wenn nur der »Effekt« da war, war's schon recht, und die Fanfaren machten ihren Effekt. Auch die ganzen historischen Fehler waren für ihn ohne Bedeutung; gerade weil er es hätte besser wissen müssen und es auch besser wußte, ist klar, daß es ihm auf historische Wahrheit in dieser Oper nicht ankam. Ihn interessierte wieder einmal, nur diesmal in stärkerem Maße als bislang, die menschliche Wahrheit.

Deshalb auch befand er sich in einem wahren Schaffensrausch und trieb

seinen Libretrtisten immer heftiger an. »Der letzte Satz in Ihrem Brief ver-
ursachte mir eine Gänsehaut! ›Kann ich mit dem dritten Akt anfangen?‹
was? Ist er etwa noch nicht fertig? Ich wartete darauf, daß er stündlich bei
mir einträfe!« Verdi nahm in viel intensiverem Maße als bisher Einfluß auf
den Text. Jede Zeile, jeder Vers wurde genau von ihm geprüft; man hat den
Eindruck, daß er sich diesmal, wo er nicht auf einen bereits vorhandenen
Stoff, ein Theaterstück, einen Roman Rücksicht nehmen mußte, ganz seiner
dramatischen Leidenschaft hingab. Das bedeutete auch Verzicht auf Her-
kömmliches. »Ich sehe, daß Sie Angst vor zwei Dingen haben: vor einigen
szenischen Kühnheiten, würde ich sagen, und davor, keine Cabaletten zu
machen!« schrieb er an Ghislanzoni Ende September 1870 und zerpflückte
dann den Text des großen Duetts zwischen Aida und Amonasro. Verzicht
auf Strophe und Rhythmus, Aida könne nach der Verfluchung durch ihren
Vater doch nicht anders als »abgerissene Worte mit tiefer und dunkler
Stimme« singen, das waren so seine Forderungen, und immer wieder: Wahrheit, Wahrheit, Wahrheit.

Ghislanzoni war für ihn aber ein schwierigerer Partner als beispielsweise
der treue Piave. Er widersprach und setzte sich hin und wieder sogar durch.
Als Verdi eine Änderung der Textzeile »Morir! Si pura e bella« (»Sterben! So
rein und schön«) mit der Begründung verlangte, »gewiß werden unsere Primadonnen wunderschön sein, aber wenn es später jemals eine gäbe, die es
nicht wäre? Dann könnte das Publikum scherzen!«, beharrte der Librettist
auf seinem Text: »Ganz abgesehen davon, daß im Theater alle Frauen schön
sind oder zumindest durch musikalische Idealisierung schöner werden, habe
ich das Gefühl, daß jede Änderung der Worte an dieser Stelle die Wirkung
der wunderschönen Phrase verringern würde, die der Maestro gefunden hat.
Selbst wenn wir ein Ungeheuer aus Lappland auf der Bühne hätten, würde
das Publikum in Ekstase geraten!«

Der Schluß der Oper ist fast ausschließlich Verdi zuzuschreiben. Ghislanzoni hatte ein Ende à la »Il Trovatore« vorgesehen, Radames über der
Leiche Aidas zusammenbrechend, aber das mißfiel dem Komponisten. »Ich
hätte gerne etwas süßes und schwebendes, ein sehr kurzes Terzett, Abschied-
nehmen vom Leben. Aida fiele sanft in die Arme von Radames. Währenddessen würde Amneris, die auf dem Stein über der Gruft kniet, ein ›Requies-
cat in pace‹ singen.« Ghislanzoni solle diese Szene in unterschiedlicher Vers-
form und häufig wechselnden Rhythmen schreiben, dazu fiele ihm eine wunderbare Melodie ein – in der Tat!

Der Premiere in Kairo und der von Verdi viel wichtiger genommenen ersten europäischen Aufführung in Mailand (mit Teresa Stolz) stand nun eigentlich nichts mehr im Wege – außer der europäischen Politik. Verdi hatte die ganze Zeit fieberhaft die politische Situation beobachtet. Er war in großer Sorge, prophezeite gar einen »allgemeinen europäischen Krieg«, bei dem er sich um knapp vierzig Jahre vertat. Aber aus dem preußisch-französischen Krieg hätte sich schnell ein solcher Konflikt entwickeln können.

Schon 1867 war es zu einem gewaltsamen Versuch gekommen, Rom einzunehmen. Garibaldis Sohn Menotti hatte eine Freiwilligenarmee aufgestellt und drang ins Patrimonium ein. Päpstliche und französische Einheiten schlugen diese Freischärler, die Franzosen blieben daraufhin ganz in Rom. Der Papst spann sich ob dieses neuen Insults von seiten seiner Landsleute nur noch stärker in seinen Kokon der Gottähnlichkeit ein und nährte seinen Haß gegen Italien. Viele Historiker glauben heute, daß er zu diesem Zeitpunkt bereits schwer geistesgestört war. Er rief das zwanzigste allgemeine Konzil im Vatikan zusammen; und während draußen vor seinen Türen seine Welt zusammenbrach, verkündete er eines der verhängnisvollsten Dogmen der Kirchengeschichte. Einen Tag, bevor Bismarcks Plan, Frankreich zur Kriegserklärung an Preußen zu zwingen, von Erfolg gekrönt wurde, verkündete der Papst mit der Konstitution »Pastor Aeternus« das Dogma von der päpstlichen Unfehlbarkeit – wobei er vor allem seine eigene meinte. Die Proklamation wurde mit allen damals verfügbaren Medien betrieben – Pius IX. hatte nichts dagegen einzuwenden, daß das »Veni creator spiritus« auf ihn umgedichtet wurde und man den Papst als die »das All erhaltende Kraft« bezeichnete.

Während Verdi und Ghislanzoni sich über einzelne Textpassagen stritten, schlugen die Preußen bei Sedan am 2. September 1870 die Franzosen. Napoleon III. zog daraufhin besiegt seine Truppen aus Rom ab. Die italienische Regierung sah nun die günstige Gelegenheit gekommen, sich die Hauptstadt zu holen, die der Heilige Vater nicht freiwillig hergeben hatte wollen. Am 20. September zogen italienische Truppen ein, kein Widerstand regte sich, weder von ausländischen katholischen Mächten noch vom Papst selbst, der nur formell protestierte. Die Regierung ließ abstimmen – eine gigantische Mehrheit ergab sich für den Anschluß: Nur 46 Römer stimmten dagegen! Im Juli 1871 zog der König in Rom ein. Der Papst mußte den Quirinal räumen, in dem regierte nun Vittorio Emanuele, der Heilige Vater retirierte in den Vatikan. Versuche von seiten den Königs und seiner Minister, ein geregeltes Nebeneinander zu organisieren, scheiterten am Widerstand des Papstes. Pius IX. wollte mit diesem Italien nichts zu tun haben, er ging lieber als »Gefangener des Vatikans« in eine Art innerer Emigration. Die offizielle Versöhnung der Kirche mit dem Staat blieb seinen Nachfolgern überlassen – und die gewährten sie erst Mussolinis Fascisten.

Verdis Reaktionen auf diese Ereignisse sind zwiespältig. Der deutsche Sieg über die Franzosen machte ihm Angst. »Dieses Unheil Frankreichs bringt auch mein Herz, wie das Ihre, zur Verzweiflung!« schrieb er an die Gräfin Maffei. Frankreichs Anmaßung sei zwar unerträglich, aber schließlich habe Frankreich der Welt auch die Kultur gebracht – im Unterschied zu den Deutschen: »Mögen unsere Literaten und unsere Politiker ruhig die Bildung, die Wissenschaften und selbst (Gott vergebe es ihnen!) die Künste dieser Sieger rühmen; aber wenn sie etwas ins Innere blickten, würden sie sehen, daß in ihren Adern noch immer das alte Gotenblut fließt, daß sie von maßlosem Stolz, hart, unduldsam gegen alles sind, was nicht germanisch ist, und von einer Gier, die keine Grenzen hat. Menschen mit Kopf, aber ohne Herz; eine starke, aber nicht gesittete Rasse.« Gefährlich seien sie, notierte er weiter, weil sie sich als Missionare fühlten, die Europa von seinen Lastern zu befreien ausersehen seien. Als die Beschießung von Paris drohte, kommentierte Verdi mit zorngeladenen Worten, denen aber mehr als einige Körnchen Wahrheit nicht abzusprechen sind: »Der antike Attila (ein anderer, ebensolcher Missionar) machte halt vor der Majestät der Hauptstadt der antiken Welt; aber dieser steht im Begriff, die Hauptstadt der modernen Welt zu beschießen; … Warum? … ich wüßte es nicht zu sagen. Vielleicht, weil es keine Hauptstadt mehr von solcher Schönheit gibt und es ihnen nie gelingen wird, eine gleiche zu bauen.« Italien hätte Frankreich unterstützen sollen – er zöge es vor, schrieb er, gemeinsam mit Frankreich besiegt zu werden. »Wir werden dem europäischen Krieg nicht entgehen, und er wird uns verschlingen. Er wird nicht morgen kommen, aber er kommt. Ein Vorwand ist schnell gefunden. Vielleicht Rom, vielleicht das Mittelmeer … Und ist da nicht die Adria, die sie schon zum Deutschen Meer proklamiert haben?«

Der deutsch-französische Krieg gefährdete die »Aida«-Premiere aber auch auf eine viel direktere Art. Auguste Mariette hatte keine große Freude daran, endlich wieder in Paris zu sein. Die Stadt wurde von den preußischen Truppen eingeschlossen, und mit ihr die halbfertigen Kostüme und Bühnenbilder, für die es im Augenblick, wie leicht einzusehen, auch keine Handwerker gab. Paris hatte andere Sorgen – zum Beispiel sich zu ernähren, was immer schwieriger wurde, seit das letzte Pferd, die letzte Ratte und gar die Tiere des zoologischen Gartens verspeist worden waren. Post bekam Verdi aus Paris nur via Ballon – so wurden Briefe und auch Menschen ausgeflogen. Das ganze wurde organisiert von keinem Geringeren als Garibaldi, der so wenigstens einen Teil der Dankesschuld abtragen konnte, die auch nach Verdis Meinung das italienische Volk den Franzosen gegenüber hätte empfinden sollen.

All das führte zu einer längeren Verzögerung der Premiere, worüber begreiflicherweise das Kairoer Theater nicht erfreut war. Der Mann, der sich besonders erregte, verdient einige kurze Bemerkungen. Draneht Bey war Intendant des Kairoer Theaters. Er hieß eigentlich Paul Pavlidis und war ein griechischer Zypriot, der vor den türkischen Verfolgungen nach Ägypten geflohen war. Mohammed Ali, der Herrscher, fand Gefallen an ihm und schickte ihn nach Paris, wo er bei Baron Thénard Chemie studierte. Die Verbindung des Barons zu Pavlidis wurde so eng, daß er ihm erlaubte, den Nachnamen Thénard zu führen – Draneht ist ein schlichtes, von hinten zu lesendes Anagramm! Er freundete sich mit Ferdinand de Lesseps an und war am Bau des Suezkanals beteiligt, ehe er Intendant des Theaters wurde. Draneht Bey gehört in jene Reihe schillernder Figuren, die zu Zeiten des zweiten Kaiserreiches Frankreich und die französisch beeinflußte Welt unsicher machten, ein Charakter wie aus einer Offenbach-Operette, und dennoch als Förderer und Organisator für Verdi und die »Aida« nicht unwichtig.

Verdi kümmerte sich nämlich so gut wie überhaupt nicht um die Kairoer Premiere. Ihn interessierte die erste europäische Aufführung in Mailand viel mehr. Deshalb fühlten sich viele berufen, für ihn zu sprechen, sich einzumischen und mitzuverdienen. Emanuele Muzio, der Schüler, war der erste, der sich als Dirigent aufdrängte und auf Verdis Placet verwies. Doch Draneht Bey wollte ihn nicht haben; Verdi war dem Theater gegenüber dann auch so loyal, daß er nicht auf Muzio bestand. Dann meldete sich Angelo Mariani, dessen Verhältnis zu Verdi immer gespannter geworden war. Mariani wollte vom Ehemann der Kairoer Aida erfahren haben, er sei von Verdi beauftragt, die Premiere zu leiten und erhielte 50 000 Francs als Honorar. Eitel schrieb er an Verdi und betonte, es sei für ihn eine Ehre, vom Maestro nach Kairo geschickt zu werden. Verdi explodierte daraufhin wieder einmal brieflich: »Hätte ich es für gut gehalten, daß du an meiner Statt hingingest, hätte ich dich darum gebeten. Wenn ich es nicht tat, ist das ein Beweis, daß ich es nicht für angebracht hielt und jemand anderen beauftragt hatte.« Das Zerwürfnis

233

war nicht mehr zu kitten – Mariani schmollte und kümmerte sich nun um den ersten italienischen »Lohengrin« in Bologna. Es war ein Triumph für ihn, als Kairo ihn dann doch um die Leitung der Premiere anging – da niemand anderer gefunden wurde, hatte Verdi ihn nolens volens Draneht Bey als geeignetsten Dirigenten genannt. Mariani sagte kühl ab. Kairo entschied sich dann für Giovanni Bottesini.

Die übrige Besetzung war gut, wenn auch nicht überragend. Probleme gab es vor allem mit der Amneris. Verdi wollte diese Rolle nicht von einer Altistin singen lassen, wie es heute ja meist üblich ist; er bestand zunächst auf einem dramatischen Sopran, ließ sich dann aber von Franco Faccio umstimmen und holte mit Eleonora Grossi einen Mezzo.

Seit Meyerbeers Tagen hatte die Presse begonnen, eine wichtige Rolle bei allen bedeutenden Premieren zu spielen – Meyerbeer verdankte seine enormen Erfolge unter anderem auch seinen Fähigkeiten, auf der Klaviatur der Presse spielen zu können. Auch Richard Wagner hatte gelernt, sich ihrer als reine Propagandamaschinerie zu bedienen – der Mann, der angeblich von der musikalischen Öffentlichkeit verfolgt wurde, der sich bedrängt und in die Ecke getrieben zu fühlen vorgab, verfügte ja über mehr Reklame als je ein Komponist vor ihm. Jede neue Aufführung seiner Werke, auch der »Lohengrin« in Bologna, wurde von einem gewaltigen Presserummel begleitet. Verdi widerte das an. Er, der nie viel von Rezensenten gehalten hatte, wollte das nicht mitmachen. Auf Presse-Angebote reagierte er geradezu rüde. Als der berühmte Kritiker Filippo Filippi, der nach Kairo zur Premiere fuhr, sich ihm als Agent anbot, schrieb Verdi schlecht gelaunt zurück: »Mir scheint, daß die Kunst auf diese Weise nicht mehr Kunst ist, sondern ein Gewerbe, eine Vergnügungsreise, eine Jagd, irgend etwas, hinter dem man herläuft, dem man, wenn nicht Erfolg, wenigstens um jeden Preis Publizität geben möchte! Was ich dabei fühle, ist Ekel und Erniedrigung! ... Wieviel Pomp für eine Oper!!! Journalisten, Solisten, Choristen, Direktoren, Professoren usw. usw., alle müssen sie ihre Steine zum Gebäude der Reklame tragen, die das Verdienst einer Oper nicht im geringsten vermehren, sondern ihren wahren Wert, falls sie den hat, sogar vermindern. Das ist beklagenswert, tief beklagenswert!!« Giulio Ricordi, dem er diesen Briefwechsel mitteilte, schrieb er dazu noch, er würde seine »Aida« am liebsten ins Feuer werfen, wenn er sich all diese Erniedrigungen ansehe, die der »armen Oper« durch den Reklamerummel zugefügt würden. »Ich will keine Lohengrinate ... Lieber das Feuer!«

Die Aufregung in Kairo war groß – alle Welt, vor allem die vornehme, wollte an der endlich doch stattfindenden Premiere (Weihnachtsabend 1871) teilnehmen. Wochen vorher schon waren alle Karten ausverkauft; im Schwarzhandel wurden phantastische Preise bezahlt. Das erwartungsfrohe Publikum bestand allerdings hauptsächlich aus Europäern – Ägypter waren kaum gekommen. »Es grenzt schon fast an ein Wunder, in den Theatern Kairos einen Turban zu sehen«, stellte ein zugereister Kritiker fest. Gesellschaftlich war die Premiere ein Erfolg: Applaus, Ovationen, Bewunderung von Anbeginn an. Die Begeisterung war so groß, daß die Vorstellung immer wieder unterbrochen werden mußte. Dirigent Bottesini beschimpfte deshalb mehrfach das Publikum, das sich aber von seinem Jubel nicht abbringen ließ. Natürlich galt dieser Jubel vor allem der Tatsache, daß eine Oper von Verdi mit einem ägyptischen Sujet in der ägyptischen Hauptstadt uraufgeführt wurde. Mit dem Stück selbst hatten vor allem die Kritiker ihre Probleme. Filippo Filippi in »La Perseveranza«, einer Mailänder Zeitung: »Der theatralische Effekt ist eine deutlich hervorstechende Eigenschaft der Verdi-Opern, und es ist einmalig, wie sie bei der Aufführung gewinnen. ... In dieser Beziehung besteht eine große geistige Verwandtschaft von Verdis Genie mit dem Wagners.« Ernest Reyer, nicht gerade ein Freund Verdis und seiner Musik, im »Journal des débats«: »Es gibt noch den früheren Verdi; man findet ihn in der Aida mit seinen Übertreibungen, seinen brüsken Gegensätzen, seinen Vernachlässigungen des Stils und seinen Exaltationen. Doch ebenso offenbart sich ein vom Germanismus gefärbter Verdi. ... Ich bin völlig sicher, daß ihm die Werke Wagners vertraut sind. ... Wenn Maestro Verdi in seiner neuen Art fortfährt, wird er auf Kosten einiger Sympathien, die sich um ihn herum abkühlen werden, zahlreiche Sinneswandlungen herbeiführen und viele Anhänger gewinnen, selbst in Kreisen, in denen er bislang nicht zugelassen war.«

Verdi wird über diese Art von Lob nicht gerade begeistert gewesen sein. Wie man auf die Idee kommen konnte, in »Aida« Wagner-Anklänge zu finden, scheint uns heute geradezu abwegig. Allein die Tatsache, daß in dieser Oper wenig noch von der herkömmlichen Struktur der italienischen Oper zu hören war, macht aus Verdi noch keinen Wagner-Adepten. Die Hauptrolle, die die Melodie in seiner Musik immer noch spielte, unterscheidet auch den späten Verdi von Wagner. Doch Wagners Propaganda überrollte damals bereits Europa. So mußte auch jede Veränderung im Werk eines anderen Komponisten für die Wagner-Anhänger in der Presse auf den Meister zurückgeführt werden. Der »romantische Barbar«, wie Hans von Bülow, Dirigent und erster Gatte von Cosima Wagner, Verdi nannte, mußte sich durch Wagner verändert haben und sonst durch nichts – schon gar nicht etwa als Folge einer eigenen, logischen Entwicklung. Gerade »Aida«, in vielerlei Hinsicht Kulminationspunkt der italienischen Oper, war eigentlich dazu angetan, die Unterschiede zwischen Wagner und Verdi zu verdeutlichen – aber wer nicht hören wollte, konnte es wohl auch nicht.

Verdi widmete sich nun mit aller Konzentration der Premiere an der Scala di Milano. In der Theaterpraxis zeigte sich dabei eine große Ähnlichkeit mit Wagner, zum Beispiel in der von ihm gewünschten Sitzordnung des Orchesters, die »viel wichtiger, als man allgemein annimmt, für die instrumentellen Färbungen, den Klang und die Effekte« sei, wie er in einem Brief an Giulio Ricordi niederschrieb. Die Logen müßten von der Bühne entfernt werden, damit man endlich den Vorhang ganz herunterlassen könne – und das Orchester müsse unsichtbar werden, das störe die ganze Imagination, schließlich sei das Orchester ein Teil der imaginären Welt der Bühne und sitze stets »beinahe mitten im Parkett«.

Die Mailänder Besetzung war exzellent. Ursprünglich hatte Verdi Teresa Stolz für die Amneris vorgesehen, aber das Haus Ricordi drängte ihm einen jungen österreichischen Mezzosopran auf, den er zunächst nur sehr unwillig akzeptierte, über den er sich aber bald nicht mehr zu beklagen hatte. Maria Waldmann wurde eine der ganz großen Verdi-Sängerinnen, sie erfüllte alle seine Vorstellungen: Sie war jung, sie war schön, sie war hochbegabt. Leider zog sie sich schnell von der Bühne zurück, heiratete mit 34 Jahren und sang nie mehr. Neben der Stolz war sie in Mailand so prächtig, daß jedermann nur noch von den beiden »Aida«-Frauen sprach und die Männer ein wenig in den Hintergrund traten. Verdi war natürlich von Teresa begeistert, er hätte sicher der amerikanischen Sängerin und Journalistin Blanche Roosevelt zugestimmt, die 1875 über die Stolz schrieb: »Ihre Töne sind schön, glänzend und mit einer diamantenen Schärfe versehen, die Kraft, mit der sie ein hohes C singt, ist erstaunlich.« Dieses C wird ja auch von der Aida verlangt; sie sang diese Rolle so vollendet, daß sie lange Jahre mit ihr identifiziert wurde. Neben diesen beiden großartigen Bühnendarstellerinnen fielen die Männer ab, allen voran Giuseppe Fancelli, der Tenor, von dem Verdi sagte: »Eine schöne Stimme, aber eine Nudel!« Massenet soll ihm den Spitznamen »Fünf und fünf ist zehn« gegeben haben, weil ihm als einzige dramatische Geste das Anheben beider Arme mit ausgestreckten Fingern zur

Verfügung stand. Den Amonasro sollte der berühmte Francesco Pandolfini singen, aber die Scala-Gewaltigen hatten Angst, er würde die Partie ablehnen, weil sie ihm zu klein sei – zwei Ensembles und ein Duett waren ja auch wirklich nicht viel. Verdi war sich sicher, daß Pandolfini annehmen würde: »Amonasro ist ein Charakter – vielleicht der interessanteste, wenn auch der kürzeste.« Pandolfini war intelligent genug und sang diese Partie, die trotz ihrer Kürze zu den schönsten Rollen des gesamten Repertoires gehört. Es dirigierte Franco Faccio. Für die Mailänder Premiere ersetzte Verdi das Vorspiel durch eine regelrechte Ouverture, in der die Motive (nicht Leitmotive!) der Hauptfiguren elegant verwoben wurden. Sie machte aber keinen Effekt und wurde deshalb wieder gestrichen. Verdi vernichtete die Partitur aber nicht, sondern hob sie auf. So kam sie Arturo Toscanini in die Hand, der sie 1913, aus Anlaß des hundertsten Geburtstages Verdis, erstmals sah, sie aber erst 1940 mit dem NBC-Orchester in New York öffentlich aufführte.

Diese Ouverture fiel also durch – aber der Rest … Am 8.Februar 1872 feierte »Aida« an der Scala einen Riesenerfolg. Verdi wurde stürmisch gefeiert, und nach dem zweiten Akt bekam er von seinen Fans ein mit Edelsteinen verziertes goldenes Zepter und eine Pergamentrolle überreicht. Die Kritik war, wie auch in Kairo, merkwürdig gespalten. Für Filippi war das Neue zu neu und das Herkömmliche zu herkömmlich. Reyer bemerkte, daß es dem Leugnen des Sonnenlichts gleichkomme, die Beeinflussung Verdis durch Wagner, Gounod oder Meyerbeer abzustreiten. Mit solchen Kritiken war Verdi natürlich nicht glücklich. Deshalb ließ er in den nächsten zwei Jahren nur Aufführungen in Städten zu, die seinen Vorstellungen entsprachen.

Zum Beispiel in Parma. Für das dortige Teatro Regio schrieb Verdi einen alternativen Schluß für die Tenorarie »Celeste Aida«. Der Schlußton muß danach nicht mehr im Pianissimo gesungen werden, wie es ursprünglich vorgesehen war. Die meisten Tenöre singen den (leichteren) »Parma-Schluß«, der der Arie allerdings einiges ihrer träumerischen Wirkung nimmt. Das Publikum in Parma war aber begeistert. Bis auf einen, Prospero Bertani aus Reggio nell'Emilia. Von ihm erhielt Verdi einen Brief, den auch Giovannino Guareschi hätte erfinden können.

»Am Zweiten d.M. begab ich mich nach Parma, wohin mich die aufsehenerregende Oper ›Aida‹ rief. Vorsichtshalber war ich bereits eine halbe Stunde vor Aufgehen des Vorhangs an meinem Platz Nr. 120. Ich bewunderte die Inszenierung, hörte mit Vergnügen die großen Künstler und bemühte mich, nichts zu versäumen. Am Ende der Oper fragte ich mich, ob ich zufrieden sei, und die Antwort war negativ. Ich kehrte nach Reggio heim und hörte im Eisenbahnwagen die Urteile, die man fällte; fast alle Welt war sich einig, daß es ein großes Werk sei. Daraufhin kam es mir in den Sinn, es nochmals zu hören, und am Vierten fuhr ich wieder nach Parma. Ich machte teuflische Anstrengungen, ohne einen reservierten Platz hineinzukommen, aber der Andrang war so ungeheuer, daß ich fünf Lire ausgeben mußte, um die Vorstellung bequem zu hören. Danach kam ich zu folgendem Schluß: Es ist eine Oper, in der sich kein einziges Stück findet, das Enthusiasmus erregt und elektrisiert; ohne das pompöse Drum und Dran, die ausschließliche Eigenschaft der Arschlöcher, könnte man es nicht aushalten bis zum Schluß; nachdem sie noch an zwei, drei Bühnen angekommen ist, wird diese Oper in den Archiven verstauben. Nun, lieber Verdi, Ihr habt keine Ahnung, wie es mich ärgert, die beiden Male 32 Lire ausgegeben zu haben, wozu noch der erschwerende Umstand kommt, daß ich einziger Sohn einer Familie bin und daß dieses Geld in Gestalt schrecklicher Gespenster meinen Frieden stört. Deshalb wende ich mich bedenkenlos an Euch mit der Bitte, mir diesen Betrag zurückzusenden, und zwar müßt Ihr mir baldigst erstatten:

Eisenbahn-Hinfahrt	L. 2.60
Eisenbahn-Rückfahrt	L. 3.30
Theater	L. 8.00
Grauenhaftes Abendessen am Bahnhof	L. 2.00
Insgesamt	L. 15.90
mal zwei	L. 31.80

Von solchem Ärger, denke ich, wollt Ihr mich befreien, und in dieser Hoffnung grüße ich Euch von Herzen – Bertani, Prospero.«

Verdi schickte den Brief mit einigen Anmerkungen an Giulio Ricordi. Er bat ihn, den Briefwechsel zu veröffentlichen und dem armen Bertani, Via S. Domenico 5 in Reggio nell'Emilia, L. 27.80 zurückzuzahlen. »Das ist nicht der volle Betrag, den er von mir verlangt, aber … auch noch das Abendessen zu bezahlen! … Das nicht. Er hätte gut zu Hause Abendessen können!!!!!« Außerdem verlangte Verdi, Bertani möge einen Revers unterschreiben, in dem er sich verpflichtete, nie mehr eine neue Verdi-Oper zu besuchen.

Die Veröffentlichung dieser Briefe entwickelte sich für den armen Bertani fast zu einer Tragödie. Da seine Anschrift nun jedermann bekannt war, ertrank er förmlich in Beschimpfungen und Drohungen, sogar Mord wurde ihm angekündigt. Als er »L'Africaine« von Meyerbeer im Theater von Reggio nell'Emilia sehen wollte, traute er sich nicht – hätte man ihn gesehen und erkannt, wäre er gelyncht worden. Er schrieb wieder einen Brief an Verdi, in dem er erklärte, man zwinge ihn, wie ein Paria zu leben; der Komponist möge ihm doch bestätigen, daß er ein anständiger Mensch sei. Wenn man ihn infolge der »Aida«-Affaire an eine Laterne hänge, werde er Verdi als Geist verfolgen. Der beschloß aber nun, diesem Bassa-Spaß ein Ende zu bereiten, und beantwortete den Brief nicht mehr.

»Aida« unternahm indessen seit 1874 ihren Triumphmarsch durch das Ausland. Sie wurde in Wien, Berlin und New York gespielt. Nur Paris, wo man inzwischen das heutige Gebäude der Opéra, das Palais Garnier, in Besitz genommen hatte, verweigerte Verdi zunächst die Aufführungsrechte, wohl in Erinnerung an den Ärger mit »Don Carlos«. Er erlaubte dem Théâtre des Italiens, »Aida« aufzuführen – es wurde, aufgrund der bescheidenen Möglichkeiten, eine ziemlich miese Produktion.

In München sah der Kunsthistoriker Jacob Burckhardt eine Aufführung und jubelte in sein Tagebuch: »Gestern abend wieder ›Aida‹! Alles göttlich bei Stimme! Nachbaur als Radames ließ die herrlichsten Raketen steigen. Diesmal hat mich das Finale des zweiten Aktes in alle Höhen mit hinaufgenommen, dann wieder der wundervolle dritte Akt mit Reichmann, einem der weichsten und zugleich gewaltigsten Baritons, die Gott in seiner Gnade geschaffen hat, als Amonasro – und nun wieder das herzergreifende Duo. Du wirst die duftigen Haine wiedersehen! – Dann Radames im vollen Lichtglanz seiner Stimme: Du bist der Kampfpreis, den ich begehre, usw. – und dann in voller Verzweiflung: Um dich verriet ich Land und Volk! – Von den gewaltigen Momenten im vierten Akt nicht zu sprechen! – Man kann ein Narr werden. – Nachher solo in Enthusiasmus im Ratskeller zwei Schoppen Affenthaler getrunken.«

Den Enthusiasmus Burckhardts teilen heute nicht mehr alle Kritiker. Vor allem die Monumentalvorstellungen à la Arena von Verona haben dazu geführt, daß »Aida« an Renommee verloren hat. »Mit Elefanten geht es nicht, ohne aber auch nicht«, soll einmal ein Regisseur gesagt haben – das zeigt, unter welchem Gesichtspunkt fast ausschließlich diese Oper betrachtet wird. Ein Riesenspektakel, dessen Höhepunkt der Triumphakt ist – das ist »Aida« sicherlich nicht. Der Höhepunkt der bürgerlichen Oper – schon eher. Eine perfekte Mischung aus Kammerspiel und Haupt- und Staatsaktionen – auf jeden Fall. Man darf nicht vergessen: eine Auftragsoper, in der Pomp verlangt und geliefert wurde.

Die großen Szenen der Oper sind nicht die Massenaufmärsche, da bleibt Verdis Musik manchmal seltsam schwach, unbeteiligt, herkömmlich (wie in »Su del nilo«, dem ersten der großen Märsche). Zu seiner vollen Meisterschaft findet er in den großen Duetten. Im Zweikampf Pharaonentochter – Sklavin; bei der Verzweiflung der Amneris, wenn sie einsieht, Radames nicht retten zu können; während der Versuche Aidas, Radames zum Landesverrat zu verführen; in der großen Auseinandersetzung zwischen Aida und ihrem Vater Amonasro; im letzten stillen Dahinschwinden der beiden Liebenden, die nur im Tod zueinander finden können – in diesen Szenen vollzieht sich für Verdi zum ersten Mal ohne Zugeständnisse das, was er musikalisches Drama nannte: psychologisch feinste Charakterisierung der Personen und Situationen durch Musik.

Während »Aida« durch die europäischen Theater zog, gab es auf der Theaterszene bereits andere Richtungen, andere Götter. Wagner war nur einer von ihnen; heutzutage fast unverständlich, daß man auch Massenet dazu rechnete – er galt vielen als einer, der Verdi überwinden werden.

»Aida« schien so etwas wie ein Abschluß zu sein. Verdi selbst dachte wohl damals genauso. Eine neue Oper war von ihm nicht mehr zu erwarten. Mochte sein, daß er sich anderen Kompositionen zuwandte.

Musik für Manzoni

Der 78 jährige Alessandro Manzoni

»*A*ida« sollte am Teatro San Carlo in Neapel uraufgeführt werden. Verdi weilte zu Probenarbeiten am Golf. Teresa Stolz erkältete sich so schlimm, daß die Aufführung für drei Monate verschoben werden mußte. Diese Zeit nutzte Verdi zu einer »Spielerei«, wie er selbst es nannte: Er schrieb ein Streichquartett.

Verdi präsentierte sein kammermusikalisches Kind eher verschämt, forderte die kleine Gesellschaft, die er zur privaten Premiere geladen hatte, gar auf, um Himmels willen nicht einzuschlafen. Was niemand tat: Man bat um Wiederholung. Das viersätzige Streichquartett in e-Moll ist ganz konventionell gehalten: Allegro – Andantino – Prestissimo – Scherzo, Fuge, Allegro Assai. Von Opernhaftigkeit, die man immer gern attestiert, wenn man weiß, daß der Komponist eigentlich für die Bühne schrieb, ist bestenfalls im Mittelteil des dritten Satzes etwas zu merken – ein Cellosolo, das man sich auch von einem Tenor gesungen vorstellen könnte. Besondere Aufmerksamkeit verdient allerdings die Fuge des Schlußsatzes; sie macht ein Versprechen, das erst später auf der Bühne eingelöst werden sollte. Das insgesamt an Beethoven orientierte, recht konservative Quartett ist im Konzertbetrieb selten zu hören. Zu selten, denn es ist mehr als eine Fingerübung.

Drucken lassen wollte er es zunächst nicht, er führte sich auf wie der alte Rossini, zierte sich, spreizte sich, muffelte herum und wollte von der ganzen Welt nichts mehr wissen. Sein nächstes Werk, wenn er jemals noch eines schreiben sollte, meinte er, werde auch sein letztes sein. Was schließlich sei von dieser Zeit und diesem Italien auch noch zu halten …

»Was werden unsere Staatsmänner machen? Einen Unsinn nach dem anderen! Es gehört mehr dazu, als Salz und Getreide zu besteuern und die Armen noch ärmer zu machen! Als Italien in viele kleine Staaten geteilt war, blühten überall die Finanzen. Jetzt, da wir vereint sind, sind wir ruiniert.« Eine Briefstelle Verdis, die (neben er Tatsache, daß sie hundert Jahre später in einem anderen Staat hätte ebenfalls geschrieben werden können) klarstellt, daß der Weg des neuen italienischen Staates, den er so begrüßt hatte, sich von dem seinen trennte.

Das geeinte Italien war ein Staat geworden wie andere in Europa auch. Mit Deutschland teilte es das verhängnisvolle Gefühl, irgendwie zu spät gekommen zu sein; die italienische Linke verachtete wie die deutsche den Staat und überließ ihn mit Freuden der Rechten, die ihn auf den mehr oder minder unaufhaltsam auf einen Krieg hinsteuernden Kurs brachte. Mazzini starb 1872, seine bereits in Trümmern liegende republikanische Bewegung wurde von der Internationalen aufgesogen. Führende Köpfe der Linken wie Francesco Crispi traten zur Rechten über, wo sie sich mehr versprachen; erste Anzeichen für koloniale Abenteuer waren nicht mehr zu übersehen, wenn auch die Massen noch keine Lust verspürten, für Tunis oder Abessinien zu sterben oder sterben zu lassen. Die wirtschaftliche Not im Innern nahm zu. Fünf Millionen mehr Mäuler als 1870 gab es 1900 zu stopfen, die Wirtschaft konnte nicht mehr Schritt halten, die Auswanderungsziffern (nach Nord- und Südamerika) nahmen sprunghaft zu. 1905, auf dem Höhepunkt dieser Entwicklung, verließen 700 000 Italiener ihre Heimat! Das Land stand ständig vor dem Staatsbankrott, die Industrialisierung wurde nur zögernd und auch nur im Norden vorangetrieben. Die »italienischen Zustände« bildeten sich heraus, auf dem Rücken der ärmeren Schichten. Die Grundsteine für die desolate Lage des Landes bis heute wurden mit Begeisterung eingemauert. Verdi stellte die Frage, ob das Risorgimento denn wirklich das Beste für das Land gewesen war, nur früher als viele andere. Auf jeden Fall war Italien nicht das Land geworden, das er und seine politischen Freunde erhofft hatten.

Auch die Oper wandelte sich. Italien verlor seine Vormachtstellung. Französische Komponisten drängten nach vorn; in Massenets »Werther« wurde, man staune, gar an einer Stelle gesprochen – Sensation. Gounod und selbst Thomas galten vielen »Kennern« als Verdi weitaus überlegen. Und dann war da noch Wagner und sein Einfluß auf junge Komponisten. Puccini ist ohne ihn nicht denkbar; Verdi hielt von dem Toskaner und dessen Erstling »Le Villi« deshalb auch entsprechend wenig. Amilcare Ponchielli, der Mann aus Cremona, kam ihm noch am nächsten; die Veristen wie Leoncavallo und Mascagni müssen ihm sehr fremd gewesen sein. Daneben wirkte das, was Boito und Faccio mit »Mefistofele« und »Amleto« anstellten, noch geradezu zahm. Am Ende seines Lebens befand sich Verdi plötzlich in Verteidigungsstellung – er, der immer vorgelegt hatte, geriet ins Hintertreffen.

Er war der große Alte, zu dem man bestenfalls wallfahrte, der aber das Ende einer Entwicklung bedeutete. Was war, so fragte man, nach »Aida« auf dem Gebiet der großen italienischen Oper überhaupt noch möglich? Was das nicht der letzte, gültige Endpunkt?

Man mag es glauben oder nicht: Verdi befand sich in einer Krise, persönlich und künstlerisch, als ihn die Nachricht vom Tode Alessandro Manzonis erreichte, des verehrten Vorbildes, des großen italienischen Romanciers (»Die Verlobten«), populär bei fast jedermann außerhalb des Klerus, eine der großen Leitfiguren der Einigungsbewegung. Verdi hatte ihn stets als »Heiligen« betrachtet (so auf der Rückseite einer Photographie, die er ihm geschickt hatte). Als Manzoni 88jährig nach einem Sturz in einer Kirche am 22. Mai 1873 starb, war Verdi tief betroffen. Er brachte es nicht fertig, am Begräbnis teilzunehmen. »Ich werde bald sein Grab besuchen«, schrieb er an seinen Verleger Giulio Ricordi, und setzte hinzu: »Und vielleicht werde ich nach weiterem Nachdenken und nachdem ich meine Kräfte eingeschätzt habe, etwas vorschlagen, um sein Andenken zu ehren.«

Er wußte schon, was das sein würde. Anfang Juni teilte er Ricordi mit: »Ich möchte eine Totenmesse komponieren, die im nächsten Jahr an seinem Todestag aufgeführt werden soll. Die Messe soll von großem Umfang sein, und neben einem großen Orchester und einem großen Chor würden auch vier oder fünf Solosänger gebraucht.« Die Stadt Mailand sollte die Kosten der Aufführung übernehmen, schlug er, der stets schnell auch ans Geld dachte, mit Bedacht vor. Die Noten allerdings wolle er aus seiner eigenen Schatulle begleichen, und dirigieren und proben würde er auch umsonst.

Ricordi kann schwerlich überrascht gewesen sein über diesen Vorschlag. Denn schon einmal hatte Verdi sich an dergleichen versucht. Am 13.November 1868 war Gioacchino Rossini gestorben, der – trotz Verdi – wohl berühmteste Komponist seiner Zeit, in aller Welt positiv und negativ Symbol der italienischen Musik; und dies, obwohl er seit vierzig Jahren nur noch wenig und dieses wenige ausschließlich für die Schublade geschrieben hatte. Verdi sah in ihm allerdings auch immer seinen Meister und sein Vorbild. Ohne Rossinis »Guillaume Tell« und »Mosë« wäre er das nicht geworden, was er war. Rossini hatte die Keime für seine eigene Überwindung bereits selbst gelegt. »Jetzt lebt«, befand Verdi damals, »von den großen Italienern nur noch einer – Manzoni!«

Damals schon schlug er eine Totenmesse vor, ein Requiem für Rossini. Er wollte es aber nicht allein komponieren, alle bedeutenden italienischen

Komponisten (»Mercadante obenan«, wie er vermerkte) sollten sich beteiligen. Nach der einmaligen Aufführung sollte das Werk im Archiv versiegelt werde … »Diese Komposition«, schrieb er, »wird davon zeugen, wie sehr wir alle den Mann verehren, dessen Verlust die ganze Welt beweint.«

Verdi wollte das »Libera me«, den Schluß, übernehmen. Mercadante konnte nicht gewonnen werden, aber die anderen fanden sich. Sie sind alle heute vergessen. Der Ordnung halber dennoch die Namen: Buzzola, Bazzini, Pedrotti, Cagnoni, Ricci, Nini, Coccia, Gaspari, Platania, Petrella und Babini. Angelo Mariani sollte dirigieren – und an ihm scheiterte der Plan letztendlich.

Meinte jedenfalls Verdi. So ganz sicher ist nicht mehr auszumachen, warum es nicht zur Durchführung kam. Bologna sollte der Aufführungsort sein, »die wahre musikalische Heimat Rossinis«. Mariani war mit dem Chor und den Bologneser Solisten nicht zufrieden, sollte gleichzeitig eine Feier in Pesaro gestalten und lobte die dortigen Künstler über den grünen Klee. Verdi, mißtrauisch wie stets, glaubte, Mariani wolle sich wieder einmal in den Vordergrund spielen. Nicht ganz zu unrecht interpretierte er einen Brief des Dirigenten dahingehend, daß dieser gebeten sein wolle. Wütend replizierte er: »Wenn es zu dieser Feier kommt, haben wir ohne Zweifel für die Kunst und das Vaterland ein gutes Werk getan. Wenn nicht, haben wir wieder einmal bewiesen, daß wir uns nur Mühe geben, wenn es unseren eigenen Interessen und unserer Eitelkeit dient, wenn wir dafür beweihräuchert werden und uns in Artikeln und Biographien schamlos gelobhudelt wird, wenn man unseren Namen in den Theatern plärrt, ihn marktschreierisch durch Straßen und Gassen posaunt.«

Dieser Brief habe ihm weh getan, antwortete Mariani, der – korrekt – alles, was Verdi mit »unser« versah, auf sich selbst bezog. Dazu kam, daß die Leitung des Bologneser Theaters Terminschwierigkeiten bekam, auf eine Verschiebung drängte, Mariani diese Bitte an Verdi weitergeben mußte – und da war es dann passiert. »Wenn es jetzt nicht geht, wird es im Dezember auch nicht gehen!« vermutete Verdi – und ließ das Requiem für Rossini platzen. Die Schuld dafür schob er vor allem Mariani zu, »der nicht einen Finger gerührt hat für etwas, was ich ihm so warm ans Herz gelegt habe« (an Clarina Maffei), »gekränkt vielleicht, weil er nicht unter den Komponisten ist« (an Arrivabene).

Der Bruch mit Mariani wurde dann später scharf vollzogen. Die Freundschaft lebte auch dann nicht mehr auf, als Mariani todkrank neben den Verdis in Genua wohnte. Seine Leiden waren vor allem für Giuseppina nichts als Hypochondrie. Der Dirigent starb am 13.6.1873 »allein wie ein Hund«, wie er kurz vorher schrieb, unter gräßlichen Schmerzen an Blasenkrebs. Verdi vermeldete lakonisch, sein Ableben sei ein Verlust für die Kunst. Am Begräbnis nahm er nicht teil.

Jeder der Komponisten erhielt seine Noten wieder zurück. Verdi selbst behielt das »Libera me« in der Schublade. Für einen anderen Fall, wie er erklärte. Und der konnte ja eigentlich nur Manzoni sein.

Verdis Befürchtung, das Rossini-Requiem könne doch arg zusammenge-stoppelt und vom Niveau her sehr ungleich sein, hat eine jüngere Auf-führung bestätigt. Mag sein, daß seine von Anbeginn an muffige Stimmung, in der er geradezu begierig nach jedem Vorwand suchte, die Angelegenheit platzen zu lassen, hierin begründet war. Heimlich muß er allein für sich daran weitergeschrieben haben, anders ist nicht zu erklären, wie schnell er damit fertig wurde – obwohl er länger als ein Jahr brauchte, um das Requiem zu beenden. Dieser Zeit bedurfte es auch, um den Rat der Stadt mehr oder minder zu zwingen, sich an den Kosten zu beteiligen.

Verdi schrieb wieder für spezielle Sänger, für den Baß Maini, den Tenor Capponi und seine »Aida«-Stars Teresa Stolz und Maria Waldmann. Nur deretwegen hatte er eine Rolle für eine Altistin hineingeschrieben. »Den anderen Altistinnen traue ich nicht!« Es wird heftigst geprobt – zur Unzu-friedenheit von Giuseppina vor allem mit der Stolz in Mailand. Aber Verdi kümmert sich um alles, selbst um die richtige Aufstellung des Orchesters. Die Uraufführung findet in der Kirche San Marco statt, nicht wegen deren Schönheit (die sie nicht besitzt), sondern wegen der erstklassigen Akustik. Die Premiere am 22.5.1874 wird ein enormer Erfolg, zumal er die hundert Mann Orchester und den 120 köpfigen Chor selbst leitet, wie auch bei der zweiten Vorstellung in der Scala di Milano, bei sieben Vorstellungen in Paris, vier in Wien und drei in London.

»Mir scheint, ich bin ein seriöser Mensch geworden und nicht mehr der Bajazzo des Publikums. … Wenn man heute über Opern mit mir spricht, dann empört sich mein Gewissen und ich mache schleunigst das Kreuzzei-chen!« In diesen Zeilen an du Locle ist der Stolz nicht zu überhören, aber auch nicht die hinter Ironie versteckte Müdigkeit. Zumal der Erfolg auch wieder nur einer beim Publikum ist. Die Presse nimmt zum Teil übel. Die Londoner »Morning Post« nennt das Requiem gar »unehrerbietiges Gekläff«. Hans von Bülow überbot das noch; er befand sich in Mailand, ging aber aus Prinzip nicht zum »Requiem«, wie er in einer Mailänder Zeitung abdrucken ließ: »Hans von Bülow nahm an der Aufführung in San Marco nicht teil. Er zählt nicht zu jenen Ausländern, die nach Mailand gelaufen kamen, um Verdis Sakralmusik zu hören.«

Die Tatsache, daß er das Werk also nicht kannte, hinderte ihn aber nicht, es für die »Allgemeine Zeitung« zu besprechen. In diesem Artikel taucht Verdi auf als »allgewaltiger Verderber des italienischen Kunstgeschmacks«, der nun aus verletztem Ehrgeiz Rossini auch den letzten Rest an Ruhm rauben wolle, denn von dem könne man außer der Kirchenmusik ja nichts mehr spielen. Eine »Oper im Kirchengewande« sei das alles, wofür der Maestro »dressierte Sänger« brauche. »Verstohlene Einblicke« in das Werk hätten »nicht eben lüstern nach dem Genuß des Festivals« gemacht. Lediglich die Schlußfuge sei »trotz vieler Schülerhaftigkeiten, Abgeschmacktheiten und Häßlichkeiten eine fleißige Arbeit«. Alles in allem sei der Publikumserfolg nichts weiter als ein »künstlich arrangierter Triumph romanischer Barbarei«. Hoffentlich tauche das Machwerk nicht auch noch in Deutschland auf.

Johannes Brahms, der von dieser Einschätzung hörte, nannte Bülow daraufhin einen Idioten. Dem wäre nichts hinzuzufügen, wenn der Ton nicht auf anderes vorwegwiese: Die Sprache des Wagner-Kreises, dem der Gehörnte immer noch angehörte, war eben mehr als verräterisch. Sie änderte sich auch nicht, als Bülow 1892 seine Meinung über die »Messa da Requiem« revidierte. Sein Geist sei damals verwirrt gewesen, nun sehe er klarer: Nach dem gründlichen Studium Verdis erkenne er diesen als Genie, ja liebe ihn geradezu. »Getreu dem preußischen Wahlspruch ›Suum cuique‹«, schloß er seinen Brief an Verdi, »rufe ich laut: Hoch Verdi, der Wagner unserer lieben Bundesgenossen!« Verdi gewann aus diesem Brief lediglich den Eindruck, Bülow sei »entschieden verrückt«.

Die Einsicht des Dirigenten mag sogar echt gewesen sci; andere deutsche Musiker hatten schnödere Gründe, sich an ihn heranzumachen. Richard Strauss, der die »Aida« als »Indianermusik« bezeichnet hatte und insgesamt der Meinung war, italienische Musik sei »eben Schund«, schickte seine erste Oper »Guntram« zwecks Widmung und wohlwollender Beurteilung an Verdi. Strauss, der wußte, welche Namen zählten, war notfalls auch gewillt, mit Indianern zu paktieren, wenn es nützte. Das tat es aber nicht: Verdi konnte ihn nicht einordnen und fragte verwundert bei Ricordi nach, ob es sich wohl gar um den Walzerkönig handle ...

Das Requiem wurde herumgereicht – und nicht immer in der Form, in der Verdi es geschrieben hatte. In Ferrara arrangierte es ein Militärkapellmeister für Blasinstrumente um und spielte es in einer Arena; in Bologna führte man es lediglich mit Klavieren auf.

Bülows Vorwurf, es handele sich um eine eigentliche Oper in kirchlichem Gewande, ist dem Requiem immer wieder gemacht worden und wird ihm auch heute noch gemacht. Einmal abgesehen davon, daß das nicht unbedingt ein Nachteil wäre – der italienische Katholizismus hat immer etwas Theatralisches, Pomphaftes an sich gehabt – in keiner Sekunde des Requiems kann man daran zweifeln, wie ehrlich, wie tief empfunden diese Musik ist. Verdis Visionen vom Jüngsten Gericht sind eben italienische Visionen, wie die Mosaiken auf Torcello, die Fresken Michelangelos und Giottos oder die Bilder Duccios. Eine verkappte Oper ist das Requiem deshalb noch lange nicht.

Der »Zar von Sant'Agata«

Verdi im Park von Sant'Agata

*D*ie Italiener haben die Welt immer als eine Bühne betrachtet, auf der man sich in Szene zu setzen habe. So sind auch ihre Städte gebaut: gigantische Bühnen für das Stück, Leben genannt. Venedig ist eine einzige Kulisse, die Plätze vor den Kirchen, die Märkte sind Schauplätze theatralischer Veranstaltungen. Wir Deutschen haben das zu oft und gern mit Oberflächlichkeit verwechselt. Diese Grundeinstellung der Italiener bedeutet aber nicht, daß jeder seine Rolle in diesem Stück mit Begeisterung spielt. Dazu gehörte Verdi.

Als er es sich leisten konnte und das Gefühl hatte, erreicht zu haben, was er erreichen konnte, trat er still von dieser Bühne ab. Es ist oft darüber gerätselt worden, warum er das tat – war er ausgeschrieben, enttäuscht, angeekelt vom Theaterbetrieb seiner Zeit, meinte er, den neuen Musikern nicht mehr Paroli bieten zu können, wollte er ihnen nicht im Wege stehen oder hatte er einfach keine Lust mehr? Es mag eine Kombination all dessen gewesen sein, vor allem aber hatte er das Gefühl, daß seine Zeit eigentlich vorbei war. Nach wie vor hielt er seine Art von Musik, gestützt auf die Tradition, auf die Melodik Bellinis, die Charakterisierungskunst Donizettis, den Einfallsreichtum Rossinis für die richtige – für Italien. An weltumspannende Musik glaubte er nicht. Nur die Wissenschaft sei international – die Musik sei national. Die deutsche gehe auf Bach zurück, die italienische auf Palestrina. Daß immer mehr junge Komponisten den »Göttern aus dem Norden«, vor allem Wagner, verfielen und symphonische Opern schrieben, kränkte ihn. Daß man ihn zunehmend altmodisch schalt, als musikalischen, zwar verehrten, aber nicht mehr für zeitgemäß gehaltenen Dinosaurier ansah, mag mit dazu beigetragen haben, daß er sich mit 61 Jahren (!) auf sein Gut zurückzog. Die Distanz zu anderen wurde immer größer. Es sei undenkbar, erzählte beispielsweise ein Bekannter, einem Mann wie Verdi auf die Schulter zu klopfen oder ihn überhaupt nur zu berühren. In der Tat sind solche Gesten auf den Photos kaum zu sehen.

Nach seiner Rückkehr von der Europatour mit der »Messa da Requiem« erwartete ihn allerdings Unbill aus einer Ecke, aus der er es nicht erwartet hätte.

Von Anbeginn an war Verdi mit dem Verlagshaus Ricordi verbunden. Zu den Leitern fühlte er fast so etwas wie Freundschaft und er erwartete, korrekt behandelt zu werden, schließlich war er eine der Stützen des Verlages. Für ihn als einen, der in Gelddingen immer peinlich genau war, mußte es eine schlimme Erfahrung sein, mitzubekommen, daß man dort einen zumindest laxen Umgang mit seinen, Verdis, Finanzen pflegte.

Anlaß war ein Streit über die Finanzierung der Tournee, und plötzlich hatte Verdi das Gefühl, es möchte auch vorher nicht alles mit rechten Dingen zugegangen sein. Argwöhnisch verlangte er Kopien seiner Verträge und Abrechnungen. Tito Ricordi, der ahnte, was sich da zusammenbraute, floh in ein Kurbad. Verdi beauftragte Giuseppina mit der Wahrnehmung der Geschäfte, und die stürzte sich mit Feuereifer hinein. 34 Jahre sei der Komponist bei Ricordi, erinnerte sie den Verlegersohn Giulio. »Sie werden zugeben müssen, daß der ›Artikel Verdi‹ für die Firma Ricordi eine gute Einnahmequelle gewesen ist. ... Daneben gibt es, besonders für den Verleger, noch etwas Übergeordnetes, einen Gegenstand des Ehrgeizes, fast möchte ich sagen, des Stolzes: nämlich sich das Renommee zu bewahren, das dem Firmenschild Glanz gibt, sich die Freundschaft eines zu erhalten, den alle Welt als Menschen wie als Künstler verehrt.«

Die Drohung war zwar versteckt, aber deutlich: Ricordi war zwar das bedeutendste, aber nicht das einzige Verlagshaus in Italien ...

Verdi arbeitete die Papiere durch, fand eine Menge an Unkorrektheiten und begann nun einen langanhaltenden Kampf gegen Ricordi. Man einigte sich schließlich, der Komponist erhielt eine Abschlagszahlung in Höhe von 5o ooo Liren, was zwar nicht alle seine Forderungen, aber doch einen Großteil deckte. Aber: »Unsere Beziehungen werden künftig nicht mehr die sein, die sie einmal waren!« Seine Weltsicht, daß man ständig auf der Hut sein mußte, weil jeder jeden betrog, hatte sich wieder einmal bestätigt – was sind wir? »Tutti gabbati« – alles Gefoppte, wie es später einmal heißen wird ...

Dennoch lieh er Ricordi später einmal 20 000 Lire, »eine für einen Komponisten ins Gewicht fallende Summe«. Ricordi kaufte damit den Konkurrenzverlag Lucca auf. Das Darlehen wurde später zum Grundstock für die Casa di riposo in Mailand.

Ansonsten lebte Verdi das beschauliche Leben eines wohlhabenden

Grundbesitzers. Im Prinzip wohnte er in Sant'Agata, aber er war jedes Jahr für längere Zeit in Genua, wo er eine Etage in einem Palazzo gemietet hatte. Und natürlich mindestens ein paar Tage in Paris! Er führte ein gastfreundliches Haus mit guter Küche, allerdings betonte er stets besonders die Pasta seiner Heimat. Die Nudeln mußten stets vom Feinsten sein. In Genua ließ er sich immer welche aus Busseto schicken, und als die einmal nicht rechtzeitig eintrafen, bombardierte er Freunde und Bekannte mit aufgeregten Telegrammen.

Er kümmerte sich um alles, tyrannisierte die Dienstboten und wurde böse, wenn er einen als heimlichen Säufer enttarnte. Erwischte er einen mehrfach an der Flasche, entließ er ihn. Sein Verwalter war einige Zeit lang Mauro Corticelli, der alte Freund Giuseppinas, der ihm in Rußland zu Zeiten der »Forza del destino« gute Dienste geleistet hatte. Corticelli galt als Original; er war groß und fett und zudem hinter jedem Weiberrock her. Wegen einer Affaire mit Verdis Köchin verließ er ihn und geriet irgendwie irgendwo unter die Räder. So erlebte er nicht mehr, daß er eines Tages im Kostüm eines heruntergekommenen britischen Adligen auferstehen sollte – »mondo ladro« …

Verdi machte aus Sant'Agata ein Mustergut, mit breiten Wegen, gut und übersichtlich angelegten Feldern, hohen Bäumen, einem kleinen See in Form eines großen »G« (für Giuseppina) und einer Grotte, die er seine »Aida-Grotte« nannte, wo er sich an heißen Sommertagen gern aufhielt. Man kann sich heute noch gut vorstellen, wie er durch diesen Park schritt, mit seinen Hunden spazierenging oder auf einem Liegestuhl im Schatten lag.

Er gerierte sich gern als »grand old man« der italienischen Musik, hielt Hof wie weiland Rossini, wenn auch auf andere Art. Über Musik redete er nicht gern, und wenn, dann nur zynisch und geradezu abschätzig. »Ich komme nicht mehr mit«, »Ich Dummkopf verstehe nichts« – das sind ein paar typische Äußerungen aus Briefen dieser Zeit. Und ob er selbst daran dachte, noch einmal etwas zu schreiben? Keineswegs. Und warum? »Ich könnte ihn wahrhaftig nicht nenne, den Grund – vielleicht ärgert es mich, mit anzusehen, wie das Publikum keinen Mut mehr hat, sich offen und ehrlich weder zu applaudieren noch zu pfeifen getraut. Man hat es gänzlich kopfscheu gemacht.« Seine schlechte Laune troff geradezu aus solchen Briefen wie dem eben zitierten an seinen Freund Arrivabene. Aber er stilisierte sich dabei auch schon wieder – zum einfachen Landwirt aus der Bassa, der eigentlich nichts kann und vom Leben nicht mehr erwartet als ein anständiges Abendessen. »Ich weiß wohl, was für eine Plage ich mir bin!« Solche Äußerungen darf man nicht für voll nehmen.

Doch sein Mißmut hatte auch einen ernsthafteren Grund, einen tieferen Kern. Verdi fühlte, daß er alt wurde. Menschen, mit denen zusammen er groß geworden war, starben – 1878 Vittorio Emanuele, der König, und einen Monat später Papst Pius IX., der eine Symbol für Italiens Einigung, der andere ihr erbittertster Feind. Neuer König wurde Umberto I., neuer Papst der 68jährige Graf Pecci, der den Namen Leo XIII. annahm und bis 1903 sein Amt ausfüllen sollte.

Er gehörte zwar zu den Konservativen, war aber ein weitaus liberalerer Mann als sein engstirniger Vorgänger. Er akzeptierte die Moderne und versuchte, sie mit der Vergangenheit zu verbinden. Er soll die »Divina comedia« Dantes auswendig gekonnt haben, schrieb ein Gedicht auf den Photoapparat und nahm sich behutsam der sozialen Fragen an. Eine seiner Enzykliken wandte sich gegen den Antisemitismus, den seine Vorgänger zum Teil noch gefördert hatten, und in der Enzyklika »Rerum novarum« von 1891 öffnete sich die Kirche zum ersten Mal auch seitens ihrer höchsten Autorität der sozialen Probleme. Allerdings war es da schon zu spät – die verelendenden Massen hatten sich von der Kirche weitgehend abgewandt.

Der Notwendigkeit, etwas gegen das Elend tun zu müssen, war sich Verdi bewußt. Jetzt begann er, erste konkrete Pläne zu schmieden. Doch noch füllte ihn das nicht aus wie in seinen letzten Jahren. Der schlechtgelaunte »Zar von Sant'Agata« sah wohl langsam ein, daß es nicht reichte, am »Simon Boccanegra« und »Don Carlos« herumzudoktern. Trotz aller gegenteiligen Äußerungen – er mußte wieder etwas Neues schreiben!

Die »Schokolade«

Verdi und Francesco Tamagno, der erste »Otello«

Die Freunde, die geblieben waren (viele waren es nicht mehr, eine erkleckliche Zahl der alten Freundschaften war zerbrochen), redeten Verdi zu, und auch sein Verleger begann zu drängen.

Für Giulio Ricordi war der Krach um die fehlerhaften Abrechnungen eine Art reinigendes Gewitter gewesen; er begann nun immer mehr, seinen Vater Tito in der Leitung des Verlages abzulösen. Daneben fand er auch noch Zeit, unter dem Pseudonym J.Burgmein kleine Opern und Operetten zu komponieren. Seinen Sohn, den er nach dem Vater Tito genannt hatte, erzog er zu einem Musiker und Maler. »Sör Giüli«, wie er im Mailänder Dialekt geheißen wurde, war ein Verleger von hohen Graden, ein beachtlicher Kritiker, ein ordentlicher Künstler, ein guter Freund und ein gefährlicher Gegner. Das vor allem, seit er die Hauszeitschrift »Gazetta Musicale di Milano« herausgab. Er war der starke Mann der Scala und fegte alle Impresarios, die nicht nach seiner Pfeife tanzten, mit einer Handbewegung hinweg. Er war glühender Antiwagnerianer, solange dessen Rechte beim Konkurrenten Lucca lagen. Als er Lucca aufkaufte, wurde er in engen Grenzen zum Anhänger des Sachsen. Seine gewinnbringendste Investition war ein junger Toskaner, der Mailand unsicher machte. Dessen erste große Oper vergab er als Koppelgeschäft mit Verdis »Falstaff« an die Opernhäuser – wer Verdi haben wollte, mußte auch »Manon Lescaut« spielen. Das half Giacomo Puccini nicht unbeträchtlich weiter. Alfredo Catalani, von dem Verdi sehr viel hielt, buchte er von Beginn an als Verlustgeschäft ab.

Giulio Ricordi war es auch, der die Zusammenarbeit zwischen Verdi und Boito förderte – zwischen einem musikalischen Gipfelstürmer, der einmal geschrieben hatte, man müssen den beschmierten Altar der italienischen Kunst reinigen, und dem Mann, der diesen Satz wohl nicht zu unrecht auf sich bezog. 1879 traf man sich in größerer Runde im Grand Hotel in Mailand. Giuseppe Adami, ein angesehener Autor und Librettist von Puccini, brachte »Othello« von Shakespeare ins Spiel. Verdi, der den Braten natürlich sofort roch (und, wie man vermuten darf, gern gleich zugebissen hätte, sich diese Blöße aber nicht geben wollte), spielte mit. Er ließ sich von Boito ein Konzept für ein »Othello«-Libretto zeigen, prüfte es und meinte dann – naja, »setzen Sie es nun in Verse. Das wird nützlich für Sie sein ... für mich ... für jemand anders!« Boito machte sich an die Arbeit, aber nun bockte Verdi plötzlich – er wollte ihn nicht in Sant'Agata empfangen, um keinen »Anlaß für Geschwätz und kleine Plagen« zu bieten. Adami beschreibt Verdis Logik, warum er sich nicht darum kümmern wolle, so: »Wenn Sie mit Boito hierher kommen, würde ich mich verpflichtet sehen, das Libretto vollständig zu lesen. Ist das Libretto gut, fühle ich mich notwendigerweise verpflichtet. Und dann, stellen Sie sich vor, ich mag das Libretto nicht, wie gut es immer sein mag, es wäre schwer, ihm das ins Gesicht zu sagen!« Eine rechte Bassa-Komödie – alle wollen, besonders Verdi, aber der hat keine Lust, das zuzugeben. Man spielt sich gegenseitig ein Spielchen vor, von dem alle wissen, wie es ausgehen wird. Natürlich wird Verdi den »Othello« schreiben. Was sonst? Die Beteiligten einigen sich auf den Codenamen »Schokolade« für das Projekt, den man so lange gebrauchen will, bis es fertig ist. Dennoch kommt einiges ans Licht. Eine Musikzeitschrift stellt in scheinbarer Unschuld die Frage, ob »Othello« nicht ein Werk wäre, dessen sich Verdi annehmen könnte – wenn einer, dann er!

Zunächst einmal überarbeiten Boito und Verdi den »Simon Boccanegra«, wovon ja schon die Rede war. Was aus dem »Othello«-Buch werden sollte, war aber noch nicht sicher. Verdi wollte den Text kaufen, vielleicht aber nur, um ihn in die Schublade neben Sommas »Lear«-Libretto zu legen. Das fürchtete vor allen Giuseppina – aber an einer Kleinigkeit konnte man schnell erkennen, was Verdi wirklich plante. Der Napoletaner Maler Domenico Morelli schickte ihm eine Skizze zu »King Lear«. Verdi bedankte sich und schlug im Gegenzug vor, Morelli möge ihm doch bitte eine bestimmte Szene aus dem »Othello« malen. Vor allem Jago wollte er haben, »wenn der durch seine Eifersucht gefolterte Othello ohnmächtig wird und Jago auf ihn schaut und mit höllischem Lächeln sagt: ›Wirke weiter, meine Medizin, wirke weiter!‹ Jago – was für eine Figur!«

Morelli war begeistert und schrieb zurück, daß er einen Priester kenne, der genauso aussehe wie Jago, eine antiklerikale Pointe, die Verdi gern vernahm. »Dieser Jago ist Shakespeare, Menschlichkeit, das heißt, ein Teil der Menschlichkeit – das Böse!« Man sieht, vor allem der Bösewicht ist es, der ihn an Shakespeares Stück so fasziniert.

»Othello« in Opernform gab es aber schon. 1816 hatte Rossini seine Version für das Teatro San Carlo in Neapel verfaßt. Das Theater hatte damals gerade drei erstklassige Tenöre unter Vertrag, weshalb Rossinis »Otello« drei Tenorpartien enthält – Otello, Iago und Rodrigo, der bei Rossini wie bei Shakespeare eine Hauptrolle ist. Obwohl diese Oper nicht zu den Meisterwerken Rossinis gehört, war es sicher die Achtung vor dem Namen, die bislang andere daran gehindert hatte, den Stoff aufzugreifen – handelt es sich doch, um ein Wort von George Bernard Shaw aufzugreifen, bei »Othello« um ein Stück von Shakespeare im Stil einer italienischen Oper. Bei Verdi dürfte allerdings der Librettist eine bedeutende Rolle gespielt haben – es fällt schwer, sich Piave, Somma, Cammarano oder selbst Ghislanzoni als Autor vorzustellen. Dazu bedurfte es schon einer Person vom Range Boitos.

Die bedeutendste Änderung, die dieser vorgenommen hatte, war die Streichung des ganzen ersten Aktes der Vorlage, in dem das Werben des Mohren um Desdemona gezeigt wird, die Abneigung, die deren Vater Brabantio ihm entgegenbringt, die Entführung der jungen Frau und der Fluch des Alten: Wie sie mich betrog, so wird sie dich betrügen. Shakespeare legt hier schon den Keim für Othellos Eifersucht. Auch die Fallhöhe des Feldherrn wird geringer, wenn man ihn nicht mehr als feinfühligen, witzigen, klugen und eleganten Höfling erlebt. Aber bei »Otello« handelt es sich eben um eine Oper – und die kann, was fehlt, durch die Musik zusätzlich sagen. Otellos beide Auftritte im ersten Akt zeigen ihn auf der Höhe seiner Macht und Autorität, das Liebesduett auf der Höhe seiner Leidenschaftlichkeit und Zärtlichkeit. Tiefer kann man nicht fallen als er – und Boitos Einrichtung des Textes ist schlechtweg genial, nicht nur, wenn man sie mit dem vergleicht, was Francesco Maria Berio bei Rossini (der sich allerdings nicht auf Shakespeare stützte) einrichtete, sondern auch, wenn man sie mit anderen »Literaturopern« vergleicht. Ich kenne nur noch eine, bei der dasselbe gelungen ist. Der Text stammt ebenfalls von Boito, die Musik ebenfalls von Verdi, die Vorlage ebenfalls von Shakespeare, und sie heißt »Falstaff«.

Ein großes Problem bei der Arbeit war das große Ensemble am Ende des dritten Aktes. Verdi liebte solche Ensembles, sie finden sich in vielen seiner Opern: Die Handlung wird gewissermaßen eingefroren und löst sich in Melodie auf. Im zweiten Akt von »La Traviata« wirft Alfredo Violetta das gewonnene Geld ins Gesicht, in »Il Trovatore« rettet Manrico Leonora aus den Händen Lunas, in »Aida« merkt Radames am Ende des Nilaktes, daß Amonasro und Aida ihn betrogen haben. Verdi stellte sich dergleichen zunächst nicht vor, er wollte einen Türkenangriff mit Blitz und Donner und martialischen Versen, merkte aber selbst schnell, daß das nicht ging, man hätte »einen Aktschluß gefunden, aber die Katastrophe am Ende verhindert«. Man tat, was man immer in solchen Situationen tut: vertagen.

Verdi wandte immer mehr seiner Aufmerksamkeit dem Schurken zu. »Er sagt das Gute wie das Böse leichthin mit einer Miene, als dächte er eher an alles andere als an das, was er spricht. Würde ihm jemand den Vorwurf machen: ›Was du da sagst, ist eine Gemeinheit!‹, könnte er antworten: ›Wirklich? Das glaube ich nicht. Sprechen wir nicht mehr davon!‹ Eine solche Gestalt kann jeden hintergehen und bis zu einem gewissen Punkt auch die eigene Frau!« Boito beschrieb ihn so: »Iago ist der Neid. Iago ist ein Schurke. Iago ist ein Kritiker. ... Er sieht das Böse in der Menschheit und in sich selbst. ›Ich bin ein Schurke, weil ich ein Mensch bin!‹ Er tut Böses um des Bösen willen.«

Schlüsselszene für Iago ist und bleibt das sogenannte »Credo«, eine vom Text her nicht besonders überzeugende Übernahme des »Son lo spirito che nega« aus Boitos »Mefistofele« – aber was macht Verdis Musik aus diesem Ausbruch! Der »deklamatorische Gesang«, den Verdi früher schon angewendet hatte (für den Fra Melitone in »La forza del destino« z.B.), beschreibt Iagos nihilistische Grundeinstellung, seine Verachtung, seinen Selbsthaß. Iago ist eine Figur auch voll bösen Humors, durchaus in der Tradition komischer Figuren – die musikalischen Ähnlichkeiten mit dem dicken Sir John Falstaff sind sicher nicht zufällig. Auf jeden Fall ist es verständlich, daß Verdi eine Zeitlang mit dem Gedanken spielte, die Oper »Iago« zu nennen. Victor Maurel, nicht gerade frei von Eitelkeiten, wäre es sicher recht gewesen.

Wichtig für Verdi war aber auch die Fremdartigkeit Othellos. Er wollte ihn nicht einfach als dunkelhäutigen Venezianer haben, auch wenn er, wie er stets betonte, wußte, daß Shakespeare da einem Mißverständnis aufgesessen war: Das Vorbild des Feldherrn hatte zwar Giacomo Moro geheißen, war aber kein Farbiger gewesen. Verdi ging es aber auch darum, deutlich zu machen, daß Othellos Verwundbarkeit auch von seiner Andersartigkeit herrührt – seiner Rasse wegen ist er ständig gefährdet.

Im Januar 1881 verabschiedete sich Verdi von »Iago« und kehrte endgültig zu »Otello« zurück. Dann stockte die Arbeit. Im Sommer hörte er einfach auf weiterzuschreiben; zweieinhalb Jahre machte er nichts mehr an dieser Oper. »Lassen wir um Gotteswillen die Schokolade und Desdemona und

Iago in Frieden!« fordert er seinen Verleger auf und kümmert sich um die Revision des »Don Carlos«. Otello interessiert ihn erst wieder, als er 1884 einen angeblichen Ausspruch Boitos liest: »Was den ›Iago‹ angeht, sagt Boito, er habe den Stoff fast wider Willen behandelt; als er aber fertig gewesen sei, habe er bedauert, ihn nicht selbst komponieren zu können.«

Nun passiert etwas Merkwürdiges. Der frühere Verdi hätte getobt, Boito die Freundschaft gekündigt, gewütet – und nun läßt er ihm das Angebot machen, doch bitte den »Otello« dann auch zu komponieren, wenn er es wolle – »ohne jeden Groll.« Boito war betroffen, versuchte, Verdi zu beruhigen, er habe dies nicht so gesagt, und wenn, dann hätten die Journalisten übertrieben, ihn falsch interpretiert – kurz, er reagierte so wie heutige Politiker, wenn sie etwas besonders Dummes oder Unverschämtes von sich gegeben haben. Verdi brummelte vor sich hin – und tat dann wieder nichts; bis in den Dezember 1884. Da bekam Boito einen Brief: »Lieber Boito! In welchem Teil des Erdballes sind Sie? Ich hoffe, daß dieser Brief Sie jedenfalls erreicht. Es kommt mir unmöglich vor, aber es ist trotzdem wahr!!! Tatsächlich!!! Ich bin bei der Arbeit und schreibe!! Ich schreibe … weil ich schreibe, ohne Ziel, ohne Besorgnisse, ohne an das Nachher zu denken … sogar mit entschiedener Abneigung gegen das Nachher.«

Ausrufezeichen in dieser Häufung finden sich in Verdis Briefen immer dann, wenn er besonders aufgeregt war. Von jetzt an legte er die Feder nicht mehr aus der Hand, schrieb, detailversessen wie nie, nervte Boito wegen jeder Kleinigkeit, dachte jede Einzelheit durch. Zum Beispiel – wo bleibt die ganze Zeit dieser Montano, der im ersten Akt von Cassio verwundet wird und am Schluß wieder auftaucht, um Iago anzuklagen? Warum, so Verdi, ist er nicht dabei, wenn die venezianische Gesandtschaft am Ende des dritten Aktes ankommt? Das große Problem war, daß Verdi das erst einfiel, als dieses Finale (jenes concertato, um das er so heftig gerungen hatte) schon fertig war. Und es waren bereits zwölf Stimmen vertreten – eine neue einzuführen, hätte bedeutet, eine dreizehnte zu schreiben. Und Verdi war abergläubisch … Boito beruhigte ihn: Montano sei zu dieser Zeit noch im Bett und kuriere seine Verletzung aus. Verdi war's zufrieden.

Länger brauchte es zu einer Eliminierung einer an sich genialen Idee Boitos: Am Ende des Liebesduetts sollte Iago über der ausklingenden Musik das Geschehen ironisch kommentieren – wie in Mussorgskijs »Boris Godunow«, wo Rangoni die Liebe zwischen Marina und dem falschen Dimitrij beurteilt. Auch an Mephisto im Garten Marthes mag Boito gedacht haben.

259

Aber Verdi hatte keine Freude dran, weil es nicht und nicht ging. So ließ er diese Idee fallen. Man kann sich kaum vorstellen, daß das Duett anders enden könnte als in der bestehenden Form, die den Tod der beiden Liebenden mehr als nur ankündigt.

Am 1.November 1886 meldete Verdi Vollzug: »Lieber Boito! Es ist beendet. Heil uns … (und auch Ihm!!!) Addio.«

Uraufführungsort sollte die Scala di Milano sein, an die Verdi damit nach langen Jahren der Abwesenheit wieder zurückkehrte. Seine letzte echte Premiere an diesem Theater lag über vierzig Jahre zurück: Es war »Giovanna d'Arco« gewesen.

Nun galt es, die richtigen Sänger zu finden.

Verdi war sich schnell darüber klar, daß vor allem die Titelpartie große Probleme aufwerfen würde, daß es schwer sein würde, einen Tenor zu finden, der sowohl die »heldischen« als auch die »lyrischen« Passagen der Rolle beherrschen konnte. Das hat sich bis heute nicht geändert. Große Otellos hat es wenig gegeben; selbst wenn man die Maßstäbe der deutschen Kritik anlegt, denen gebrochene Stimmen (wie die Giovanni Martinellis) immer lieber waren als ausgesprochen italienische (del Monaco, Domingo). Die wenigen, die diese Rolle, die ja auch schauspielerisch einiges verlangt, überzeugend verkörpern konnte, sind deshalb ja auch fast Legenden geworden, wie Leo Slezak oder Ramon Vinay, selbst Mario del Monaco, Jon Vickers oder Placido Domingo. Viele berühmte Tenöre haben die Finger davon gelassen; Caruso hat einiges auf Platte gepreßt, Giuseppe di Stefano ist kläglich gescheitert, Luciano Pavarotti hat eine Parodie davon abgeliefert – an vier Abenden sang er jeweils (für eine CD-Aufzeichnung) einen Akt durch und markierte die drei anderen.

Verdi dachte zunächst an Francesco Tamagno, kam dann aber wieder davon ab. Otello sei an sich »ein leicht zu bewältigendes Spiel für einen wirklichen Darsteller, aber schwierig für … einen anderen.« Dennoch gab es keinen Ausweg; Tamagno war der einzige, der die Partie überhaupt singen konnte, auch wenn er sie von Anfang bis Ende durchbrüllen mußte. In lyrischen Passagen, monierte Verdi, sei die Stimme häßlich, und er träfe die Töne nicht so recht. Er brauchte also eine besondere Behandlung. Und er bekam sie, denn schon damals waren Tenöre Luxusgeschöpfe. Man mußte sie hegen und pflegen. Der Komponist wollte Tamagno nach Genua einladen und dort mit ihm arbeiten, aber dieser Gedanke verbot sich wegen Tamagnos Geiz. Er, der Hochbezahlte, fuhr in der Eisenbahn stets zweiter

Klasse und hätte ein Hotel der Art, wie Verdi es für angemessen hielt, nie bezahlt. Und als ständiger Gast im Haus war er denn doch zu anstrengend. Auch der Plan, ihn in eine Schauspielaufführung von »Othello« zu schicken, scheiterte.

Aber manchmal geschehen auf dem Theater Wunder, und hier geschah eines. Tamagno, der Vielgescholtene, der Verdi auf den Proben oft zur Verzweiflung gebracht hatte, wuchs über sich selbst hinaus und wurde für Jahre *der* Otello. Frühe Plattenaufnahmen des jung Verstorbenen lassen ahnen, was für eine – allerdings wirklich reichlich ungeschlachte – Stimme er hatte. Seine Art, Otello als Kraftmeier zu singen, mag nicht jedermanns Sache gewesen sein, aber beeindruckend war es sicherlich. Verdi konnte letztlich mehr als zufrieden sein.

Als Desdemona war ursprünglich Gemma Bellincioni vorgesehen, eine Sopranistin, die als erste Santuzza in »Cavalleria Rusticana« Aufsehen erregen sollte und übrigens die erste war, die »La Traviata« in zeitgenössischen Kostümen sang. »Desdemona«, befand Verdi, sei »keine Frau, aber ein Typ. Sie ist ein Typ von Güte, Resignation, Selbstaufopferung.« Das war die Bellincioni nicht, und deshalb kam man auf Anraten Boitos von ihr ab. Man wählte Romilda Pantaleoni aus, eine junge Sängerin, die gerade einen großen Erfolg in Ponchiellis »Marion Delorme« erzielt hatte – und außerdem die Freundin des Premierendirigenten Franco Faccio war. Sie war zufriedenstellend, wurde aber nach der ersten »Otello«-Serie ausgewechselt, weil sie Verdi »zu nervös« fand.

Mit dem Iago war es leichter – da gab es nur den einen, Victor Maurel. Der 1848 in Marseille geborene Franzose hatte eine erstaunliche Karriere hinter sich. Bei der »Don Carlos«-Premiere hatte er noch zum Chor gehört, dann machte er sich in Paris schnell einen Namen als Luna, Tell, Nevers (in »Les Huguenots«) und Alfonso (»La Favorita«). Als er sich nicht endgültig gegen die Konkurrenz durchsetzen konnte, ging er ins Ausland, nach London, New York, Sankt Petersburg und Italien. Eine seiner Glanzrollen war der »Don Giovanni« – jene Figur, die neben Iago als einzige mit einem lauten »No!« von der Bühne und der Welt verschwindet (eine sicherlich nicht zufällige Parallele). Maurels beachtliche schauspielerische Begabung ließ ihn nach »Otello« zum ersten Bariton des italienischen Fachs werden – er war auch der erste Tonio in »I Pagliacci«. Später versuchte er sich mit wechselndem Erfolg als Bühnenbildner, Schauspieler und Theaterleiter. Er versuchte, das Théâtre des Italiens in Paris wieder auf die Beine zu bringen. Dazu wählte er genialerweise den »Lohengrin«, was ihm die von den Preußen geschlagenen Franzosen übelnahmen. Gefürchtet waren seine Manierismen, und Verdi mußte ihm mindestens genauso viel ausreden, wie er Tamagno beibringen mußte …

Am 5. Februar 1887 fand die erste Vorstellung von »Otello« an der Scala statt. Das gesamte musikalische Europa war angereist, Gäste aus Übersee waren anwesend (Blanche Roosevelt zum Beispiel) – und der Erfolg war – natürlich – überwältigend.

Aber es mischten sich auch kritische Stimmen in den Jubelchor, Leute, die dem früheren Verdi des »Rigoletto«, des »Trovatore« nachtrauerten. George Bernard Shaw z.B. meinte, »Otello« sei das Produkt eines Komponisten, dessen Ideenfluß eingetrocknet sei, und der sich deshalb intellektualisiert habe, der sparsam mit seinen Mitteln umginge und sich schlicht und einfach ökonomisch verhielte. Shaw irrte hier, wie so oft, wenn er sich mit Verdi beschäftigte. Die Zeiten hatten sich seit »Rigoletto« geändert, die Oper mit ihnen, und Verdi war einen gewaltigen Schritt nach vorn gegangen, nicht seinen letzten. Auch das gehört, das sollte an dieser Stelle gesagt werden, zu seiner Einzigartigkeit. Kaum ein Komponist hat so stetig gelernt wie er, kaum einer hat so regelmäßig die Früchte des Gelernten eingebracht, ohne sich von einer Schule, einer Richtung beeinflussen zu lassen. Er blieb stets erkennbar er selbst, er ist es in »Oberto« und wird es in »Falstaff« sein. Der Mozart des »Lucio Silla« ist nicht der des »Don Giovanni«, und der Wagner des »Liebesverbotes« schon gar nicht der des »Tristan«. Das ist kein Qualitätsurteil, aber es ist bemerkenswert.

Mailand war an jenem Abend zu »Otellopolis« geworden. Nach der Vorstellung erhielten Boito und Verdi kostbare Geschenke, Verdi wurde zwanzigmal herausgerufen, seine Kutsche von Menschen zum Hotel gezogen (das »Grand Hotel de Milan« liegt gottseidank ganz nahe der Scala). Man ließ ihn hochleben und spielte ihm Serenaden, wie Blanche Roosevelt, die deshalb nicht schlafen konnte, berichtet. »Wer will da nicht sagen, daß dieser Schrei in der ganzen Welt Echo finden wird!« schreibt sie. »Im Alter von 74 Jahren kann dieser zweite Eroberer wirklich ausrufen: Veni, vidi, vici, Verdi!«

Mit den Sängern war Madame Roosevelt übrigens nicht einverstanden. Tamagno »sang nicht, er blökte«. Was die Desdemona betraf, so »erweckte die gegenwärtige Darstellerin der Rolle in mir tausend ungestrafte Zweifel. … Ihre Stimme ist von Natur aus fein und dramatisch, aber sie hat so viel

Kenntnis von der reinen Kunst des Singens wie ich vom wirklichen Sinn der Astronomie.« Nur einer fand Gnade vor ihren Augen, Victor Maurel. »Er sang, wie seine besten Freunde es nie erträumt hätten, und sein Spiel war die vollendete Leistung.«

Einer teilte zumindest in einem Punkt das Urteil der Amerikanerin: Arturo Toscanini. Er spielte damals im Scala-Orchester und soll, wird überliefert, jedesmal das Gesicht verzogen haben, wenn die Pantaleoni sang. Sie zog sich übrigens vier Jahre nach dieser Premiere von der Bühne zurück. Anlaß dazu war der frühe Tod von Franco Faccio, der als Syphiliskranker in der Irrenanstalt von Monza endete.

Für die Pariser Aufführung schrieb Verdi noch ein Ballett. Es wird, wie es guter Brauch in der französischen Hauptstadt war, nach der Ankunft des venezianischen Gesandten im dritten Akt geboten, ist völlig unsinnig, musikalisch bestenfalls nur mittelmäßig und hält die Handlung unnötig auf.

»Otello« erlebte einen fast beispiellosen Siegeszug über die europäischen Bühnen. Die Oper wird heute allerdings wohl mehr geschätzt als damals; es fällt vielen schwer, Shakespeares Stück ohne die Musik Verdis zu sehen.

Alles auf Erden ist nur Spaß

Victor Maurel als Falstaff

$\mathcal{S}$eit am 5. September 1840 »Un giorno di regno« in der Scala ausgepfiffen worden war, hatte Verdi nichts Komisches mehr geschrieben.

Wirklich? Wie steht es mit dem Fra Melitone in »La forza del destino«, mit den Buffonerien Rigolettos im ersten Akt, dem zynisch-bösartigen Humor des Killers Sparafucile? Wie mit Iagos Ausflügen in die Buffogefilde, vor allem in den beiden Duetten mit Cassio? Die höfischen Galanterien des ersten Aktes von »Un ballo in maschera«, der Lachchor der Verschwörer, Riccardos »E scherzo«? Was ist mit dem spanischen Tanz in »La Traviata«, dem bitteren Lachen der Hexen in »Macbeth«? In der Tat lassen sich viele solcher Stellen immer wieder auch in den düstersten Opern (gerade dort!) finden. Verdis Humor ist eben nur, wie Shaw richtig festgestellt hat, nicht der Mozarts, sondern der Shakespeares. Deshalb auch liebte er den »Papà« so ganz besonders.

Wenn also jemals noch eine komische Oper, dann nach Shakespeare. Das war von Anfang an klar. Und die Figur des dicken Sir John Falstaff spukte schon länger in seinem Kopf herum – er zitierte ihn oft und gern in seinen Briefen. 1879 kam das Gerücht auf, er wolle eine komische Oper im Stile Rossinis schreiben. Verdi wies das weit von sich, muß aber wirklich damals einen solchen Plan gehabt haben. Worum es sich handelte, weiß man nicht. »Falstaff« war es jedenfalls nicht.

»Die lustigen Weiber von Windsor« sind mehrfach in Musik gesetzt worden – von Otto Nicolai, von Antonio Salieri, von Michael Balfe, von Ralph Vaughn Williams. Alle drei stützen sich – leider – allein auf die Vorlage, eines von Shakespeares schwächsten Stücken, angelegt auf plumpe, sich zudem ständig wiederholende Situationskomik. Boito – und das ist seine geniale Leistung – nimmt dann in seinem Libretto auch Teile aus »Henry IV.« mit auf, und deshalb wird, wie in diesen beiden Stücken, Falstaff eine ungleich differenziertere, vielschichtigere, dem Bösen auch durchaus näher-

265

stehende Figur. Außerdem reduziert er die Versuche Falstaffs, sich Mrs.Ford zu nähern, von drei auf zwei und läßt die reine Klamottengeschichte um die »fette Frau aus Brainford« weg, eine Episode, die bloß aus der Wiederholung der Episode mit dem Wäschekorb besteht und in Nicolais Oper z.B. nur langweilt.

Über »Otello« waren Boito und Verdi sich nähergekommen, auch persönlich, und irgendwann bei einem Besuch in Sant'Agata muß der »Falstaff« im Gespräch aufgetaucht sein. Ab Mitte 1889 ist jedenfalls in Verdis Briefen konkreter die Rede von einem solchen Plan. Verdi macht sich Sorgen darüber, daß die »Lustigen Weiber« zum Ende hin schwächer und schwächer werden, ein Urproblem der Komödie, wie Boito feststellt: Selbst Rossinis »Barbier« habe einen schwachen letzten Akt. Wenn man im Leben sagen könne, jetzt sei Schluß, gehe es in der Komödie leider noch weiter … Boito machte aber gleich auch konkrete Vorschläge, wie man einer solchen Schwäche begegnen könne: durch ein völlig neues Ambiente, Maskenspiel, Verkleidung, Phantastik, Elfen, ein anderer, leichter Ton.

Verdi kamen nach und nach Bedenken: »Habt Ihr beim Entwurf des ›Falstaff‹ auch an meine hohen Jahre gedacht?« Wenn er über das Projekt wegstürbe, und Boito seine Zeit damit vergeudet habe, während er den »Nerone« unfertig liegen ließe, das könne er nicht vertreten. Auf der anderen Seite reizte es ihn, vor das Publikum zu treten und zu sagen: »Wir sind noch da! Bahn frei für uns!«

Es gebe nur einen Weg, ein Lebenswerk besser zu beenden als mit »Otello«, antwortete Boito – und zwar mit »Falstaff«! Danach konnte Verdi mit gutem Gewissen das sagen, was er die ganze Zeit sagen wollte: »Amen; und so sei es!«

Allerdings sollte alles ein (dreimal unterstrichenes) »Geheimnis« bleiben, niemand dürfe davon wissen. So machte er sich an die Arbeit – und dachte sich etwas aus: »Ich amüsiere mich, indem ich Fugen schreibe. Jawohl, mein Herr; eine Fuge … und eine komische Fuge, die zu »Falstaff« passen würde! Ihr werdet sagen: ›Wie meinen Sie das, eine komische Fuge? Warum komisch?‹ Ich weiß nicht wie oder warum, aber es ist eine komische Fuge!«

Der erste Akt war schnell beendet, mit dem zweiten ging es langsamer voran. Freunde starben: Faccio, der Rechtsanwalt Piroli, sein Schüler Muzio. Verdi war deprimiert. »Alles endet! Traurig ist das Leben!« – Eine Stelle aus einem Brief an Maria Waldmann, die seinen damaligen Zustand beschreibt. Dieser Zustand ist auch in die Oper eingeflossen. Falstaffs Verzweiflung über die Welt, die eine Räuberhöhle ist, ist durchtränkt von der Erkenntnis, daß der Tod letztendliches Ziel des Menschen ist. Dagegen hilft auch ein Glas heißen Weines nur kurzfristig.

Der Verleger drängte; einiges war herausgekommen, Boito wollte weitermachen. Zu Verdis Namenstag übersandte Ricordi ihm eine Falstaff-Zeichnung – als wohlgemeinten Hinweis. In den »Otello«-Zeiten hatte es eine Schokoladentorte gegeben … Verdi antwortete augenzwinkernd: »Was für eine Überraschung, der alte Schmerbauch! Ich habe seit vier Monaten keine Nachricht mehr von ihm. Mittlerweile, tödlich betrunken, ist er vielleicht für immer eingeschlafen! Laßt ihn schlafen! Warum ihn aufwecken? Sonst könnte er irgendeine Schurkerei begehen, die die Welt schockieren würde!«

Doch »langsam lief die Maschine wieder an«, wie Boito es formulierte. Im Oktober 1892 war die Oper fertig. Jetzt ging es an die Besetzung für die Premiere an der Scala di Milano.

»Falstaff« ist eine Ensembleoper, und selbst eine schwach besetzte Nebenrolle kann die ganze Balance durcheinanderbringen. Dirigieren sollte Edoardo Mascheroni, der nicht so brillant war wie der verstorbene Faccio, aber ein guter, solider Handwerker. Er brachte es fertig, das Scala-Orchester, das in einem lamentablen Zustand war, wenigstens einigermaßen wieder auf Vordermann zu bringen. Und das Ensemble, das schließlich auf die Beine gestellt wurde, konnte sich sehen lassen, wohl mit Ausnahme des Tenors Edoardo Garbin, der bei der Austeilung der Musikalität nur sehr verschämt »Hier!« gerufen haben soll. Den Ford sang, trotz seiner von Verdi heftig monierten kurzen krummen Beine Antonio Pini-Corsi, ein Rossini-gestählter Bariton mit ausgesprochen komischem Talent. Er wurde später auch der erste Schaunard in »La Bohème«. Giuseppina Pasqua war die Mrs. Quickly, eine Rolle, die für das Gelingen der Oper ganz besonders wichtig ist: Sie ist, anders als bei Shakespeare, Dreh- und Angelpunkt der Intrigen gegen Sir John. Emma Zilli wurde trotz Verdis Einwänden eine gute Alice (Sie hatte einige Nummern aus »Aida« vorgesungen und Verdi dadurch entsetzt), Adelina Stehel brillierte als Nanetta, besonders deshalb, weil sie im wirklichen Leben die Verlobte von Fenton-Garbin war, was die Presse und das Publikum zu Tränen rührte.

Eine einzige Besetzung war eigentlich nie fraglich gewesen: Natürlich mußte Victor Maurel den Falstaff sitzen. Doch leider wußte der Franzose das auch und stellte Bedingungen. Er wollte das Recht, den Falstaff bei allen

Premieren in den wichtigsten europäischen Hauptstädten zu singen, außerdem 4ooo Lire für jede Vorstellung plus 10 000 Lire für die Proben – man sieht, daneben machen sich die Forderungen von Pavarotti & Co. doch recht bescheiden aus. Maurels Gattin kam nach Sant'Agata, um Verdi diese Forderungen schmackhaft zu machen. Der war empört und schleuderte Blitze in brieflicher Form an Ricordi: »In fünfzig Jahren meiner Galeerenarbeit ist mir sowas nie passiert! Es gibt keine Worte, solch eine Forderung zu beschreiben!« Er verlangte, Maurel öffentlich bloßzustellen, an seinem finanziellen Verlangen den »Falstaff« gar scheitern zu lassen. Danach gab der Bariton klein bei – und schob alles auf seine Frau.

Der 9. Februar 1893 war ein Triumph. Halb Europa war anwesend, die Fürstin Letizia Bonaparte, die Dichter Carducci und Giacosa, die jungen Komponisten Mascagni und Puccini. Die Mailänder Fassung war allerdings noch nicht die endgültige; Verdi änderte noch einiges im zweiten Finale und der ersten Szene des dritten Aktes. Die heute gespielte Fassung ging zum ersten Mal im römischen Teatro Costanzi am 15. April über die Bühne.

Ein Triumph war es zunächst nur beim Publikum; die Presse war unentschieden. Die meisten Kritiker aber konnten mit der Oper nichts anfangen. Eduard Hanslick meinte, den Vergleich mit Nicolai halte Verdi nicht aus, die »Lustigen Weiber« würden den »Falstaff« an Qualität weit übertreffen. Nun ja, auch bei anderen Komponisten lag der Kritikerpapst ja hin und wieder daneben … Andere entdeckten Spuren der »Meistersinger«, aber dies wohl mehr, weil es gerade Mode war, Wagner-Spuren bei Verdi zu suchen. Auch Beethoven wurde aufgefunden, dann auch (zutreffender) Mozart und Rossini. Cosima Wagner meinte, zwischen »Il Trovatore« und »Falstaff« gebe es keinen Unterschied (was richtig und falsch zugleich ist); Richard Strauss hielt die Oper für eine der größten Schöpfungen aller Zeiten. Shaw, der sie nur aus dem Klavierauszug kannte, bemängelte das Fehlen von Wärme – »sie empfängt Licht und Wärme nur von der Nachglut der heißen Mittagssonne«, betonte aber, der Gewinn an Schönheit verdecke diesen Verlust. Er attestierte Verdi »vollendete Meisterschaft des Handwerks« und machte ihn zum »größten lebenden dramatischen Komponisten«.

Anders als sonst interessierte Verdi das Publikum nicht besonders. »Falstaff« war für ihn eine private, sehr intime Angelegenheit zwischen Boito und sich. Das Publikum konnte an dem gemeinsamen Spaß teilnehmen, wenn es wollte – wollte es nicht, was machte es?

Außerhalb Italiens lief die Oper nicht so gut wie andere. In Deutschland wurde sie zum ersten Mal in Stuttgart gespielt. Allerdings verschwand sie dort schnell vom Spielplan, als S.M. zu Besuch kam. Dem setzte man dann lieber »Lohengrin« vor ...

Die Kälte, die Ironie ohne einen Funken wärmende Menschlichkeit wird in der Nachfolge Shaws gern an »Falstaff« beklagt. Die Oper habe eine Konstruktion, die die beteiligten Personen zu bloßen Marionetten macht. Aber – haben nicht Fords Eifersuchtsarie »È sogno« und die immer wiederkehrenden Liebesschwüre von Nanetta und Fenton das Feuer der frühen Werke Verdis? Fehlende Menschlichkeit? Was könnte menschlicher sein als das Lachen aller über alle und vor allem über sich, das der am heftigsten Gefoppte, der dicke Sir John, selbst anstimmt? Es ist wahr, meint Falstaff und mit ihm Verdi, die Menschen sind letztlich nur Marionetten, es ist wahr, Begriffe wie Ehre sind ein Betrug, es ist wahr, die Welt ist eine Räuberhöhle – aber auf dieser Welt gibt es auch Liebende wie Nanetta und Fenton, es gibt Spaß und Verzeihung, es gibt befreiendes Lachen und befreiendes Weinen. In der Tat – »Falstaff« schwankt zwischen einem Iagoschen Zynismus, einer tief pessimistischen Sicht der Welt, und heiterer Verklärung, wie sie durch das Liebespaar repräsentiert wird. Zu den großen Geheimnissen der Partitur gehört, wie ein fast Achtzigjähriger eine solche Liebesmusik schreiben konnte ...

»Falstaff« war nicht Verdis letzte Komposition, aber seine letzte Oper. Sie endet in der Schlußfuge mit einer scheinbar zynischen Botschaft – alle Menschen sind gefoppte Narren. Aber diese Botschaft wird lachend ausgesprochen: voller Humor, Mitleiden, Toleranz – kurz: voller tiefster Humanität.

Ein Jahrhundert stirbt

Verdis Leichenzug

Mit dem Regierungsantritt Umbertos I. hatte sich Italien verändert. Der neue König war ausgesprochen deutschfreundlich (im Unterschied zu Verdi), das konnte nicht ohne Einfluß auf die italienische Politik bleiben. Unter seiner Regierung stürzte sich Italien in verhängnisvolle außenpolitische Abenteuer. Man schloß sich an den Zweibund Österreich/Deutschland an. Und man wollte Kolonialmacht werden.

In Ostafrika sollte ein Kolonialreich errichtet werden; deshalb setzte man sich in Äthiopien fest. Doch die Äthiopier waren gefährliche Gegner (was der erste Umberto eigentlich aus der »Aida« hätte wissen müssen). Immer wieder wurden italienische Expeditionscorps geschlagen, am vernichtendsten 1896 bei Adua, wo mehr als viertausend Italiener ihr Leben verloren. Verantwortlich für diese Politik war der damalige Ministerpräsident Francesco Crispi; man muß sie aber sehen im großen Zusammenhang eines »Griffs nach der Großmacht«, den Italien damals versuchte, auch im Inneren. In Zusammenarbeit mit dem Deutschen Reich wurden große Banken gegründet, deren Aufgabe es war, neue Industrien zu finanzieren. Diese neue Schwerindustrie teilte das Land noch mehr als bisher in den reichen Norden und den armen Süden.

Im Norden war die Landwirtschaft notdürftig, aber ausreichend modernisiert worden, der Süden geriet nun in den achtziger Jahren vollends unter die Räder. Amerikanisches Getreide, auch nach dem Transport über den Atlantik immer noch preiswerter als heimisches, überschwemmte die italienischen Märkte. Über dreieinhalb Millionen Italiener wanderten bis 1914 aus; die Regierung sah tatenlos zu. Sie war mehr daran interessiert, hektisch Geld in Industrie und Militär zu stecken, als das Land zu sanieren. Elend machte sich breit.

»Wie kann das weitergehen?« fragte Verdi. »Ich glaube recht zu haben, wenn ich sage, daß ich zutiefst überzeugt bin, daß wir am Ende dieses Weges den totalen Untergang finden werden.« Und: »Vor allem aber muß man

271

leben können!« Diesen Satz meinte er genau so. Soweit es in seiner Macht stand, wollte er denen, die nicht mehr leben konnten, helfen. Nicht in großem, bedeutungsschwangerem Rahmen, sondern auf seine kleine, bescheidene, menschliche Art. Jetzt, wo er keine Opern mehr schreiben wollte, wandte er sich denen zu, die Hilfe nötig hatten.

Schon um 1880 hatte er sich erstmals in größerem Umfang engagiert. Sant'Agata war neben drei anderen kleinen Ortschaften Teil der Gemeinde Villanova. Diese Gemeinde hatte im Unterschied zum wesentlich größeren Busseto kein Krankenhaus. Die Kranken mußten, wenn sie im Hospital versorgt werden wollten, bis nach Piacenza reisen, immerhin 36 Kilometer weg. Einige davon starben auf dem Weg dorthin. Verdi ließ auf seine Kosten ein Stück Land kaufen und dort ein Krankenhaus errichten, das auch heute noch seinen Namen trägt. Das sei nichts Großes, wimmelte er Lobhudeleien im Vorhinein ab, zu einer richtigen Sache fehle ihm leider das Geld.

Er kümmerte sich kontinuierlich um das Krankenhaus und achtete streng darauf, daß man den Kranken nichts abknapste. Dadurch geriet er fast notwendigerweise in Konflikt mit der Geistlichkeit. 1889 mußte er deshalb z.B. den Leiter des Hospitals von Genua aus brieflich zur Ordnung rufen. Klagen waren an sein Ohr gedrungen, das Essen sei zu karg, man gebe keinen Wein aus, obwohl der reichlich im Keller vorhanden sei, man verwende minderwertige Lebensmittel, schlechtes Öl, verdorbene Pasta; man verlange Geld von denen, die doch völlig mittellos seien. »Anstatt diese Unzufriedenheit zu dulden, zöge ich es vor, daß das Krankenhaus geschlossen würde.«

Verdi achtete auch darauf, daß das Hospital stets von ersten Ärzten geleitet wurde. Die Armen wurden kostenlos behandelt. Neue Kandidaten für vakante Doktorstellen wurden streng geprüft. Und Einmischungen wurden nicht geduldet: »Ich halte es für unbedingt erforderlich, die Übergriffe des Priesters zu unterbinden. … Jeder hat zu tun, was seines Amts ist, und weiter nichts! Deshalb ist die Beteiligung des Priesters an den Visiten durchaus unangebracht. Der Seelsorger hat für die Seele, nicht für den Körper des Kranken zu sorgen. Sie als Hospital-Leiter … müssen veranlassen, daß dieser verdammte Priester in den ihm gesteckten Grenzen bleibt.« Also – Ärger mit dem Klerus. Aber so einfach war das nicht; als derselbe Arzt, den Verdi in dem eben zitierten Brief ermutigt, sich gegen den »verdammten Priester« zu wehren, einer streng gläubigen Schwester Schwierigkeiten machte, reagierte Verdi ähnlich: »Anscheinend wünschen diese verdammten Ärzte als

›Freigeister‹ zu erscheinen, und dabei geht ihnen die Fähigkeit und die Überlegenheit ab, diejenigen zu tolerieren, die nicht so denken wie sie. Diese Freigeister wissen eben nicht, daß Toleranz eine große, vielleicht die größte Tugend von allen ist.«

Verdi selbst verstand sich stets als »Freigeist«, aber er versuchte auch Zeit seines Lebens, tolerant zu sein; was für einen Menschen, der so zum Jähzorn neigte wie er sicher nicht leicht war. Im Alter wurde er etwas leiser und milder, aber eben nur etwas – sein Zorn machte sich dann nur noch in heftigen Worten Luft.

Ende der achtziger Jahre faßte Verdi den Entschluß, ein Heim für alte Musiker zu gründen, das seinen Namen tragen sollte. Einen Architekten hatte er in der Bekanntschaft, Camillo Boito, den Bruder Arrigos. Verdi trieb ihn von Anbeginn zur Eile an – er wollte mit Giuseppina in dieser »Casa di riposo« begraben werden.

Giuseppina ging es nicht mehr gut; deshalb mußten sie auch ihre regelmäßigen Paris-Besuche nach 1894 einstellen. Die Beine wollten nicht mehr so recht. Es ging abwärts mit »Peppina«.

Auch Verdi war nicht mehr gesund. Das hinderte ihn aber nicht, noch hin und wieder »seine Häkchen zu machen«. In einem alten Heft der »Gazetta musicale di Milano« war ihm 1889 ein Preisrätsel aufgefallen, in dem es darum ging, eine enigmatische Tonfolge möglichst logisch zu harmonisieren. Mehr aus Jux versuchte er sich daran. Man werde halt im Alter wieder kindisch … In seiner Jugend, wo man ihn damit gequält hatte, machte er so etwas nicht gern, aber jetzt … Nach und nach wurde halber Ernst daraus – und ein »Ave Maria«, nicht sein erstes (»I Lombardi«, »Otello«), ein a-capella-Stück für vierstimmigen gemischten Chor, das erste der vier »Pezzi sacri«. Ein paar Jahre vorher hatte er schon nach einem Text aus der »Divina commedia« ein »Laudi alla Vergine Maria« für zwei Sopran- und zwei Altstimmen geschrieben. Als Giuseppinas Krankheit sich verschlimmerte, komponierte er ein »Stabat Mater«, die Vertonung einer lateinischen Sequenz von Jacopo da Todi für vierstimmigen gemischten Chor und Orchester. Als Dank an sein Publikum, »das nach so vielen Jahren davon befreit ist, noch neue Opern von mir zu hören«, verstand er das letzte Stück, das »Te Deum«.

Er näherte sich damit wieder der alten Musik an, der »Kargheit und harmonischen Anmut« der Zeit Palestrinas und Bachs. Er schickte die Stücke an Ricordi, aufgeregt wie selten.

Aber persönliche Sorgen überdeckten seine Angst um die Wirkung der

»Quattro Pezzi Sacri«. Giuseppina verlosch langsam, und er mußte dabei zuschauen. Am 14. November 1897 starb sie.

Verdi, der einen leichten, geheim gehaltenen Schlaganfall erlitten hatte, war nun ganz allein.

Ruhig wie immer kümmerte er sich um seine vier Stücke. Die Uraufführung, allerdings ohne das »Ave Maria«, fand am 7.4.1898 in Paris statt. Die Aufführung war mäßig, der Erfolg riesig. Verdi war nicht dabei. »Meine Gesundheit ist so schwach wie das Niveau des Pariser Chores«, meinte er.

In Mailand schritt unterdessen der Bau der »Casa di riposo« voran. Wann man die ersten Klienten aufnehme, fragte ein Arzt Verdi. Der soll geantwortet haben, angesichts der hohen Kosten so spät wie möglich. »Das zu tun gedenke ich erst, kurz bevor ich abkratze, denn lege ich schon früh die Gelder dafür fest, bin ich der erste, der dort aufgenommen werden muß.«

Die »Casa di riposo« hielt Verdi noch in Atem. Mit diesem Heim für alte und mittellose Musiker wollte er sich ein bleibendes Denkmal schaffen, was ihm auch gelungen ist. Seine Güte, die er oft hinter Unfreundlichkeit und Grobheit versteckte, hat dieses Heim bis heute am Leben erhalten.

Sonst fühlte er sich verlassen und allein. Er verbrachte seine letzten Jahre in Sant'Agata, ging ein wenig spazieren, saß lange in seinem Liegestuhl in der Sonne und empfing nur noch selten Besucher. Hin und wieder kam Teresa Stolz, die sich von der Bühne zurückgezogen hatte. Aber Verdi fühlte sich nicht mehr wohl: »Nach einem halben Jahrhundert vertrauten Zusammenlebens bin ich allein, mutterseelenallein, ohne Familie, in trostloser Einsamkeit.« Solche Äußerungen häuften sich.

Am 31.12.1899 ratifizierte er die Stiftung seiner »Casa di riposo«. Den folgenden Sommer verbrachte er in Sant'Agata. Freunde besuchten ihn und versuchten, ihn aufzuheitern. Heiligste Regel: Es darf nicht über Musik gesprochen werden.

Als am 29. Juli 1900 Umberto I. in Monza ermordet wurde, versuchte er nochmals, einen Trauervers der Königin Margherita zu vertonen, aber es ging nicht mehr.

Im Dezember reiste er nach Mailand. Im »Grand Hotel«, seiner üblichen Absteige, feierte er mit Teresa Stolz, dem Schriftsteller Cesare Pascarella und den Ricordis Weihnachten.

Am 21. Januar erleidet er beim Aufstehen einen Schlaganfall. Tagelang kämpft er gegen den Tod. Der Pfarrer Alberto Catena, der dem sterbenden Alessandro Manzoni die letzte Ölung gegeben hatte, gibt sie nun auch Verdi.

Später machte er eine Legende daraus – der Sterbende soll ihm zugelächelt haben. Man will den Mann, der die Kirche als Institution nicht liebte, doch gern in den Schoß der Organisation heimholen ... Verdi lag vier Tage und Nächte im Koma. Im Koma lächelt man aber nicht.

Boito berichtet: »Verdi ist tot, er hat eine enorme Menge Licht und menschliche Wärme mit sich fortgenommen, wir alle sonnten uns im Schein dieses olympischen Alters. Er ist mit Würde gestorben wie ein gewaltiger und stummer Kämpfer. ... Ich habe in meinem Leben Menschen verloren, die ich vergötterte, der Schmerz überdauerte die endliche Resignation. Nie aber ertappte ich mich bei einem Gefühl des Hasses auf den Tod und der Verachtung gegenüber jener geheimnisvollen Macht – blind, stupide, triumphierend und feige. ... Er hat ihn auch gehaßt, war er selbst doch der stärkste Ausdruck von Leben, der sich denken läßt. Er haßte ihn, wie er die Trägheit haßte, das Rätsel und den Zweifel. Jetzt ist alles vorüber. Er schläft, einem spanischen König gleich, in seinem ›Escorial‹ unter einer Bronzeplatte, die ihn nun ganz bedeckt.«

Als man nach seinem Tod das Testament öffnete, zeigte sich, daß er an alle gedacht hatte: in Genua an das Armenasyl, das Heim für Rachitiskranke, Taubstumme und Blinde; an das Spital in Villanova, an das Pfandhaus in Busseto. An seinem Geburtstag müssen jährlich 50 Arme in Le Roncole unterstützt werden; alle jungen Leute aus Busseto und Villanova, die Landwirtschaft studieren wollen, sollen ein Stipendium bekommen. Er verteilt Land an seine Familie, die von ihm oft tyrannisierte Dienerschaft wird reichlich bedacht – und natürlich vor allem die »Casa di riposo«.

Und er selbst?

»Ich gebe dem lebhaften Wunsch Ausdruck, in Mailand zusammen mit meiner Ehefrau im vorgesehenen Oratorium des von mir gegründeten Musikerheimes beigesetzt zu werden. ... Ich bestimme, daß meine Bestattung von allereinfachster Art sein und zu Tagesanfang oder beim abendlichen Ave-Läuten geschehen soll, ohne Gesang und Musik.«

Daran hat sich niemand gehalten. Das wäre auch unmöglich gewesen. Am 3o. Januar wird Verdi vorläufig neben seiner Frau auf dem Cimetiero Monumentale in Mailand beigesetzt. Am 26. Februar werden die beiden Leichname exhumiert und in die »Casa di riposo« überführt. Dreihunderttausend Menschen sind schweigend bei diesem Leichenzug dabei, darunter Mitglieder des Königshauses und die diplomatischen Vertreter vieler Länder. Noch einmal erklingt der Chor, der Verdis Weltruhm begründete, der Italiens heimliche Nationalhymne war in einer Zeit, als das Land unfrei und zerrissen, aber noch voller Hoffnung war, ein Chor, den die Insassen der »Casa di riposo« auch heute noch an jedem Todestag Verdis an seinem Grab singen. Neunhundert Sänger hatte Arturo Toscanini versammelt, und ihr Gesang begleitete den Trauerzug: »Va, pensiero sull'ali dorate« – »Flieg, Gedanke, auf goldenen Flügeln …«

Das neunzehnte Jahrhundert ist zuende.

Auswahl-Diskographie

Sämtliche Verdi-Opern sind auf Tonträgern erschienen. Die populärsten Werke gibt es in unzähligen Versionen (die erste »Aida«-Gesamtaufnahme entstand 1928!), deshalb ist es unmöglich, eine wirklich vollständige Diskographie herzustellen. Es ist genauso unmöglich, vor allem nach dem Zusammenbruch des Klassikmarktes, korrekte Auskunft zu geben über Firmen, Bestellnummern oder nur reine Verfügbarkeit der Aufnahmen. Ich beschränke mich daher zwiefach: einmal auf Aufnahmen, die mir persönlich gelungen oder wichtig erscheinen, zum zweiten auf Angaben der Mitwirkenden. Möglichen Interessenten steht daher Sucharbeit oder vielleicht auch Enttäuschung bevor, falls es die eine oder andere Aufnahme nicht mehr oder nur antiquarisch geben sollte.

Nicht alle der aufgeführten Aufnahmen sind vollständig überzeugend (so gibt es meiner Meinung nach z. B. keinen wirklich perfekten »Rigoletto«, aber in jeder der angegebenen Gesamtaufnahmen ist jemand oder etwas so gelungen, daß sich die Aufnahmen lohnt). Manche wie die Petersburger Fassung von »La forza del destino« sind vom Musikalischen her sogar absolut mißlungen, es lohnt sich aber natürlich für den Interessierten, auch diese Fassung einmal kennenzulernen. Und bei »Otello« war es einfach wichtig, alle berühmten Otello-Darsteller der letzten Jahre zu präsentieren.

Ansonsten ist diese Auswahl absolut subjektiv.

OBERTO Lamberto Gardelli, Chor des Bayrischen Rundfunks, Münchner Rundfunkorchester, Ruza Baldani, Carlo Bergonzi, Rolando Panerai, Ghena Dimitrova

UN GIORNO DI REGNO
  Lamberto Gardelli, Ambrosian Singers, Royal Philharmonic Orchestra London, Fiorenza Cossotto, Jessye Norman, José Carreras, Ingvar Wixell, Vladimiro Ganzarolli

NABUCCO Riccardo Muti, Ambrosian Opera Chorus, Philharmonia Orchestra London, Matteo Manuguerra, Veriano Lucchetti, Nicolai Ghiaurov, Renata Scotto

      Giuseppe Sinopoli, Chor und Orchester der Deutschen Oper Berlin, Piero Cappuccilli, Placido Domingo, Jewgeni Nesterenko, Ghena Dimitrova

I LOMBARDI ALLA PRIMA CROCIATA
      Lamberto Gardelli, Ambrosian Singers, Royal Philharmonic Orchestra London, Cristina Deutekom, Placido Domingo, Ruggero Raimondi

JERUSALEM Gianandrea Gavazzeni, RAI-Chor und Orchester, Katia Ricciarelli, José Carreras, Siegmund Nimsgern

ERNANI Thomas Schippers, Chor und Orchester der RCA Italiana, Carlo Bergonzi, Leontyne Price, Mario Sereni, Ezio Flagello

I DUE FOSCARI
      Lamberto Gardelli, Chor und Orchester des ORF, Piero Cappuccilli, José Carreras, Katia Ricciarelli

GIOVANNA D'ARCO
      James Levine, Ambrosian Opera Chorus, London Symphony Orchestra, Montserrat Caballé, Placido Domingo, Sherrill Milnes

ALZIRA Lamberto Gardelli, Bayrischer Rundfunkchor, Münchner Rundfunkorchester, Ileana Cotrubas, Renato Bruson, Francisco Araiza

ATTILA Lamberto Gardelli, Ambrosian Singers, Royal Philharmonic Orchestra, Ruggero Raimondi, Sherrill Milnes, Carlo Bergonzi, Cristina Deutekom

      Riccardo Muti, Chor und Orchester der Scala di Milano, Samuel Ramey, Giorgio Zancanaro, Neil Shicoff, Cheryl Studer

I MASNADIERI
      Lamberto Gardelli, Ambrosian Singers, New Philharmonia Orchestra London, Ruggero Raimondi, Carlo Bergonzi, Piero Cappuccilli, Montserrat Caballé

IL CORSARO Lamberto Gardelli, Ambrosian Singers, New Philharmonia Orchestra London José Carreras, Jessye Norman, Montserrat Caballé, Gian Piero Mastromai

LA BATTAGLIA DI LEGNANO
      Lamberto Gardelli, Chor und Orchester der ORF, José Carreras, Katia Ricciarelli, Matteo Manuguerra, Nicolai Ghiuselev

LUISA MILLER

Fausto Cleva, Chor und Orchester der RCA Italiana, Anna Moffo, Carlo Bergonzi, Cornell MacNeil, Giorgio Tozzi, Shirley Verrett

Lorin Maazel, Chor und Orchester des königlichen Opernhauses Covent Garden, Katia Ricciarelli, Placido Domingo, Renato Bruson, Gwynne Howell, Elena Obraztsova

STIFFELIO   Lamberto Gardelli, Chor und Orchester des ORF, José Carreras, Sylvia Sass, Matteo Manuguerra

AROLDO   Eve Queler, Oratorio Society of New York, Westchester Choral Society, Opera Orchestra of New York, Gianfranco Cecchele, Montserrat Caballé, Juan Pons

RIGOLETTO   Tullio Serafin, Chor und Orchester der Scala di Milano, Tito Gobbi, Maria Callas, Giuseppe di Stefano, Nicola Zaccaria

Georg Solti, Chor und Orchester der RCA Italiana, Robert Merrill, Anna Moffo, Alfredo Kraus, Ezio Flagello

Richard Bonynge, Ambrosian Opera Chorus, London Symphony Orchestra, Sherrill Milnes, Joan Sutherland, Luciano Pavarotti, Martti Talvela

Riccardo Muti, Chor und Orchester der Scala di Milano, Giorgio Zancanaro, Daniela Dessì, Vincenzo La Scola, Paata Burchuladze,

IL TROVATORE

Tullio Serafin, Chor und Orchester der Scala di Milano, Carlo Bergonzi, Ettore Bastianini, Antonietta Stella, Fiorenza Cossotto

Herbert von Karajan, Wiener Staatsopernchor, Wiener Philharmoniker, Franco Corelli, Ettore Bastianini, Leontyne Price, Giulietta Simionato

Zubin Mehta, Ambrosian Opera Chorus, New Philharmonic Orchestra London, Placido Domingo, Sherrill Milnes, Leontyne Price, Fiorenza Cossotto

LA TRAVIATA Franco Ghione, Chor und Orchester des Teatro Nacional de San Carlos, Lissabon, Maria Callas, Alfredo Kraus, Mario Sereni

Carlos Kleiber, Chor und Orchester der Bayrischen Staatsoper München, Ileana Cotrubas, Placido Domingo, Sherrill Milnes

Georg Solti, Chor und Orchester des königlichen Opernhauses Covent Garden, Angela Gheorghiu, Frank Lopardo, Leo Nucci

UN BALLO IN MASCHERA

Erich Leinsdorf, Chor und Orchester der RCA Italiana, Carlo Bergonzi, Leontyne Price, Robert Merrill, Shirley Verrett, Reri Grist

Gianandrea Gavazzeni, Chor und Orchester der Scala di Milano, Giuseppe di Stefano, Maria Callas, Ettore Bastianini, Giulietta Simionato, Eugenia Ratti

Riccardo Muti, Chor des königlichen Opernhauses Covent Garden, New Philharmonia Orchestra, Placido Domingo, Martina Arroyo, Piero Cappuccilli, Fiorenza Cossotto, Reri Grist

MACBETH   Erich Leinsdorf, Chor und Orchester der Metropolitan Opera New York, Leonie Rysanek, Leonard Warren, Carlo Bergonzi, Jerome Hines

Claudio Abbado, Chor und Orchester der Scala di Milano, Shirley Verrett, Piero Cappuccilli, Placido Domingo, Nicolai Ghiaurov

Riccardo Muti, Ambrosian Opera Chorus, New Philharmonic Orchestra, Fiorenza Cossotto, Sherrill Milnes, José Carreras, Ruggero Raimondi

Riccardo Chailly, Chor und Orchester des Teatro Communale di Bologna, Shirley Verrett, Leo Nucci, Veriano Luchetti, Samuel Ramey

LES VEPRES SICILIENNES

James Levine, John Alldis Choir, New Philharmonia Orchestra, Placido Domingo, Sherril Milnes, Martina Arroyo, Ruggero Raimondi (in italienischer Sprache)

LA FORZA DEL DESTINO

Francesco Molinari-Pradelli, Chor und Orchester der Accademia di Santa Cecilia Rom, Renata Tebaldi, Giulietta Simionato, Mario del Monaco, Ettore Bastianini, Cesare Siepi, Fernando Corena

Fernando Previtali, Chor und Orchester der Accademia di Santa Cecilia, Rom, Zinka Milanov, Giuseppe di Stefano, Leonard Warren, Giorgio Tozzi, Dino Mantovani

Lamberto Gardelli, Ambrosian Opera Chorus, Royal Philharmonic Orchestra, Martina Arroyo, Bianca Maria Casoni, Carlo Bergonzi, Piero Cappuccilli, Ruggero Raimondi, Geraint Evans

Riccardo Muti, Chor und Orchester der Scaka di Milano, Mirella Freni, Dolora Zajic, Placido Domingo, Giorgio Zancanaro, Paul Plishka, Sesto Bruscantini

Valery Gergiev, Chor und Orchester des Kirov-Theaters St.Petersburg, Galina Gorchakova, Olga Borodina, Grgam Grigoriam, Nikolai Putilin, Mikhail Kit, Georgy Zastavna (Petersburger Fassung)

DON CARLOS Georg Solti, Chor und Orchester des königlichen Opernhauses Covent Garden, Nicolai Ghiaurov, Renata Tebaldi, Grace Bumbry, Carlo Bergonzi, Dietrich Fischer-Dieskau, Martti Talvela

Carlo Maria Giulini, Ambrosian Opera Chorus, Orchester des königlichen Opernhauses Covent Garden, Ruggero Raimondi, Montserrat Caballé, Shirley Verrett, Placido Domingo, Sherrill Milnes, Giovanni Foiani

Herbert von Karajan, Wiener Staatsopernchor, Wiener Philharmoniker, Cesare Siepi, Sena Jurinac, Giulietta Simionato, Eugenio Fernandi, Ettore Bastianini, Marco Stefanoni

Antonio Pappano, Choeurs du Théâtre du Chatelet, Orchestre de Paris. José van Dam, Karita Mattila, Waltraut Meier, Roberto Alagna, Thomas Hampson, Eric Halfvarson (in französischer Sprache)

AIDA   Herbert von Karajan, Singverein der Gesellschaft der Musikfreunde Wien, Wiener Philharmoniker, Renata Tebaldi, Giullietta Simionato, Carlo Bergonzi, Cornell MacNeil, Arnold van Mill

Tullio Serafin, Chor und Orchester der Scala di Milano, Maria Callas, Fedora Barbieri, Richard Tucker, Tito Gobbi, Nicola Zaccaria

Riccardo Muti, Chor des königlichen Opernhauses Covent Garden, New Philharmonia Orchestra, Montserrat Caballé, Fiorenza Cossotto, Placido Domingo, Piero Cappuccilli, Nicolai Ghiaurov

SIMON BOCCANEGRA

Gabriele Santini, Chor und Orchester des Opernhauses Rom, Tito Gobbi, Victoria de los Angeles, Boris Christoff, Giuseppe Campora, Walter Monachesi

Claudio Abbado, Chor und Orchester der Scala di Milano, Piero Cappuccilli, Mirella Freni, Nicolai Ghiaurov, José Carreras, José van Dam

Georg Solti, Chor und Orchester der Scala di Milano, Leo Nucci, Kiri Te Kanawa, Paata Burchuladze, Giacomo Aragall, Paolo Coni

OTELLO   Ettore Panizza, Chor und Orchester der Metropolitan Opera New York, Giovanni Martinelli, Elisabeth Rethberg, Lawrence Tibbett

Arturo Toscanini, Chor und Orchester der NBC, Ramon Vinay, Herva Nelli, Giuseppe Valdengo

Tullio Serafin, Chor und Orchester des Opernhauses Rom, Jon Vickers, Leonie Rysanek, Tito Gobbi

Herbert von Karajan, Wiener Staatsopernchor, Wiener Philharmoniker, Mario del Monaco, Renata Tebaldi, Aldo Protti

James Levine, Ambrosian Opera Chorus, National Philharmonic Orchestra, Placido Domingo, Renata Scotto, Sherrill Milnes

Carlos Kleiber, Chor und Orchester der Scala di Milano, Placido Domingo, Mirella Freni, Piero Cappuccilli

FALSTAFF   Arturo Toscanini, Robert Shaw Choir, NBC-Symphony Orchestra, Giuseppe Valdengo, Frank Guerrera, Herva Nelli, Teresa Stich-Randall, Cloe Elmo, Antonio Madasi

Herbert von Karajan, Philharmonia Choir und Orchestra London, Tito Gobbi, Rolando Panerai, Elisabeth Schwarzkopf, Anna Moffo, Fedora Barbieri, Luigi Alva

Georg Solti, Chor und Orchester der RCA Italiana, Geraint Evans, Robert Merrill, Ilva Ligabue, Mirella Freni, Giulietta Simionato, Alfredo Kraus

Leonard Bernstein, Wiener Staatsopernchor, Wiener Philharmoniker, Dietrich Fischer-Dieskau, Rolando Panerai, Ilva Ligabue, Graziella Sciutti, Regina Resnik, Juan Oncina

Carlo Maria Giulini, Los Angeles Master Choir, Los Angeles Philharmonia Orchestra, Renato Bruson, Leo Nucci, Katia Ricciarelli, Barbara Hendricks, Lucia Valentini-Terrani, Dalmacio Gonzalez

MESSA DA REQUIEM

Leonard Bernstein, London Symphony Orchestra und Chor, Martina Arroyo, Josephine Veasey, Placido Domingo, Ruggero Raimondi

Claudio Abbado, Chor und Orchester der Scala di Milano, Katia Ricciarelli, Shirley Verrett, Placido Domingo, Nicolai Ghiaurov

Riccardo Muti, Ambrosian Chorus, Philharmonia Orchstra London, Renata Scotto, Agnes Baltsa, Veriano Luchetti, Jewgeni Nesterenko

INNO DELLE NAZIONI
Arturo Toscanini, Westminster Choir, NBC-Symphony Orchestra, Jan Peerce (bearbeitet)

James Levine, Philharmonia Orchestra London, Luciano Pavarotti

STREICHQUARTETT E-MOLL Amadeus Quartett

VERDI-LIEDER Klára Takácz, Sándor Falvai (Klavier)
Margaret Price, Geoffrey Parsons (Klavier)

Bibliographie

Der Zwerg steht natürlich auf der Schulter von Riesen. Solche Riesen sind z.B. Franco Abbiati, Julian Budden, Carlo Gatti oder Massimo Mila, aber auch die deutschsprachigen Autoren der letzten Jahrzehnte. Die Verdi-Zitate stammen im wesentlichen aus den Briefausgaben; Zitate aus seiner Umgebung sind meist Franz Wallner-Bastés lehrreicher Sammlung entnommen. Auch von »L'avant-scène« habe ich ebenso profitiert wie von den vorzüglichen Büchern von Csampai/Holland. Andere Zitate sind in der Regel im Text vermerkt. Auf Fußnoten habe ich der besseren Lesbarkeit wegen verzichtet.

Abbiati, Franco, Giuseppe Verdi, 4 Bände, Mailand, 1959
L'Arc 81,Giuseppe Verdi, Aix-en-Provence, o.J.
L'avant-scène, Aida, Paris, 1976
L'avant-scène, Otello, Paris, 1976
L'avant-scène, Simon Boccanegra, Paris, 1979
L'avant-scène, La Traviata, Paris, 1983
L'avant-scène, Le Trouvère, Paris, 1984
L'avant-scène, Un bal masqué, Paris, 1981

Barigazzi, Giuseppe, La Scala racconta, Mailand, 1984
Bavagnoli, Carlo, Verdi e la sua terra, Parma, 1976
Bekker, Paul, Wandlungen der Oper, Zürich, 1983
Bermbach, Udo (ed.), Verdi-Theater, Stuttgart, Weimar, 1997
Boni, Oreste, Giuseppe Verdi – l'uomo, le opere, l'artista, Parma, 1901
Bourgeois, Jacques, Giuseppe Verdi, Hamburg, 1980
Bourre, Jean-Paul, Opéra et Cinéma, Paris, 1987
Bragaglia, Leonardo, Verdi e i suoi interpreti, Rom, 1979
Budden, Julian, The Operas of Verdi, 3 Bände, London, 1973-1981
Budden, Julian, Verdi – Leben und Werk, Stuttgart, 1987
Bücken, Ernst (ed.), Musikbriefe, Leipzig, 1940
Busch, Hans (ed.), Verdi-Boito-Briefwechsel, Frankfurt, 1986
Busch, Hans (ed.), Giuseppe Verdi – Briefe, Frankfurt, 1979

Capelli, Gianni, La »Deposizione«di Benedetto Antelami, Parma, 1980

Cavalli, Teofilo, Verdi e Roncole e Busseto e Sant'Agata, Cortemaggiore, o.J.

Cella, Franca, Petrobelli, Pierluigi, (ed.), Giuseppe Verdi – Giulio Ricordi, Corrispondenza e immagini 1881/1890, Mailand, 1981

Celletti, Rodolfo, La grana della voce Mailand, 2000

Cenzato, Giovanni, Itinerari Verdiani, Parma, 1951

Conati, Marcello, La Bottega della Musica – Verdi e La Fenice, Mailand, 1983

Conati, Marcello, Rigoletto di Giuseppe Verdi, Mailand, 1983

Correggio, Gli affreschi nella cupola del duomo di Parma, Parma, o.J.

Csampai, Attila, Holland, Dietmar (ed.), Othello, Reinbek, 1981

Csampai, Attila, Holland, Dietmar (ed.), Rigoletto, Reinbek, 1982

Csampai, Attila, Holland, Dietmar (ed.), La Traviata, Reinbek, 1983

Dahlhaus, Carl, Zimmermann, Michael 1984 (ed.), Musik zur Sprache gebracht, München, 1984

Farinelli, Leonardo, Maria Luigia, duchessa di Parma, Mailand, 1983

Friedrich, Götz, Von der Romanze zum szenisch-musikalischen Drama, in: »Troubadour«-Programmheft der Komischen Oper Berlin, o.J.

Gal, Hans, Drei Meister, drei Welten – Brahms, Wagner, Verdi, Frankfurt, 1975

Gatti, Carlo, Verdi, Mailand, 1981

Gerigk, Herbert, Giuseppe Verdi, Potsdam, 1932

Gobbi, Tito, On his World of Italian Opera, London, 1984

Gregor, Joseph, Kulturgeschichte der Oper, Wien, 1941

Gualazzini, Beppe, Guareschi, Mailand, 1981

Guareschi, Giovannino, Don Camillo und Peppone, Salzburg, o.J.

L'histoire de Parme, Parma, 1982

Honolka, Kurt, Die großen Primadonnen, Wilhelmshaven, 1982

Hussey, Dyneley, Verdi, London, Melbourne, Toronto, 1978

Keller, Harald, Die Kunstlandschaften Italiens, Frankfurt, 1983

Kracauer, Siegfried, Jacques Offenbach und das Paris seiner Zeit, Frankfurt, 1976

Kühner, Hans, Das Imperium der Päpste, Frankfurt, 1980

Kühner, Hans, Verdi in Selbstzeugnissen und Bilddokumenten, Reinbek, 1961

Lill, Rudolf, Geschichte Italiens vom 16.Jahrhundert bis zu den Anfängen des Faschismus, Darmstadt, 1980

Long, Gianni (ed.), La Scala – vita di un teatro, Mailand, 1982

Lotti, Giorgio, Radice, La Scala, Bern, 1979

Luzio, Alessandro, Cesari, Gaetano (ed.), Copialettere, Mailand, 1913

Luzio, Alessandro, Cesari, Gaetano (ed.), Carteggio Verdi-Maffei, Mailand, 1927

Luzio, Alessandro, Cesari, Gaetano (ed.),1947, Carteggi Verdiani, 4 Bände, Rom, 1936

Marchesi, Gustavo, Ceresa, Angelo, Sono i Posti di Verdi, Parma, 1983

Marggraf, Wolfgang, Giuseppe Verdi, Leipzig, 1982

Maurois, André, Napoleon, Reinbek, 1966

Metzger, Heinz-Klaus, Riehn, Rainer (ed.), Giuseppe Verdi (Musik-Konzepte 10), München, 1979

Mila, Massimo, L'arte di Verdi, Turin, 1980

Music Musicians, 175 Years of Casa Ricordi, Mailand, Publishing,1983

Nanquette, Claude, Les grand interprètes romantiques, Paris, 1982

Nicolai, Otto, Musikalische Aufsätze, Regensburg, o.J.

Orrey, Leslie, Bellini, London, 1973

Osborne, Charles, Rigoletto, London, 1979

Osborne, Charles, Verdi, London, 1978

Pahlen, Kurt (ed.), Aida, München, 1979

Pahlen, Kurt (ed.), Othello, München, 1980

Pahlen, Kurt (ed.), Rigoletto, München, 1979

Pahlen, Kurt (ed.), La Traviata, München, 1984

Petit, Pierre, Verdi, Paris, 1976

Pieri, Marzio, Verdi, l'immaginario dell'Ottocento, Mailand, 1981

Schiel, Irmgard,Marie Luise, eine Habsburgerin für Napoleon, Stuttgart, 1983

Schultz, Klaus (ed.), Aribert Reimanns »Lear« – Wege einer neuen Oper, München, 1984

Seidlmayer, Michael, Geschichte Italiens, Stuttgart 1962

Shaw, George Bernard, Musikfeuilletons des Corno di Bassetto, Leipzig, 1972

Steiner-Isenmann, Robert Gaetano Donizetti, Bern, Stuttgart, 1982

Strohm, Reinhard, Die italienische Oper im 18. Jahrhundert, Wilhelmshaven, 1979

Tegano, Tita,Renato Bruson, L'interprete e i personaggi Parma, o.J.

Tintori, Giampiero, Palco di Proscenio, Mailand, 1980

Tonelli, Luigi, Manzoni, Mailand, 1984

Vasari, Giorgio,Lebensbeschreibungen der ausgezeichnetsten Maler, Bildhauer und Architekten der Renaissance, Zürich, 1980

Wagner, Cosima, Die Tagebücher 1869-1883, 2 Bände, München, Zürich, 1976/77

Wagner, Cosima, Das zweite Leben, Briefe und Aufzeichnungen 1883-1930, München, Zürich, 1980

Wagner, Richard, Die Kunst und die Revolution, Das Judentum in der Musik, Was ist deutsch?, München, 1975

Wagner, Richard, Mein Leben, München, 1976

Walker, Frank, The Man Verdi, London, 1963

Wallner-Basté, Franz (ed.), Verdi aus der Nähe, Zürich, 1979

Weaver, William, The Golden Century of Italien Opera from Rossini to Puccini, London, 1980

Weaver, William (ed.), Verdi, Berlin, 1980

Wechsberg, Joseph, Verdi, München, 1975

Weinstock, Herbert, Rossini, Adliswil, 1981

Werfel, Franz (ed.), Giuseppe Verdi – Briefe, Berlin, Wien, Leipzig, 1926

Werfel, Franz, Verdi, Roman der Oper, Berlin, 1925

Zorzi, Alvise, Österreichs Venedig, Düsseldorf, 1990

Register

Register der erwähnten Werke

Personenregister